РАБАШ
СБОРНИК ТРУДОВ

ТОМ 1

Смысловой перевод

Ступени лестницы
1984–1985

УДК 130.122
ББК 87.3(о)

Все права защищены. Никакая часть данной книги не может быть воспроизведена в какой бы то ни было форме без письменного разрешения владельцев авторских прав.

РАБАШ

СБОРНИК ТРУДОВ, ТОМ 1. Ступени лестницы, статьи 1984-1985 гг. / Под ред. М. Лайтмана – М.: НФ «Институт перспективных исследований», 2020. – 384 с.

RABASH

SBORNIK TRUDOV, VOLUME 1. Stupeni lestnitsy, stat'i 1984-1985 gg. / Edited by M. Laitman – M.: NF «Institute of perspective researches», 2020. – 384 pages.

РАБАШ (Барух Шалом Ашлаг, 1907–1991) – старший сын и ученик Бааль Сулама (Йегуда Лейб Ашлаг, 1885–1954), величайшего каббалиста XX века, автора знаменитого комментария «Сулам» (Лестница) на Книгу Зоар. После смерти отца РАБАШ издал полный комментарий «Сулам» и остальные рукописи отца, а затем сам начал писать статьи по методике внутренней работы для тех, кто стремится постичь истинную реальность.

РАБАШ был первым, кто дал подробное, практическое описание этапов духовного пути человека.

Впоследствии из статей, записей, писем РАБАШа был составлен многотомник, смысловой перевод которого впервые представлен в этом издании.

УДК 130.122
ББК 87.3(о)

© Laitman Kabbalah Publishers, 2020
© НФ «Институт перспективных исследований», 2020

Оглавление

Вступительное слово ... 9

Краткий словарь терминов ... 13

Статьи 1984 года ... 19

Цель группы ... 20
Статья 1, часть 1, 1984

Цель группы ... 23
Статья 1, часть 2, 1984

По поводу любви к товарищам ... 25
Статья 2, 1984

Любовь к товарищам, 1 ... 27
Статья 3, 1984

Человек да поможет ближнему ... 29
Статья 4, 1984

Что дает правило «Возлюби ближнего, как себя» ... 30
Статья 5, 1984

Любовь к товарищам, 2 ... 32
Статья 6, 1984

О правиле «Возлюби ближнего, как самого себя» ... 37
Статья 7, 1984

Какое выполнение правил Торы очищает сердце ... 42
Статья 8, 1984

Да продаст человек кровлю дома своего ... 45
Статья 9, 1984

Какой ступени человек должен достичь? ... 50
Статья 10, 1984

Заслуги праотцов ... 54
Статья 11, 1984

О важности группы ... 57
Статья 12, 1984

Имена и названия в духовном (Иногда духовное называют «душой») 60
Статья 13, 1984

Всегда будь готов продать всё, что у тебя есть,
и жениться на дочери мудреца ... 65
Статья 14, 19845

Как может сойти свыше что-то плохое? 70
Статья 15, 1984

Об отдаче 77
Статья 16, 1984

О важности товарищей 90
Статья 17, часть 1, 1984

Порядок собрания группы 94
Статья 17, часть 2, 1984

Когда придешь в землю 97
Статья 18, 1984

Сегодня вы все предстаете 104
Статья 19, 1984

Статьи 1985 года 113

Сделай себе учителя и приобрети себе товарища, 1 114
Статья 1, 1985

Ветвь и корень 123
Статья 2, 1985

Истина и вера 129
Статья 3, 1985

Вот родословная Ноаха 136
Статья 4, 1985

Уйди из земли своей 143
Статья 5, 1985

И явился ему Творец в дубравах Мамрэ 148
Статья 6, 1985

Жизнь Сары 152
Статья 7, 1985

Сделай себе учителя и приобрети себе товарища, 2 157
Статья 8, 1985

И толкались сыновья в утробе ее 164
Статья 9, 1985

И вышел Яаков 170
Статья 10, 1985

Спор Яакова с Лаваном 177
Статья 11, 1985

И поселился Яаков 183
Статья 12, 1985

Оплот спасения моего 192
Статья 13, 1985

Я первый и Я последний 198
Статья 14, 1985

И обратил Хизкияу лицо к стене 204
Статья 15, 1985

Чем более изнуряли его 210
Статья 16, 1985

Узнай и прими сердцем 217
Статья 17, 1985

Обвинители 222
Статья 18, 1985

Пойдем к Фараону, 1 228
Статья 19, 1985

Кто ожесточил свое сердце 235
Статья 20, 1985

Различие между Торой и работой 239
Статья 21, 1985

Вся Тора – это одно чистое имя 244
Статья 22, 1985

На ложе ночном 252
Статья 23, 1985

Три времени в работе 260
Статья 24, 1985

Во всем надо проводить различие между светом и сосудом 267
Статья 25, 1985

Покажи мне славу Свою 272
Статья 26, 1985

Возвращение 277
Статья 27, 1985

Разведчики 293
Статья 28, 1985

Близок Творец ко всем призывающим Его 302
Статья 29, 1985

Три молитвы 307
Статья 30, 1985

Не выставлять себя нечестивцем 314
Статья 31, 1985

Награда получающим 321
Статья 32, 1985

Преступники Исраэля 326
Статья 33, 1985

Молил я Творца 332
Статья 34, 1985

Когда человек знает, что такое трепет перед Творцом 338
Статья 35, 1985

И был вечер, и было утро 345
Статья 36, 1985

Кто свидетельствует о человеке 350
Статья 37, 1985

Праведник – и хорошо ему, праведник – и плохо ему 363
Статья 38, 1985

Услышь наш голос 375
Статья 39, 1985

Международная академия каббалы **383**

Вступительное слово

Статьи РАБАШа начинают постепенно проясняться человеку по мере того, как он реализует их. Сначала кажется, что они написаны некрасиво и неправильно, что их отдельные части не связаны между собой, что они непоследовательны... Мы не видим в них точного движения сил души, которая развивается именно так, потому что мы не знаем свою душу.

Если человек сам выполняет эти действия и вместе с тем изучает эти статьи, он видит, что они написаны абсолютно точно. И не может быть иначе, ведь каббалисты пишут исходя из того, что они чувствуют, а все души проходят один и тот же путь, одни и те же состояния. Поэтому эти статьи становятся для человека все ближе и понятнее – это «рукопись» его души.

Сначала человек учится, пытается запомнить, он помнит отдельные фразы, некоторые из них понимает, а некоторые еще нет, он повторяет их как маленький ребенок, который повторяет слова взрослых, не понимая их смысла. Постепенно, по мере реализации этих статей, он начинает видеть, что эти строки наиболее точно выражают его состояния и иначе написать нельзя.

Это совершенно особые статьи. Я рос на них, они были написаны рядом со мной. А затем, читая их на протяжении многих лет, я видел, что они становятся человеку все ближе и реальнее, так что ты читаешь их уже не из книги, а изнутри, из души, которая раскрывается созвучно этим словам. Это произойдет со всеми, именно по той причине, что эти статьи написаны на основе полного постижения души.

РАБАШ был великим, как ни скрывал себя... Хотя это ему удалось – скрыть себя от всех! Но тот, кто постигает его статьи, видит, что это был великий человек. Во всей предшествующей ему цепочке каббалистов, начиная от Адама, не было никого, кто так последовательно, подробно, сохраняя связь с корнем, с языком ветвей изложил бы систему духовной работы, объясняя ее открыто и доступно для всех.

РАБАШ берет тебя за руку и проводит через все этапы статьи так, что ты не можешь ошибиться. Он подчеркивает каждую деталь, на которую надо обратить внимание. У нас нет учителя более близкого для развития души, чем он. Бааль Сулам очень высок, академичен и универсален, он спускается к нам с высокой горы, а РАБАШ – близкий и нежный воспитатель, который в любви и тревоге мягко передает нам методику исправления.

*Михаэль Лайтман,
ученик и последователь РАБАШа,
основатель Международной академии каббалы*

Краткий словарь терминов

АВАЯ	Четырехбуквенное имя Творца, отражающее четыре стадии построения в нас сосуда (ощущения Творца) и его наполнения. Общая конструкция, общая система всех частей мироздания, соединенных в одну формулу взаимодействия света с желанием. Строение исправленного желания, вошедшего в полное соединение со светом.
Адам	Первый человек, который получил желание познать духовный мир (почти 6000 лет назад).
Адам Ришóн	Созданная Творцом единая душа, единое желание, включающее все частные души.
Бина	Свойство отдачи, желание отдачи в чистом виде, еще не реализованное в творении (Малхут).
В знании	В согласии с доводами разума.
Ветвь	Следствие в низшем мире, порожденное причиной (корнем) в высшем мире.
Выше знания	Подъем над доводами разума, несмотря на их полную логичность. Готовность принять разум и знание более высокой ступени.
Другая сторона	Нечистые, эгоистические силы.
Заповеди	Действия по самоисправлению, предписанные каббалистической методикой. В тексте называются также принципами отдачи, действиями отдачи и правилами Торы.
Земля	Желание (*на ивр. земля и желание* – родственные слова).
Исраэль (ישראל**), народ Исраэля**	Желание в человеке, устремленное «прямо к Высшему» (ישר-אל) – т.е. прямо к отдаче, к Творцу.

Каббала	Наука о законах единой интегральной системы мироздания. Методика, позволяющая приходить в соответствие со всеми уровнями ее восприятия и постижения.
Кли (мн. ч. келим)	*Букв.* сосуд. Желание, требующее наполнения.
Клипá (мн. ч. клипóт)	*Букв.* кожура, скорлупа. Эгоистические желания использовать духовный мир исключительно ради самонаслаждения. Силы, действующие против сближения творения с Творцом.
Корень	Фактор, причина в высшем мире, порождающая в низшем мире следствие (ветвь).
Лишмá	Альтруистическое намерение, направленное на отдачу вовне.
Ло-лишма	Эгоистическое намерение, направленное на самонаслаждение.
Малхут	*Букв.* царство. Законченное, самостоятельное творение, которое сознаёт, чтó и от кого оно получает. Центральная точка, основа всего творения.
Махсóм	Барьер, граница между духовным и материальным миром.
Мир	Мера, степень скрытия Творца. «Мир» на иврите (עולם) означает «скрытие» (העלם).
НаРаНХáй (аббр.)	Пять уровней света: нэфеш, руах, нэшамá, хая, йехидá.
Народы мира	Группы желаний в человеке, происходящие из семидесяти духовных корней.
Обратная сторона	Неисправленное, противоположное отдаче состояние, предшествующее исправлению.

Отраженный свет	Ответное отношение творения к Творцу, когда оно желает стать подобным Ему. Действие творения с целью уподобиться действиям Творца. Сосуд, в котором они сливаются друг с другом. Облачение на прямой свет.
Прямой свет	Отдача Творца творению, Его абсолютно доброе отношение к творению.
Работа на Творца, служение Творцу	Работа над самоисправлением по каббалистической методике, чтобы достичь свойства отдачи и соединиться с Творцом.
Сердце	Средоточие желаний человека.
Слияние с Творцом	Полное подобие Творцу по свойствам, когда все получающие желания действуют с намерением на отдачу.
Сокращение	Отказ принимать свет (наслаждение) с эгоистическим намерением.
Сфира́ (мн. ч. сфиро́т)	Десять свойств, которые Творец принимает на себя в восприятии творений.
Тело	Совокупность желаний человека.
Тора	Букв. учение. Методика, позволяющая творению реализовать себя в свойстве отдачи и соединиться с Творцом. Система взаимосвязи между Творцом и творением. План общего развития и средств его осуществления. Наука каббала.
Точка в сердце	Духовный сосуд человека, еще не достигшего в своих ощущениях выхода в духовный мир. Зародыш будущей души.
Хлеб стыда, хлеб милости	Нестерпимое чувство стыда, которое испытывает творение, сознавая свою противоположность Творцу по свойствам: оно является получающим, а Творец – Дающим.

Царство небес	Власть Творца, высшее управление.
Шхина́	Совокупность исправленных желаний, присутствие Творца.
Экран (ивр. маса́х)	Сила преодоления, сопротивления эгоизму.

Статьи 1984 года

Цель группы
Статья 1, часть 1, 1984

Мы собрались здесь, чтобы заложить основу строения группы для всех тех, кто заинтересован идти путем и методикой Бааль Сулама. Методика эта открывает путь, позволяющий подниматься по ступеням Человека (Адам), не оставаясь в категории животного.

Сказано об этом: «Вы – овцы Мои, паства Моя, вы – Человек»[1]. А РАШБИ пояснил: «Вы зоветесь Человеком, а идолопоклонники не зовутся Человеком»[2].

Чтобы понять духовную ступень **Человека**, приведем цитату мудрецов. «Всему заключение: пред Творцом испытывай трепет и законы Его соблюдай, потому что в этом весь Человек»[3]. Спросили мудрецы: «Что значит «в этом весь Человек»? Ответил рабби Эльазар: сказал Творец: «Весь мир сотворен лишь ради этого». Иными словами, весь мир сотворен лишь ради трепета пред Творцом»[4].

Следует понять, что такое «трепет пред Творцом». Ведь получается, что в этом причина, по которой был сотворен мир.

Известно от мудрецов, что причиной сотворения стало желание Творца доставить благо Своим созданиям. Иными словами, Творец пожелал насладить творения, дабы они чувствовали себя счастливыми в мире. Однако же здесь мудрецы сказали, что причина творения – «трепет пред Творцом».

Разъясняется это следующим образом: создания не получают благо и наслаждение, ради которого создано творение, из-за

---

1 Пророки, Йехезкель, 34:31.
2 Трактат «Йевамот», 61:1.
3 Писания, Коэлет, 12:13.
4 Трактат «Брахот», 6:2.

того что, отличаются от Творца по свойствам. Творец – Дающий, а творения – получающие. Между тем, согласно закону Природы, ветви (следствия) уподобляются корню (причине), которой они порождены. И поскольку получение не свойственно нашему корню, т.е. Творцу не требуется получать что-либо для наполнения Своих желаний – постольку, когда человеку приходится получать, он ощущает дискомфорт. Как следствие, каждый человек стыдится «хлеба милости» – бесплатных благодеяний.

Чтобы исправить это, нужно было сотворить мир. Мир (олáм – עולם) – значит сокрытие (hээлéм – העלם). Ведь благо и наслаждение обязательно должно быть скрыто. Для чего? Ради трепета. Иными словами, чтобы человек испытывал трепет перед использованием своего сосуда – получающего желания, зовущегося «себялюбием». Суть в том, чтобы человек воздерживался от получения удовольствий, которых желает, и обладал силами для преодоления страсти к тому, чего он вожделеет. Вместо этого он будет получать наслаждения, из которых произрастет удовольствие для Творца.

Смысл этого в том, чтобы творение желало совершать отдачу Творцу и испытывало перед Ним трепет – как бы не получить что-то для собственной выгоды. Ведь удовольствие, которое человек получает для собственной выгоды, отдаляет его от слияния с Творцом.

Таким образом, когда человек выполняет какой-либо из законов Творца, он должен строить намерение так, чтобы действие это принесло ему чистые помыслы – дабы он желал тем самым совершить отдачу Творцу. Сказал об этом рабби Ханания Бен Акашия: «Пожелал Творец удостоить Исраэль и потому преумножил им деяния на отдачу»[5].

Поэтому мы собираемся здесь, чтобы основать группу, в которой каждый из нас будет следовать этому духу отдачи Творцу. А чтобы достичь отдачи Творцу, прежде необходимо начать отдавать человеку – и это называется «любовью к ближним».

---

5   Трактат «Макот», 23:2.

Однако любовь к ближним возможна лишь при самоотмене. С одной стороны, каждый должен принижать себя, а с другой стороны, мы должны гордиться тем, что Творец предоставил нам возможность вступить в группу, где у каждого из нас лишь одна цель – «чтобы Он пребывал меж нами».

И пусть мы еще не достигли цели, но у нас есть желание ее достичь. Это тоже должно быть важно для нас: хотя мы находимся еще в начале пути, но надеемся, что достигнем этой возвышенной цели.

Цель группы
Статья 1, часть 2, 1984

Человек сотворен с сосудом (желанием), под названием «себялюбие», и потому, когда человек не видит, что некое действие принесет ему какую-либо личную выгоду, у него нет горючего для усилий, чтобы сделать даже легкое движение. А без отмены себялюбия невозможно достичь слияния с Творцом, т.е. подобия по свойствам.

И поскольку это противно нашей природе – требуется группа, в которой все будут представлять большую силу, чтобы мы могли вместе работать для отмены эгоистического желания. Желание это называется «злом», так как именно оно препятствует достижению цели, ради которой сотворен человек.

Поэтому группа должна состоять из людей, единых в этом общем устремлении. Тогда из одиночек создается одна большая сила, позволяющая бороться с собой, потому что в каждого включены все. Таким образом, каждый базируется на большом желании – он хочет достичь цели.

А чтобы все включались друг в друга, каждый должен отменять себя перед другими. Осуществляется это посредством того, что каждый видит достоинства товарищей, а не их недостатки. Тот же, кто полагает, что он немного выше товарищей, уже не может объединяться с ними.

Кроме того, во время собрания нужно быть серьезными, чтобы не выходить из намерения, с которым мы собрались. Из скромности, которая очень важна, у каббалистов было принято внешне проявлять несерьезность, но на самом деле в сердце их пылал огонь.

Однако на малых ступенях, тем более во время собрания, надо остерегаться, чтобы не последовать за речами и делами, не ведущими к цели собрания, которая состоит в том, чтобы его посредством достичь слияния с Творцом.

Когда же мы не в среде товарищей, тогда лучше не показывать окружающим намерение сердца и внешне быть как все. Сказано об этом: «скромно ходить пред Творцом»[6]. И хотя на это есть более высокие толкования, простое толкование тоже важно.

Поэтому желательно, чтобы товарищи, объединяясь, были равны между собой – дабы каждый мог отменять себя перед другими. Группа должна особо следить за тем, чтобы в ее среду не проникало легкомыслие, так как легкомыслие разрушает всё. Но, как уже сказано, это должно быть внутренним делом.

Однако в присутствии кого-либо, не относящегося к группе, нужно, не выказывая никакой серьезности, внешне соответствовать тому, кто сейчас пришел. Иными словами, говорить не о серьезных вещах, а о том, что подходит пришедшему человеку, зовущемуся «незваным гостем».

---

[6] Пророки, Миха, 6:8.

По поводу любви к товарищам
Статья 2, 1984

1. Необходимость любви к товарищам.
2. По какой причине я выбрал именно этих товарищей, и почему товарищи выбрали меня?
3. Должен ли каждый из товарищей проявлять свою любовь к группе? Или достаточно того, что у человека в сердце есть любовь к товарищам, и он скромно работает над ней, а потому не должен раскрывать то, что у него на сердце? Ведь известно, что скромность очень важна.

Или же, наоборот, человек обязан проявлять любовь к товарищам, которая есть у него в сердце, так как этим он пробуждает сердца товарищей навстречу друг другу, чтобы они тоже чувствовали, что каждый из них работает над товарищеской любовью. Выгода от этого состоит в том, что тем самым человек получает больше сил, чтобы действовать в товарищеской любви с большей энергией и мощью, так как сила любви каждого включается в других.

Таким образом, если группа состоит из десяти товарищей, то вместо одной силы для работы над товарищеской любовью в человеке интегрированы теперь десять сил, понимающих, что надо работать над любовью к товарищам.

Если же каждый не показывает группе, что он работает над любовью к товарищам, то ему недостает силы группы. Ведь очень трудно судить о товарище положительно. Каждый считает себя праведником, единственным, кто работает над товарищеской любовью. В результате у человека есть лишь малая сила для того, чтобы работать над любовью к ближним. Отсюда следует, что работа эта должна вестись открыто, а не тайком.

Однако всегда нужно напоминать себе о цели группы. Иначе тело, по обыкновению, затушевывает цель, поскольку всегда заботится о собственной пользе. Следует помнить, что группа была основана на необходимости достичь любви к ближним, и отсюда – трамплин к любви к Творцу.

Достигается это именно посредством того, что человек признаёт необходимость группы, чтобы иметь возможность совершать отдачу товарищам без всякой награды. Если же ему нужна группа, которая будет оказывать ему помощь, дарить подарки и т.п., то эгоистические желания его тела будут удовлетворены, однако такая группа базируется на себялюбии и приводит к развитию лишь эгоистических желаний человека, который видит теперь шансы на то, что его достояние возрастёт, поскольку товарищи помогают ему обретать материальные ценности.

Однако же следует помнить, что группа была основана на любви к ближним. Иными словами, каждый должен получать от нее любовь к ближним и ненависть к собственной природе. При виде того, как товарищ прилагает старания ради самоотмены и любви к ближним, каждый проникнется намерениями товарищей.

Таким образом, как уже сказано, если группа базируется, к примеру, на десяти товарищах, то в каждом интегрируются десять сил, работающих над самоотменой, ненавистью к своей природе и любовью к ближним.

А иначе, мало того, что человек остается с одной- единственной силой любви к ближним, не замечая, как товарищи работают над этой любовью, поскольку они действуют втайне, – к тому же, товарищи, наоборот, приводят к тому, что человек теряет свою силу, свое желание идти путем любви к ближним. Тогда он учится по их делам и падает во власть себялюбия.

4. Должен ли каждый знать, чего недостает каждому из товарищей в частности, чтобы понимать, чем он может наполнить их? Или же достаточно общей работы над любовью к товарищам?

Любовь к товарищам, 1
Статья 3, 1984

Сказано *о Йосефе*: «**И нашел** его человек, когда он блуждал в поле. И спросил его тот человек: "Что ты ищешь?" Он ответил: "Братьев своих я ищу. Скажи мне, где они пасут?"»[7]

Поле, где блуждает человек, – это место, где должен расти урожай, дающий пропитание миру. Полевые работы – пахота, посев и жатва. Сказано об этом: «Сеявшие в слезах – будут жать в радости»[8]. И это называется «поле, благословенное Творцом»[9].

Бааль Турим объясняет, что заблудиться в поле – значит сбиться с дороги, не знать истинного пути, ведущего туда, куда ты должен попасть, – к Творцу. Подобно заплутавшему в поле ослу, человек начинает думать, что никогда не достигнет своей цели.

«И спросил его тот человек: "**Что ты ищешь?**"» Иными словами: чем я могу помочь тебе? «Он ответил: "**Братьев своих я ищу**"». Если я буду вместе с братьями, т.е. буду в группе, где есть любовь к товарищам, тогда я смогу подниматься по пути, ведущему к дому Творца.

Путь этот, называющийся «путем отдачи», противен нашей природе. И чтобы идти по нему, есть лишь один способ – товарищеская любовь, благодаря которой каждый может помогать своим товарищам.

«И сказал человек: "Они отступились от этого"»[10]. РАШИ объясняет: они отступились от братства – то есть не желают соединиться с тобой. В итоге, это привело к тому, что народ Исраэля попал в

---

7 Тора, Берешит, 37:15-16.
8 Псалмы, 126:5.
9 Тора, Берешит, 27:27.
10 Тора, Берешит, 37:17.

египетское изгнание. И чтобы выйти из Египта, мы должны объединиться в группу, где все желают товарищеской любви. Благодаря этому мы сможем выйти из Египта и принять методику исправления.

Человек да поможет ближнему[11]
Статья 4, 1984

Следует понять, как человек может помогать другим. Решается ли этот вопрос именно тогда, когда есть бедные и богатые, умные и глупые, сильные и слабые и т.п? А если все богаты, или все умны, или все сильны и т.п. – чем человек может помочь другому?

Однако же мы видим, что есть одна вещь, которая присуща всем, – расположение духа. Сказано: «тревога в сердце человека – пусть поведает о ней другим»[12]. Ибо пребывать в приподнятом расположении духа не помогут ни богатство, ни мудрость, ни т. п.

Человек способен помочь другому, именно когда видит, что тот пребывает в унынии. Сказано: «не может человек сам вызволить себя из тюрьмы»[13] – однако товарищ как раз способен вызвать у него приподнятое расположение духа.

Иначе говоря, товарищ поднимает его из состояния, в котором он находится, в состояние духа жизни, и человек снова начинает обретать уверенность в жизни и достояние. И начинает путь, как будто его цель сейчас близка к нему.

Отсюда следует, что каждый должен думать и заботиться о том, чем он может помочь товарищу, чтобы придать ему приподнятое расположение духа. Ведь в том, что касается настроения, каждый может найти у товарища место недостатка, которое он способен наполнить.

---

11   Пророки, Йешайяу, 41:6.
12   Писания, Мишлэй, 12:25.
13   Трактат «Брахот», 5:2, трактат «Недарим», 7:2, трактат «Санэдрин», 95:1.

Что дает правило «Возлюби ближнего, как себя»

Статья 5, 1984

Что дает нам общее правило «Возлюби ближнего, как себя»[14]? Благодаря ему мы можем достичь любви к Творцу.

В таком случае, что нам дает соблюдение остальных правил Торы?

Прежде всего, нужно знать, что такое «общее правило». Известно, что общность основывается на множестве деталей, без которых не может быть целого. Например, несколько человек собираются в единое целое для обращения к Творцу. По меньшей мере, их должно быть десять.

Сказано об этом[15]: «Где есть десятеро, там пребывает Шхина». Иными словами, если есть десять человек, это уже создает место для Творца.

Соответственно, общее правило любви к ближнему, как к себе, основывается на остальных 612 правилах Торы. То есть если мы будем соблюдать их, то сможем выполнить общее правило: «Возлюби ближнего, как себя».

Таким образом, частности позволяют нам прийти к общему. И, реализовав это общее правило, мы сможем достичь любви к Творцу, как сказано: «Томится душа моя по Творцу»[16].

Однако человек не может реализовать все 612 принципов отдачи самостоятельно. Возьмем, к примеру, «выкуп первенца»: если

---

14 Тора, Ваикра, 19:18.
15 Трактат «Санэдрин», 39:1.
16 Писания, Псалмы, 84:3.

у человека сначала родилась дочь, он не может выполнить этот правило. Аналогично, женщины освобождены от выполнения правил, связанных с определенным временем суток или года.

Но поскольку «весь Исраэль – поручители друг другу»[17], все реализуют всё. Иными словами, все вместе реализуют все принципы. И потому посредством 612 правил можно прийти к общему правилу: «Возлюби ближнего, как себя».

---

[17] Мидраш «Сифра», 26:37 и трактат «Санэдрин», 27:2.

Любовь к товарищам, 2
Статья 6, 1984

«"Возлюби ближнего, как себя"[18] – рабби Акива сказал, что это общее правило Торы»[19]. Следовательно, если соблюдать это правило, то оно уже включает все частности. Иными словами, всех частностей мы достигнем автоматически, без всяких усилий, и сверх того нам нечего делать.

Однако же Тора говорит нам: «Что Творец спрашивает с тебя? Лишь трепета пред Ним»[20]. Следовательно, главное требование, предъявляемое человеку, – только трепет. И если соблюдать это требование, то в него уже включены все законы Торы, включая даже правило любви к ближнему, как к себе.

А согласно рабби Акиве, всё обстоит наоборот, и трепет тоже включен в общее правило любви к ближнему, как к себе. Однако же слова мудрецов расходятся с рабби Акивой. Сказано: «Всему заключение: пред Творцом взрасти трепет и законы Его соблюдай, ибо в этом весь человек»[21]. Мудрецы спрашивают: «что значит "в этом весь человек"? Сказал рабби Эльазар: "Сказал Творец: весь мир создан лишь для этого"»[22]. А согласно рабби Акиве выходит, что всё включено в общее правило любви к ближнему.

Однако в других местах мудрецы говорят, что главное – это вера. Сказано: «Пришел Хавакук и свел всё к одному: праведник верой своей жить будет»[23]. Махарша объясняет, что наиболее всеохватывающий принцип для каждого из Исраэля в любые

---

18 Тора, Ваикра, 19:18.
19 Трактат «Недарим», 30:2.
20 Тора, Дварим, 10:12.
21 Писания, Коэлет, 12:13.
22 Трактат «Брахот», 6:2.
23 Трактат «Макот», 24:1.

времена – это вера. Отсюда следует, что главное правило – вера. А значит, и трепет, и любовь к ближнему – всё включено в принцип веры.

Чтобы понять вышесказанное, надо вглядеться пристальнее:

1. Что такое вера?
2. Что такое трепет?
3. Что значит «Возлюби ближнего, как себя»?

Прежде всего, всегда надо помнить, какова цель творения. Как известно, она состоит в том, чтобы доставить благо созданиям Творца. В таком случае, если Творец желает дать им благо и наслаждение, то зачем нужны три эти вещи: вера, трепет и любовь к ближнему?

Они нужны лишь для того, чтобы подготовить наши сосуды-желания, сделав их пригодными для получения того блага и наслаждения, которое Творец желает дать Своим созданиям.

Теперь нужно понять, как именно три эти вещи готовят нас. Вера, и в том числе уверенность, требует, чтобы, прежде всего, мы верили в цель – доставить благо Его созданиям. Кроме того, вера означает уверенность человека в том, что и он способен достичь этой цели. Иными словами, цель творения предназначена не только для одиночек с особыми способностями, а для всех без исключения. Это не обязательно должны быть одаренные, волевые, смелые люди, способные на преодоление. Напротив, достичь цели должны все. В «Предисловии к ТЭС»[24] приводится цитата[25]: «Сказал Творец народу Исраэля: жизнь ваша, вся мудрость и вся Тора – простые вещи. Каждый, у кого есть трепет предо Мной и выполняет указания Торы – вся мудрость и вся Тора в сердце его».

Таким образом, веру надо использовать также и для обретения уверенности в том, что я могу достичь цели, не отчаявшись на полпути и не сбежав с поля боя. Напротив, надо верить, что

---

24 Бааль Сулам, «Предисловие к Учению десяти сфирот», п. 21.
25 Мидраш «Раба», Дварим, 11:6.

Творец может помочь даже такому низкому и ничтожному человеку как я, приблизив меня, так чтобы я обрел слияние с Ним.

Однако, чтобы достичь веры, сначала нужен трепет. Сказано[26], что трепет – это общее правило, включающее все остальные правила Торы и являющееся вратами к вере в Творца. По мере того, как пробуждается трепет перед управлением Творца, в человеке царит вера в это управление.

В завершении отрывка: трепет означает, что человек, доставляя удовольствие Творцу, боится недодать. Иначе говоря, трепет пред Творцом заключается в том, как бы не упустить возможность отдачи Ему, а не в том, как не упустить собственную выгоду. Таким образом, врата в веру – это трепет, без которого достичь веры невозможно.

А для того, чтобы достичь трепета, т.е. страха, что не сможет доставить удовольствие Творцу, человеку нужно обрести сперва желание отдачи. Лишь тогда создадутся условия для появления страха: что, если он не сумеет реализовать свой трепет? Однако, как правило, человек боится, что не сможет полностью реализовать свое себялюбие, – вместо тревоги за то, что не сумеет совершить отдачу Творцу.

Как же человеку обрести это новое свойство, согласно которому он должен совершать отдачу, а получение для себя неприемлемо? Ведь это противоречит его природе. И хотя порой, благодаря изучению каббалистических трудов, у него возникает желание и мысль о том, что надо выйти из-под власти себялюбия, но порыв этот очень слаб, да и не всегда эта мысль светит ему, чтобы можно было придавать ей важность и постоянно использовать, видя в этом общее правило, охватывающее все правила Торы.

Есть здесь лишь один совет – собраться нескольким людям, у которых есть этот малый порыв, зовущий выйти из-под власти себялюбия. Хотя и нет у них достаточных сил и осознания важности отдачи, чтобы действовать самостоятельно без помощи извне, но все они отменяют себя друг перед другом. У всех

---

26 Предисловие Книги Зоар с комментарием «Сулам», п. 203.

есть – по крайней мере, в потенциале – любовь к Творцу, однако на деле они не могут воплощать ее в жизнь. И тогда, если каждый вступает в группу, отменяя себя перед ней, они становятся единым целым. Это целое состоит, допустим, из десяти человек, и у него в десять раз больше сил, чем у каждого по отдельности.

Однако существует условие: когда они собираются, каждый должен видеть своей целью отмену себялюбия – так чтобы не думать больше о том, как удовлетворять свое эгоистическое желание, а **думать теперь по мере возможности только о любви к ближнему. Лишь так человек обретет желание и потребность в том, чтобы получить новое свойство, называющееся желанием отдавать.** И от любви к товарищам он может прийти к любви к Творцу, т.е. пожелает доставить Творцу удовольствие.

Только так человек осознаёт потребность и понимает, что отдача важна и необходима. Осознание это приходит благодаря любви к товарищам. И тогда можно говорить о трепете – когда человек боится, что не сможет доставить удовольствие Творцу.

Итак, фундамент, на котором мы способны выстроить здание отдачи, – это общее правило любви к ближнему, с помощью которого можно почувствовать необходимость доставлять удовольствие Творцу. Затем возникает трепет, когда человек боится, что не сможет доставить Творцу удовольствие. А затем, когда уже прошел врата под названием «трепет», он может прийти к вере. Ведь **вера** – это сосуд для водворения Шхины, как известно из трудов каббалистов.

Таким образом, есть три правила.

- Первое правило рабби Акивы: «Возлюби ближнего». Без него ничто не может дать человеку топливо, чтобы он мог сдвинуться из своего состояния, поскольку только таким путем можно выйти из-под власти себялюбия в любовь к ближнему и ощутить, что себялюбие – это зло.
- После этого мы приходим ко второму правилу – к трепету, поскольку без трепета нет места вере, как сказано выше Бааль Суламом.

- А затем мы приходим к третьему правилу – к вере. Выполнив три эти правила, мы ощутим цель творения – доставить благо созданиям Творца.

О правиле «Возлюби ближнего, как самого себя»
Статья 7, 1984

В общее правило любви к ближнему, как к себе, включены все остальные правила Торы. Сказано об этом: «В остальном – иди и учись»[27]. Иными словами, посредством 612 правил Торы мы автоматически придем к общему правилу любви к ближнему, а затем – к любви к Творцу.

В таком случае, что же дает нам любовь к товарищам? В статье 6 (1984) сказано: когда собираются несколько товарищей, у каждого есть лишь толика силы любви к ближнему, т.е. он лишь потенциально способен реализовывать ее. Приступая к делу, он помнит, что мысленно решил отказаться от себялюбия ради ближних, – однако на деле видит, что даже в малой степени неспособен отказаться ни от одного эгоистического наслаждения ради других.

Но если собираются несколько человек, согласных в том, что нужно достичь любви к ближним, и если каждый отменяет себя перед другими – тогда каждый включает в себя всех. Благодаря этому накапливается в каждом большая сила, сообразно с силой группы. И тогда каждый в силах на деле претворить в жизнь любовь к ближним.

Раз так, что же дают нам отдельные частности, выраженные в 612 правилах? Как сказано, они нужны, чтобы выполнить общее правило. Ведь правило это реализуется посредством любви к товарищам.

---

27 Трактат Шаббат, 31:1. «То, что ненавистно тебе, не делай другому, а в остальном – иди и учись».

Однако на деле многим людям тоже свойственна товарищеская любовь, и они тоже собираются ради нее в различные круги. В таком случае, чем же отличаются от них те, кто идет к отдаче?

Сказано: «в собрании насмешников не сидел»[28]. Следует понять, что означает запрет находиться в «собрании насмешников». Ведь если человек злословит или пустословит, то запрет на это обусловлен не «собранием насмешников». Что же дает нам запрет на «собрание насмешников»?

Речь идет о том, когда собираются несколько человек, пусть даже ради товарищеской любви, но с намерением, чтобы каждый помогал другим улучшать свое материальное положение. И каждый ждет, что благодаря многочисленным встречам все в группе извлекут из этого материальную выгоду.

А после всех встреч каждый делает расчет: сколько он получил от группы для своего себялюбия? Что выгадал от этого эгоизм? Ведь человек вкладывал старания и время на пользу группы. Что же он на этом заработал? Наверняка, если бы он заботился о собственной пользе, то мог бы добиться большего – по крайней мере, благодаря собственным усилиям. «Я вступил в группу, поскольку думал, что посредством ее заработаю больше, чем могу заработать один. Теперь же я вижу, что не заработал ничего».

Сожалея об этом, человек заключает: «Вместо того чтобы отдавать время группе, лучше бы я употребил на пользу хотя бы свои малые силы. Теперь же, когда я отдал время группе, чтобы, помогая товарищам, обрести себе нечто большее, в итоге выясняется, что я не только не получил выгоды в группе, но еще и потерял то, что мог заработать собственными силами».

Если же кто-то говорит о том, что любовь к товарищам нужна, чтобы прийти к отдаче, чтобы все действовали на благо ближних, – тогда все смеются над этим. В их глазах он выглядит посмешищем.

---

28 Псалмы, 1:1. «Счастлив человек, который не ходил по совету нечестивых, и на пути грешников не стоял, и в собрании насмешников не сидел».

Таково обычное собрание людей. Сказано об этом: «позор племен – порочность»[29]. «Всё хорошее, что делают, – делают для себя»[30]. Такая группа отдаляет человека от отдачи и бросает его в мир насмешников. В этом и заключается запрет «собрания насмешников».

О таких сообществах сказали мудрецы: «Рассеяние грешников хорошо для них и хорошо для мира»[31]. Иными словами, лучше, чтобы их не было. О праведниках же сказано: «Объединение праведников хорошо для них и хорошо для мира»[32].

Праведник – это тот, кто желает выполнять общее правило любви к ближнему, как к себе. Всё его намерение в том, чтобы выйти из-под власти себялюбия и принять другую природу – любовь к ближнему. Однако, хотя этот принцип следует выполнять, и человек способен принуждать себя против воли, но любовь должна поселиться в сердце, а сердце, по природе своей, не согласно с этим. В таком случае, что же человеку делать, чтобы любовь к ближнему легла на сердце?

Для этого нам даны 612 правил, с помощью которых можно «уговорить» сердце. Но поскольку это против человеческой природы, такое ощущение слишком мало, чтобы претворить в жизнь товарищескую любовь, хотя человек и испытывает нужду в ней. Поэтому теперь нужно искать средства для ее реализации.

Чтобы обрести силы для выполнения принципа любви к ближнему, надо работать над любовью к товарищам. Если каждый включается в группу и отменяет себя перед другими, то возникает единое целое, в котором все малые желания любви к ближнему соединяются в общую силу, состоящую из многих частей. Когда человек обретает эту большую силу, он становится способен воплощать в жизнь любовь к ближнему.

И тогда он может достичь любви к Творцу. Но при условии, если каждый отменяет себя перед другими. Если же человек

---

29   Писания, Мишлэй, 14:34.
30   «Древо жизни», предисловие Хаима Виталя к «Вратам предисловий».
31   Трактат «Санэдрин», 71:2.
32   Там же.

отрывается от товарищей, то не может получить от них ту часть, которая ему нужна. И потому каждый должен считать себя нулем перед товарищами.

Это похоже на написание чисел: если написать сначала 1, а потом 0, то получится 10 – в десять раз больше. Если же после единицы написать два ноля, то получится 100 – в сто раз больше. Если мой товарищ – единица, а я – ноль после нее, то я получаю от него в десять раз больше. Если же я расцениваю себя как два ноля по отношению к товарищу, то получаю от него в сто раз больше.

И наоборот, если товарища я считаю нулем, а себя – единицей, то я в десять раз меньше товарища – 0,1. Если же я считаю себя единицей, а двух своих товарищей – двумя нулями относительно меня, то я – одна сотая относительно них: 0,01. Таким образом, чем больше у меня нулей в оценке товарищей, тем ниже моя ступень.

В любом случае, даже после того, как человек обретает эту силу и способен воплощать в жизнь товарищескую любовь, а собственную выгоду ощущает как зло для себя, – все равно ему нельзя верить в себя. Он должен испытывать трепет – как бы не упасть в себялюбие во время работы, если ему дадут наслаждение большее, чем он привык получать. Хотя поверх малых наслаждений он уже может действовать на отдачу и готов отказываться от них, но живет в страхе перед большими наслаждениями.

Вот что такое «трепет» – врата для получения света веры, называющегося «раскрытием Творца». Сказано об этом в комментарии «Сулам»: «в мере трепета человек обретает веру».

Поэтому следует помнить, что правило «любви к ближнему, как к себе» надо соблюдать как наказ Творца о работе над любовью к товарищам. А рабби Акива лишь разъясняет, что этот наказ Творец дал, намереваясь сделать из него общее правило, с помощью которого мы сможем выполнять все правила Торы, именно в силу Его наказа, а не ради собственной выгоды.

В таком случае правила Торы не приведут к расширению нашего эгоизма и, выполняя их, человек не будет получать взамен большую награду. Наоборот, наградой за их выполнение будет то, что мы сможем отменять свое себялюбие и обретать любовь к ближнему, а затем – любовь к Творцу.

Отсюда понятна трактовка мудрецов на строфу Торы: «Положите эти Мои слова на сердце ваше и на душу вашу»[33]. *Положите* (самтэм) – означает *зелье* (сам): если удостоился – это эликсир жизни, а если нет – смертельный яд[34]. «*Не удостоился*» – это значит, что человек выполнял правила Торы, чтобы взращивать себялюбие и получать оплату за свою работу. «Удостоился» – это значит, что его себялюбие отменяется, и он строит намерение на то, чтобы наградой ему была возможность любить ближних. Благодаря этому человек достигнет любви к Творцу, и единственным его желанием будет доставить Ему наслаждение.

---

33   Тора, Дварим, 11:18.
34   Трактат «Таанит», 7:1.

Какое выполнение правил Торы очищает сердце
Статья 8, 1984

Вопрос: Если мы выполняем правила Торы ради получения награды, очищает ли и такое выполнение наше сердце? Ведь сказано: «Я создал злое начало и создал Тору как приправу»[35]. Очищает ли она сердце только при бескорыстном намерении? Или же, если реализовывать ее с намерением ради награды, она тоже очищает сердце?

Ответ: сказано в «Предисловии к Книге Зоар»[36]: «Когда человек начинает реализовывать действия по исправлению, даже без всякого намерения, т.е. без любви и трепета, которых требует служение Творцу, и даже с эгоистическим намерением ло-лишма – точка в его сердце начинает расти и проявлять свое действие. Ведь в начале реализации принципов отдачи не требуется намерение, и даже действия без верного намерения способны очищать эгоизм, но только на первом его уровне, который называется «неживым». По мере очищения неживой части получающего желания, человек формирует 613 органов точки в сердце, являющейся начальным, неживым уровнем первой ступени отдачи (нэфеш)».

Отсюда мы видим, что даже эгоистическое выполнение правил Торы очищает сердце. В таком случае, предназначено ли бескорыстное выполнение правил Торы только для избранных? Или же всем предоставлена возможность идти этим путем, реализовывая всё не ради награды, чтобы тем самым достичь слияния с Творцом?

---

35 Трактат «Кидушин», 30:2.
36 Бааль Сулам, «Предисловие к Книге Зоар», п. 44.

Ответ: Хотя желание получать только для себя заложено в самом замысле творения и произошло из него, однако душам дана возможность исправить его намерением на отдачу путем выполнения правил Торы. Это обратит наше желание в получение ради отдачи. И доступно это всем без исключения, поскольку такая возможность предоставлена каждому, а не только избранным.

Однако, поскольку речь идет о свободном выборе, некоторые продвигаются быстрее, а другие медленнее. И тем не менее, сказано в «Предисловии к Книге Зоар»[37]: «В итоге все придут к конечному совершенству, как сказано: «Не будет отторгнут от Него отверженный»[38]».

Но вместе с тем, обучаясь реализации действий по исправлению, мы начинаем с эгоистического намерения ло-лишма. Ведь человек создан с получающим желанием. Он не понимает ничего, если это не несет ему личную выгоду, – и никогда не захочет приступить к реализации принципов отдачи.

Пишет об этом РАМБАМ[39]: «Сказали мудрецы: пусть человек всегда выполняет правила Торы, даже в эгоистическом намерении ло-лишма – и от него придет к альтруистическому намерению лишма. Поэтому, когда обучают детей, женщин и необразованных людей в целом, то обучают их работать лишь из трепета (страха) и ради получения награды. Пока они не наберутся разума и мудрости, раскрывают им эту тайну постепенно и приучают их к этому понемногу – пока не постигнут Творца, не узнают Его и не станут служить Ему из любви». Таким образом, из слов РАМБАМа мы видим, что **все должны прийти к намерению лишма, а разница – лишь в сроках.**

Вопрос: Если человек видит и чувствует, что он идет путем, ведущим к лишма, должен ли он стараться также влиять на других, чтобы и они шли верным путем, или нет?

Ответ: Это умозрительный вопрос. Если религиозный человек, глядя на светского, знает, что может вернуть его на путь, то

---

37 Бааль Сулам, «Предисловие к Книге Зоар», п. 13-14.
38 Пророки, Шмуэль II, 14:14.
39 РАМБАМ, «Мишне Тора», «Законы возвращения», 10:5.

обязан сделать это в силу правила «увещевай ближнего своего»[40]. Отсюда можно было бы вывести аналогичное допущение о том, что стоит направлять других на более верный путь, если тобою движет лишь само правило Торы. Однако часто бывает так, что человек читает другому мораль лишь из желания власти, а не в силу правила «увещевай ближнего своего».

Таким образом, поскольку каждый хочет, чтобы другие шли верным путем, это порождает у нас разногласия между религиозными и светскими. Каждый считает, что истина на его стороне, и каждый хочет убедить других, чтобы они шли прямым путем.

---

40   Тора, Ваикра, 19:17.

ДА ПРОДАСТ ЧЕЛОВЕК КРОВЛЮ ДОМА СВОЕГО
Статья 9, 1984

Сказал рабби Йехуда от имени Рава: «Пускай всегда будет продавать человек кровлю дома своего и надевать обувь на ноги»[41]. Следует понять, что такое **«кровля дома своего»** и почему обувь для ног важна настолько, что ради нее стоит продавать кровлю дома.

Объясним это с точки зрения духовной работы. *Кровля* (коро́т – קורות) означает *случай* (микрэ – מקרה) – всё, что происходит с человеком в его доме. Понятие «человек» содержит для нас два аспекта: знание, т.е. разум, и чувство – то, что он ощущает в сердце: хорошо ли ему или плохо. Эти **случаи**, которые с ним происходят в повседневной жизни, вызывают у него вопросы, касающиеся его отношений с Творцом, а также с товарищами.

В отношениях с Творцом человек предъявляет претензии: почему Он не удовлетворяет все его потребности? Иными словами, то, что, по мнению человека, ему недостает, Творец должен удовлетворить. Ведь принято считать, что Доброму присуще творить добро. Но порой у человека есть претензии, поскольку он чувствует обратное – его состояние всегда хуже, чем у других, и они находятся на более высоких уровнях по сравнению с ним.

Тем самым человек уподобляется лазутчикам[42] (мераглим), порочащим Высшее управление, – поскольку он не чувствует в своей жизни блага и удовольствия и трудно ему признать, что «лишь

---

41 Трактат «Шаббат», 129:1.

42 Когда евреи, бежавшие из египетского рабства, подошли к земле Израиля, Моше послал на разведку двенадцать лазутчиков. Вернувшись, десять из них заявили, что земля эта действительно «течет молоком и медом, но могуч народ, населяющий ее» (см. Тора, Бемидбар, 13:27-28). Услышав их, народ Израиля испугался и возроптал, результатом чего стали 40-летние скитания в пустыне.

благо и милость сопровождают меня все дни жизни моей»[43]. Так он и оказывается в категории лазутчиков.

Сказали об этом мудрецы[44]: «Человек должен благословлять плохое так же, как хорошее».

Ведь основа еврейского народа выстроена на вере выше знания, суть которой – не опираться на то, что разум обязывает думать, говорить и делать, но верить, что Высшее управление является добрым и творящим добро[45]. Именно оправдывая Высшее управление, человек заслуживает затем постичь и ощутить благо и удовольствие.

Бааль Сулам привел пример, иллюстрирующий претензии и притязания человека к Творцу за то, что тот не откликается на его просьбы. Отец ведет по улице маленького сына, который истошно ревет. Все прохожие глядят на отца с мыслями: «Сколько же в нем жестокости, если он слышит плач и не обращает на него внимания». У прохожих ребенок своими рыданиями вызывает жалость, а у отца – вовсе нет, хотя сказано: «Как жалеет отец сыновей…»[46]

Слыша рыдания ребенка, люди подходят к отцу и спрашивают: «Где ваше милосердие?» На что тот отвечает: «Что же мне делать, если мой любимый сын, которого я берегу как зеницу ока, требует у меня булавку, чтобы почесать себе глаз? Если я не выполняю его просьбу, разве можно назвать меня жестоким? Жалея сына, я не позволю ему выколоть себе глаза и остаться слепым навеки».

Аналогично этому, мы должны верить: всё, что Творец посылает нам, призвано для нашего блага. И хотя надо молиться, какая бы беда ни пришла, чтобы Творец избавлял нас от этих несчастий, однако же мы должны знать: молитва – это одно, а ответ на молитву – другое. Иначе говоря, если мы сделали то, что должны были сделать, то Творец делает то, что хорошо для нас, согласно

---

43 Писания, Псалмы, 23:6.
44 Трактат «Брахот» 54:1.
45 Трактат «Брахот», 44:1.
46 Писания, Псалмы, 103:13: «Как жалеет отец сыновей, так Творец жалеет трепещущих пред Ним».

приведенному выше примеру. Сказано об этом: «Что Творцу угодно, то пускай совершит»[47].

То же относится и к отношениям с товарищами. Как уже сказано: «Всегда будет продавать человек кровлю дома своего и надевать обувь на ноги». **Человек должен продавать «кровлю своего дома» – все те случаи, которые произошли в его доме в связи с товарищеской любовью.** У него есть вопросы и претензии к товарищам, потому что он преданно работает над любовью к ним и не видит никакого отклика, никакой помощи с их стороны. Все ведут себя с ним не так, как, по его разумению, это должно быть при товарищеской любви – когда каждый говорит с другими предельно учтиво, как принято между уважаемыми людьми.

Так же и на практике человек не видит со стороны товарищей никаких дел, в которых можно было бы найти товарищескую любовь. Напротив, все ведут себя как обычно, словно простые люди, еще не испытывающие необходимости собраться и решить, что надо создать группу, в которой между ними будет товарищеская любовь, и каждый будет заботиться о благе ближних.

Как следствие, глядя на них, человек не находит никого, кто работал бы над любовью к товарищам. Он чувствует себя единственным, кто идет прямым путем, и на всех смотрит с насмешкой и презрением. Это и называется «лазутчик» – человек шпионит за товарищами, проверяя, поступают ли они с ним по законам любви к ближнему. Он постоянно слышит, поучения товарищей о том, что главное – это любовь к ближнему. И он хочет на деле видеть, что их слова соответствуют делам.

И тогда человек видит, что всё это – сотрясения воздуха. Даже в разговорах он не находит никакой любви к ближнему, а ведь это – самое малое в товарищеской любви. Если он спрашивает что-то у товарища, тот отвечает небрежно, безучастно, не так, как отвечают товарищу, а наоборот, прохладно, как будто он хочет отделаться от него.

---

47   Пророки, Шмуэль, I, 3:18.

И не спрашивайте человека: «Если ты помышляешь о товарищеской любви, то почему критикуешь товарищей, разбираясь, любят ли они тебя, как будто товарищеская любовь базируется на себялюбии, – и потому ты хочешь видеть, какую выгоду получит твой эгоизм от всего этого?»

Он скажет: «Я думаю не о том. Напротив, я действительно желаю любви к ближним. И потому заинтересован в такой группе, где я буду видеть, что каждый работает над любовью к ближним. Благодаря этому моя малая сила любви к ближним вырастет и преумножится, и тогда у меня появится возможность работать в любви к ближним с силой большей, чем моя собственная. Однако сейчас я вижу, что не заработал ничего, поскольку в моих глазах ни один из товарищей не поступает хорошо. А раз так, лучше мне не быть с ними и не учиться на их делах».

Ответ на это таков: если группа базируется на определенных людях, то когда они собрались, наверняка кто-то, пожелавший создать именно такую группу, выделил этих людей как подходящих для цели. Иными словами, в каждом из них есть искра любви к ближнему. Однако искра эта не могла зажечь свет любви, так чтобы он светил в каждом. И потому они согласились объединиться друг с другом, чтобы из всех искр вместе возникло одно большое пламя.

Поэтому и сейчас, когда человек шпионит за товарищами, он должен преодолеть себя и сказать: как при основании группы все были единодушны в том, что надо идти путем любви к ближнему, – так же и теперь. Когда все будут оправдывать каждого из товарищей в своих глазах, все искры снова зажгутся и снова возникнет одно большое пламя.

В пример тому Бааль Сулам однажды спросил: что такое заключение союза между двумя товарищами? Сказано в Торе: «Взял Авраам мелкого и крупного скота и дал Авимелеху, и заключили они оба союз»[48]. И спросил Бааль Сулам: если оба они любят друг друга, то, разумеется, делают друг другу добро. И само собой ясно, что когда меж ними нет любви, поскольку она ослабла по

---

48   Тора, Берешит, 21:27.

какой-то причине, тогда они, конечно же, не делают добро друг другу. Раз так, какую пользу несет заключение союза между ними?

И объяснил Бааль Сулам, что союз, который они заключают, рассчитан не на текущий момент, поскольку сейчас, когда они чувствуют любовь, у них нет нужды в заключении союза. Однако же он заключен с преднамеренным расчетом на будущее. Ведь спустя какое-то время может случиться так, что они не будут испытывать любовь как сейчас, – но и тогда будут поддерживать между собой прежние отношения. Для этого и был заключен союз.

Что касается нас, хотя сейчас мы не чувствуем любви, какой она была в момент создания группы, тем не менее, каждый должен преодолевать свое мнение и идти выше знания. Тогда, благодаря этому, всё исправится, и каждый будет оправдывать товарищей в своих глазах.

Отсюда понятны слова мудрецов: «Пускай всегда будет продавать человек кровлю дома своего и надевать обувь на ноги». *Обувь* (мин'аль – מנעל) означает *запирание* (нэила́ – נעילה), закрытие двери. Человек *шпионил* (риге́ль – ריגל) за товарищами – от слова *но́ги* (рагла́им – רגלים), и теперь должен продать *кровлю* (קורות) дома – т.е. все *случаи* (מקרים), которые были в его доме в связи с товарищами. Иными словами, у него есть лазутчики, которые клевещут на товарищей.

Тогда он «продает всё» – удаляет все случаи, приведенные его лазутчиками, и надевает вместо этого «обувь на ноги» – то есть запирает всех лазутчиков, как будто их больше нет на земле. Он закрывает все вопросы и претензии к товарищам. И тогда всё с миром становится на свои места.

Какой ступени человек должен достичь?
Статья 10, 1984

Вопрос: Какой ступени должен достичь человек, чтобы ему не пришлось кругообращаться повторно?

В книге «Врата кругооборотов»[49] сказано, что «все сыновья Исраэля обязаны кругообращаться, пока не восполнятся всеми светами НаРаНХаЙ. Однако у большинства людей нет всех пяти частей, называющихся НаРаНХаЙ, а есть лишь часть нэфеш из мира Асия».

Отсюда следует, что каждый должен исправить лишь свою часть и корень своей души – и не более. Тем самым восполняется то, что он должен исправить.

Здесь следует знать, что все души происходят от единой души Адам Ришон. После того как он совершил грех Древа познания, разделилась его душа на шестьсот тысяч душ. Иными словами, то, что для Адам Ришон было одним светом, называющимся на языке Книги Зоар «высшим свечением», которое было у него в райском саду единовременно, – разделяется на многочисленные части.

Сказано у Бааль Сулама[50]: «После того как перемешались добро и зло (т.е. после прегрешения), выстроилась большая система эгоистических сил (клипо́т), способная держаться за отдачу. Дабы оберегаться от них, разделился свет семи дней сотворения на очень малые части, от которых клипот не могут питаться вследствие их малости.

---

49 Хаим Виталь (АРИ), «Врата кругооборотов», 1.
50 Бааль Сулам, «Древо Жизни» с комментарием «Приветливый лик», ветвь 7.

Примером тому – притча о царе, который пожелал отослать большую сумму золотых динаров своему сыну в заморскую страну. Все жители его страны – воры и обманщики, и нет у него верного посланника. Что же он сделал? Разменял динары на мелкие монеты и отослал их с многочисленными посланцами, так чтобы им не было смысла насладиться грабежом и попрать ради этого царскую славу.

Таким же образом, распределив время среди многочисленных душ, можно посредством свечения дней проявить все искры отдачи, украденные эгоистическими силами вследствие греха Древа познания.

Множество душ – это разделение на внутренние света́, а множество дней – это разделение на внешние света́. Грошик за грошиком присоединяется к счету большого света, с которым согрешил Адам Ришон, – и в итоге наступит конец исправления».

Отсюда следует, что каждый рождается лишь с малой частью души Адам Ришон. И когда он исправляет свою часть – уже не должен снова входить в кругооборот. Поэтому человек может исправить лишь то, что относится к его части, и об этом сказано в книге АРИ «Древо жизни»: «Ни один день не похож на другой, ни одно мгновение не похоже на другое, ни один человек не похож на другого, и гальбан исправит то, чего не исправит ладан. И каждый должен исправить то, что относится к его части»[51].

Однако следует знать, что у каждого, кто родился, есть работа над выбором. Ведь человек не рождается праведником. Сказали об этом мудрецы[52]: «Сказал рабби Ханания Бар Папа: тот ангел по имени Ночь, что отвечает за беременность, берет каплю семени, представляет ее Творцу и спрашивает: «Властитель мира, что выйдет из этой капли: сильный или слабый, мудрец или глупец, богач или бедняк?» А «грешник или праведник» – не спрашивает».

Таким образом, отсюда следует, что человек не рождается праведником, поскольку «праведник или грешник – не спрашивает»,

---

51   АРИ, «Древо жизни», Врата 3, гл. 2.
52   Трактат «Нида, 16:2.

но отдано это на его выбор. Каждый, согласно усилиям в действиях по раскрытию Творца, очищает свое сердце и исправляет свою часть – то, что возложено на него сообразно корню его души. И тогда обретает совершенство.

Первая ступень, на которой рождается человек

В Книге Зоар сказано[53]: «Человеку при рождении дают душу (нэфеш), со стороны чистоты, со стороны тех, кто происходит из мира Асия. Заслужил большего – дают ему дух (руах) из мира Ецира. Заслужил большего – дают ему душу (нэшама) со стороны престола, т.е. из мира Брия. Заслужил большего – дают ему душу (нэфеш) через мир Ацилут. Заслужил большего – дают ему дух Ацилута со стороны срединного столпа, и зовется он сыном Творцу, как сказано: "Сыновья вы Творцу вашему"[54]. Заслужил большего – дают ему душу (нэшама), представляющую Бину, о которой сказано: «Всякая душа да восхвалит Творца»[55]. И восполняется в них имя АВАЯ».

Таким образом, душа обретает совершенство, когда у человека есть света́ НаРаН из миров БЕА и НаРаН из Ацилута. Это совершенство было у Адам Ришон до прегрешения. И лишь после прегрешения он опустился со своей ступени, и разделилась его душа (нэшама) на шестьсот тысяч душ.

Поэтому духовный мир человека называется *нэшама*, даже тогда, когда у него есть лишь уровень нэфеш от нэфеш. Ибо существует правило: о какой бы категории ни шла речь, всегда говорится о наивысшем ее свойстве. А поскольку наивысшее свойство человека – это ступень нэшама, постольку в целом духовный мир человека всегда называется именем *нэшама*.

И хотя каждый человек рождается на наименьшей ступени, вместе с тем сказано[56]: «Каждый человек может стать как Моше, если захочет очистить свои деяния. Ибо он может взять себе

---

53 Книга Зоар с комментарием «Сулам», гл. «Мишпатим», пп. 11-12.
54 Тора, Дварим, 14:1.
55 Писания, Псалмы, 150:6.
56 Хаим Виталь (АРИ), «Врата кругооборотов», 1.

другой дух, более высокий, до высоты мира Ецира, а также душу (нэшама) с высоты мира Брия. Заодно, отсюда становится понятно известное высказывание мудрецов о том, что духи праведников или их души приходят и включаются в человека путем зарождения (ибур), чтобы помогать ему в служении Творцу».

А также, сказано в комментарии «Сулам»[57]: «Погонщик ослов – это подмога душам праведников, посылаемая им свыше, чтобы поднимать их со ступени на ступень. Ибо без этой подмоги, которую Творец посылает праведникам, они не смогли бы сходить со своей ступени и восходить выше. А потому посылает Творец каждому праведнику высокую душу свыше – каждому согласно его достоинствам и ступени, – душу, помогающую ему на пути. Это называется зарождением души праведника и раскрытием души праведников».

Отсюда вытекают известные слова: нет поколения, в котором не было бы подобных Аврааму, Ицхаку и Яакову. Это не значит, что они родились такими и у них нет выбора. Однако же, люди, старающиеся идти путем отдачи и прилагающие усилия, которые должны приложить, всегда получают помощь свыше посредством зарождения души праведника, т.е. получают силы подниматься по высшим ступеням.

Таким образом, всё, что дают свыше, приходит как подмога, но не в отсутствие всякой работы и выбора.

И само существование мира обеспечивается благодаря этим праведникам, которые привлекают изобилие свыше, – посредством чего мир может существовать.

---

57 Предисловие Книги Зоар с комментарием «Сулам», п. 85.

Заслуги праотцов
Статья 11, 1984

Мудрецы разошлись в вопросе заслуг праотцов[58]. «Шмуэль сказал: действие заслуг праотцов завершилось. А рабби Йоханан сказал: заслуги праотцов извиняют». Мидраш[59] приводит слова рава Аха: «Заслуги праотцов пребудут вовеки, и всегда напоминают о них». Сказано также[60]: «Рабейну Там говорит, что действие заслуг праотцов завершилось, но союз праотцов не завершен». А рабби Йоханану представляется, что «нет разногласий между Шмуэлем и рабби Йохананом: Шмуэль сказал, что они завершились для грешников, но не для праведников, а рабби Йоханан имел в виду праведников»[61].

Исходя из этого можно объяснить вопрос о выборе. Спрашивается: если заслуги праотцов действуют, значит выбора нет? Ведь заслуги эти делают человека праведником. А Дополнения от имени АРИ говорят, что заслуги праотцов предназначены только для праведников. Следовательно, сначала у человека есть выбор, чтобы стать праведником, а затем он может пользоваться заслугами праотцов.

Благодаря заслугам праотцов у нас есть силы, чтобы делать выбор, и если бы не заслуги праотцов, не было бы у нас никакой возможности для выбора. В действительности же мы видим, что хотя у нас и есть заслуги праотцов, все равно незаметно, чтобы все обладали этой силой, позволяющей выбирать. Напротив, каждый затрудняется в этом.

---

58   Трактат «Шаббат», 55:1.
59   Мидраш «Раба», Ваикра, 36:6.
60   Дополнения (Тосафот) к трактату «Шаббат», 55:1.
61   Там же.

И все же заслуги праотцов помогают нам делать выбор. Смысл в том, что я должен выбирать между двумя равновесными возможностями.

Однако, когда одна возможность труднее другой, нельзя сказать, что у меня есть выбор, так как я, по природе склоняюсь в более сильную сторону.

Вот почему благодаря заслугам праотцов две силы равновесны, и нам следует выбирать. Это и означает, что нам дана сила, позволяющая выбирать.

Чтобы понять это, обратимся к словам Бааль Сулама[62]: «И потому не нашел Творец другого народа и наречия, способного получить Тору, кроме потомков Авраама, Ицхака и Яакова, которым содействуют заслуги праотцов. Сказали об этом мудрецы: праотцы исполняли всю Тору еще до того, как она была дана. Это означает, что благодаря возвышенности их душ у них была возможность проходить всеми путями Творца в постижении духовного смысла Торы, вытекающего из слияния с Ним, не нуждаясь в ступенях ее практических принципов, исполнять которые у них не было никакой возможности. Без сомнения, как телесная чистота, так и возвышенность душ наших праотцов сильно повлияли на их сыновей и потомков».

Таким образом, благодаря заслугам праотцов мы можем делать выбор, а иначе у нас не было бы никакой возможности для этого.

Однако же, даже с заслугами праотцов, нам нужна большая милость, чтобы сделать выбор, т.е. оставить себялюбие и принять на себя любовь к ближнему, чтобы единственным нашим устремлением было доставить удовольствие Творцу, чтобы посредством особой силы Торы мы смогли победить зло в себе и обратить его в добро.

Однако всё еще следует понять слова о том, что «действие заслуг праотцов завершилось». Возникает вопрос: что же было до того, как оно завершилось? Выходит, тогда человек не нуждался в выборе, поскольку обладал заслугами праотцов? Здесь надо

---

62 Бааль Сулам, «Поручительство», п. 19.

сказать, что когда человек просит о помощи, чтобы Творец приблизил его к Себе, чтобы на деле служить Ему, – тогда сама эта молитва, просьба о помощи, заслуженной праотцами, зовется «выбором». Суть в том, чтобы делать всё возможное, – это уже называется «выбором».

О важности группы
Статья 12, 1984

Известно, что поскольку человек постоянно находится среди людей, не имеющих никакого отношения к духовной работе и потому вечно противодействующих тем, кто идет путем отдачи, и поскольку мысли людей перемешиваются между собой – в итоге мнения тех, кто против пути отдачи, находят отклик у тех, кто испытывает слабое устремление к этому пути.

Поэтому есть лишь одно средство – создать для себя группу со своими собственными рамками. Речь идет об отдельном сообществе, не смешивающемся с другими людьми, у которых другие мнения. Члены группы каждый раз должны вдохновлять себя важностью цели, чтобы не идти на поводу у более многочисленных. Ведь такова наша природа – мы тянемся за большинством.

Если группа отделяет себя от остальных людей, никак не контактируя с ними в духовных вопросах и ограничивая все контакты с ними материальной сферой, тогда она не смешивается с их суждениями – ведь они никак не связаны в том, что касается духовного пути.

И наоборот, если, находясь среди верящих во что-либо людей, человек начинает общаться и спорить с ними, то сразу же смешивается с их суждениями, которые на подсознательном уровне проникают в его мысли – вплоть до того, что он уже не в силах понять, что это не его взгляды, а то, что он перенял у людей, с которыми вошел в контакт.

Следовательно, в духовной работе человек должен обособляться от других. Ведь работа эта постоянно требует укрепления, поскольку идет вразрез с общим мнением. Общепринятый подход базируется на **знании и получении**, тогда как наука каббала базируется на **вере и отдаче**. Если человек отвлекается от этого, то сразу же забывает всю работу на духовном пути и падает в мир себялюбия. И только в группе, работающей по принципу «человек да поможет ближнему»[63], каждый черпает силы, чтобы бороться против общепринятого мнения.

В Книге Зоар сказано[64]: «Если человек, живущий в городе дурных людей, не может выполнять правила Торы и не преуспевает в них, то он меняет место, выкорчевывает себя оттуда и укореняется там, где живут хорошие люди, реализующие Тору и ее принципы. Ибо Тора зовется «Древом». Сказано об этом: «Древо жизни она для придерживающихся ее»[65]. Так и человек – дерево, как сказано: «человек – дерево полевое»[66]. А правила Торы подобны плодам. И сказано об этом: «Только дерево, о котором знаешь, что оно не приносит съедобных плодов, – его можешь извести и вырубить»[67] – извести из этого мира и вырубить из мира грядущего».

Поэтому человек должен вырвать себя из места, где есть грешники, и где он не сможет преуспеть в действиях по раскрытию Творца. Пускай посадит себя в другое место, среди праведников, и тогда он добьется среди них успеха.

Зоар сравнивает человека с полевым деревом – и, подобно полевому дереву, он страдает от дурных соседей. Подобно тому, как постоянно приходится выпалывать окружающие сорняки, под воздействием которых находится дерево, так и человек должен сторониться дурного окружения – тех людей, которым не по душе путь отдачи. Требуется тщательно следить за этим, чтобы не тянуться за ними вслед.

Это называется «изоляцией»: человек мысленно удерживается во «владении Единого» – представляющем отдачу, а не во «владении многих», представляющем эгоизм. Таковы два «владения»: «владение Творца» и «собственное владение».

---

63 Пророки, Йешаяу, 41:6.
64 Книга Зоар с комментарием «Сулам», гл. «Пинхас», п. 91.
65 Писания, Мишлэй, 3:18.
66 Тора, Дварим, 20:19.
67 Тора, Дварим, 20:20.

Отсюда понятны слова мудрецов[68]: «Сказал рав Йехуда от имени Рава: Адам Ришон был отступником, как сказано[69]: "Воззвал Творец к Адаму и сказал ему: где ты?" Иными словами: куда потянулось сердце твое?»

И объясняет РАШИ: «Был отступником – значит склонялся к идолопоклонству»[70]. А комментарий «Древо Йосефа» говорит: «"Где, куда потянулось сердце твое" – это означает отступничество, как сказано: "не будете следовать сердцу вашему"[71]. Это отступничество – когда сердце человека склоняется в другую сторону».

И всё это очень странно: разве можно сказать, что Адам склонялся к идолопоклонству? Или, согласно объяснению «Древа Йосефа», что он «следовал своему сердцу» и был отступником? Однако, обучаясь работе на Творца, мы понимаем, что вся ее суть – в намерении ради отдачи. Таким образом, если человек работает ради получения, то это чуждая нам работа, идолопоклонство. Ведь мы должны работать только ради отдачи – тогда как он всё использовал ради получения.

Это и означает, что Адам оступился на принципе «не будете следовать сердцу вашему». Иными словами, он не смог принять плод Древа познания с намерением ради отдачи, но принял его ради получения. И это называется «сердцем», которое желает лишь получать выгоду для себя. Вот в чем состоял грех Древа познания[72].

Отсюда понятна польза группы, способной создать другую атмосферу, в которой работа будет вестись только на отдачу.

---

68   Трактат «Санэдрин», 38:2.
69   Тора, Берешит, 3:9.
70   Комментарий РАШИ к трактату «Санэдрин», 38:2.
71   Тора, Бамидбар, 15:39.
72   Чтобы понять это, загляните в Предисловие к книге «Приветливый лик».

Имена и названия в духовном

(Иногда духовное называют «душой»)
Статья 13, 1984

Следует понять, почему духовное называют на иврите двумя словами, означающими «душу»: *нэшама́*, как сказано: «тело и *душа*», либо *нэфеш*, как сказано: «возлюби Творца всем сердцем своим и всей *душою* своей»[73].

Обычно, говоря о духовном понятии, мы имеем в виду его наивысший уровень – нэшама. Так чтобы человек знал: для него приготовлена высокая ступень под названием *нэшама*. Это вызывает в его сердце стремление достичь ее, и он задумывается о том, по какой причине еще не сделал этого. В итоге он приходит к заключению, что единственное, чего нам недостает для духовного постижения, – это потребность в подобии свойств.

Тело рождается с эгоистической природой, тем самым отличаясь по свойствам от Творца, который постигается нами исключительно как Дающий. Поэтому человек должен очистить свое тело и достичь подобия свойств, так чтобы он тоже желал действовать лишь на отдачу. Благодаря этому у него появится возможность достичь той высокой ступени, которая называется *нэшама*. Как следствие, каббала всегда оперирует понятиями «тело» и «душа» (нэшама).

С другой стороны, когда речь идет о порядке работы, тогда за уровнем тела следует уровень *нэфеш*. Вот почему сказано: «возлюби Творца всем сердцем своим и всей *душою* своей». Нэфеш – вторая ступень, следующая за телом. Поэтому сказано сначала: «всем сердцем своим», а потом: «всей душою своей». Иными

---

73 Тора, Дварим, 6:5.

словами, то, что есть у человека, он должен быть готов отдать Творцу. Позже, достигая более высокой ступени под названием *руах (дух)*, а затем – ступени *нэшама*, он тоже должен быть готов к отдаче Творцу. Просто эта строфа начинается с первой ступени, следующей за телом.

Итак, всё, что есть у человека, он должен быть готов отдать Творцу. Это значит, что он ничего не делает для собственной пользы, но всё – на пользу Творцу. Таким образом, все его действия направлены лишь на отдачу, и сам он не принимается в расчет – напротив, всё на благо Творца.

Отсюда понятны слова Зоара[74]: «Сказано: «**всей** душою своей». Разве не следовало сказать просто «**душою своей**»? Что значит «всей душою своей»? Почему сказано «всей»? Ответ: эти слова включают понятия нэфеш, руах и нэшама. «Всей душою» – значит всем, за что держится эта душа (нэфеш)».

Отсюда мы видим: согласно Зоару, добавленное в Торе слово *всею* призвано указать нам на то, что в категорию нэфеш включены также руах и нэшама. Текст намеренно начинается с категории нэфеш, поскольку именно она следует за категорией тела. С другой стороны, когда речь идет о духовном вообще, тогда мы называем его *нэшама*, как сказано: «вдунул в ноздри его *душу жизни*»[75].

Чтобы достичь ступени НаРаН (нэфеш, руах, нэшама), мы должны идти путем отдачи и стараться выйти из себялюбия. Это называется «путь истины», так как, идя по нему, мы сумеем постичь истинное свойство, кроющееся в Управлении Творца, который поступает с нами как Добрый и Творящий добро[76].

Сказано об этом: «**печать Творца – истина**»[77]. Это значит, что в конце работы Творца, т.е. Его работы по сотворению миров, призванной принести благо Его созданиям, человек должен достичь истинного свойства Творца. Так чтобы человек знал: он достиг

---

74 Книга Зоар с комментарием «Сулам», гл. «Трума», п. 670.
75 Тора, Берешит, 2:7.
76 Трактат «Брахот», 44:1.
77 Трактат «Шаббат», 55:1.

своего совершенства, после того, как постиг Управление Творца как Доброе и Творящее добро, когда у него есть всё благо. А также должен видеть, что всё благо будет и других. Иными словами, он увидит, что всё благо есть у всех.

Сказано об этом в «Предисловии к Учению десяти сфирот»[78]: «Четвертая стадия любви – это независимая и вечная любовь. Ибо после того как человек склонил к оправданию также и весь мир, любовь становится вечной и абсолютной. И более никогда невозможно будет представить никакого покрытия или скрытия, ибо там находится место абсолютного раскрытия по принципу: «Не будет более скрываться Учитель твой, и глаза твои будут видеть твоего Учителя»[79]. Ведь человек уже знает все дела Творца со всеми творениями, в категории истинного Управления, раскрывающегося из Его имени: Добрый и Творящий добро плохим и хорошим».

Таким образом, если человек достиг окончательного совершенства, то постигает свое истинное состояние. Однако этому предшествует ряд ступеней. Сказано об этом в «Предисловии к Учению десяти сфирот», что «первая ступень – это возвращение из трепета»: «Первая ступень постижения раскрытия, т.е. постижения и ощущения управления вознаграждением и наказанием – когда засвидетельствует о человеке Знающий тайны, что не вернется больше к глупости своей. И это называется «возвращением из трепета», когда злоумышления становятся для него как оплошности. И называется человек «незаконченным праведником». А также называется "средним"»[80].

Однако этому предшествует еще один признак того, что человек идет путем отдачи, – состояние отрицания.

Иными словами, человек видит, что его состояние сейчас хуже, чем было до того, как он начал идти путем отдачи. Тогда он чувствовал себя ближе к совершенству, но, встав на путь отдачи, он чувствует, что стал дальше от совершенства.

---

78 Бааль Сулам, «Предисловие к Учению десяти сфирот», п. 150.
79 Пророки, Йешаяу, 30:20.
80 Бааль Сулам, «Предисловие к Учению десяти сфирот», п. 63.

Однако же есть известное правило: «в отдаче поднимают, а не опускают»[81]. Раз так, возникает вопрос: почему теперь, продвигаясь путем отдачи, человек чувствует, что идет назад, а не вперед, как следовало бы при движении истинным путем, – или, по крайней мере, не опускаясь с предыдущего уровня?

Ответ состоит в том, что бытию должна предшествовать пустота. Сначала нужен сосуд (кли), ощущение недостатка, а затем появляется возможность заполнить этот недостаток. И потому сначала человек должен идти вперед, с каждым разом еще и еще приближаясь к истине.

Каждый раз продвигаясь вперед и оценивая свое состояние, человек видит, что погружен в себялюбие. И с каждым разом он должен еще больше сознавать, насколько скверен эгоизм, – ведь именно он мешает нам достичь блага и наслаждения, приготовленных для нас Творцом, и именно он, как известно, отделяет нас от Творца.

Отсюда понятно: когда человек полагает, что, встав на путь отдачи, он идет назад, он должен знать, что это не так. Напротив, он идет вперед к истине.

Раньше, когда его работа не базировалась на пути отдачи и веры, тогда он был далек от того, чтобы видеть истину. Теперь же человек должен ощутить зло в себе. Сказано об этом: «не будет в тебе чужого бога»[82]. И сказали мудрецы: «Что такое чужой бог в человеке? Это злое начало»[83]. Иными словами, эгоистическое желание в человеке – это и есть его зло.

Лишь когда человек уже пришел к осознанию зла, тогда он может приступить к его исправлению. Соответственно, пока человек не постиг свое зло настолько, что не в силах больше стерпеть, – ему нечего исправлять. Таким образом, он действительно далеко зашел по пути отдачи, чтобы увидеть свое подлинное состояние.

---

81 Трактат «Йома», 12:2 и др.
82 Писания, Псалмы, 81:10.
83 Трактат «Шаббат», 105:2.

Когда человек видит свое зло до такой степени, что не может вытерпеть его, он начинает искать пути выхода. Однако единственный способ для человека из Исраэля[84], – это обратиться к Творцу, чтобы Он открыл его глаза и сердце и наполнил его высшим изобилием. Сказали об этом мудрецы: «кто пришел очиститься, тому помогают»[85].

Когда человек получает помощь от Творца, тогда все недостатки наполняются Его светом. И тогда человек начинает подниматься по ступеням отдачи. Ведь в нем уже подготовлено ощущение недостатка – благодаря тому, что он увидел свое истинное состояние. И поэтому теперь у него есть возможность получить совершенство.

И тогда человеку открывается, как каждый день в своей работе он идет всё выше и выше.

Однако всегда нужно пробуждать то, что забывается сердцем и что необходимо для исправления сердца, – **любовь к товарищам**, цель которой – достичь любви к ближнему. Для сердца, называющегося «себялюбием», это неприятно. И потому, когда проводится собрание товарищей, надо помнить и поднимать этот вопрос. Иначе говоря, каждый спрашивает себя: насколько мы уже продвинулись в любви к ближнему? И сколько сделали, чтобы обеспечить себе продвижение к ней?

---

84 Человек из «Исраэля» (ישראל) – человек устремленный «прямо к Высшему» (ישר-אל).

85 Трактат «Йома», 38:2.

Всегда будь готов продать всё, что у тебя есть, и жениться на дочери мудреца

(Обязанность жениться на дочери мудреца)

Статья 14, 1984

«Вовек да продаст человек всё, что у него есть, и женится на дочери ученика мудреца»[86]. Это значит, что всё имущество, которое он приобрел своими усилиями, – всё должен продать, т.е. всё отдать и от всего отказаться и взять взамен этого дочь ученика мудреца.

Отсюда следует, что если человек не возьмет дочь ученика мудреца, то все усилия на пути отдачи, приложенные им в жизни, так и останутся незавершенными. Только женившись на дочери ученика мудреца, он обретет совершенство. Поэтому сказали мудрецы, чтобы человек продал всё, что у него есть. То есть стоит продать всё ради дочери ученика мудреца. И потому надо разобраться, что означает понятие *дочь ученика мудреца*.

Бааль Сулам сказал, что «ученик мудреца» – это тот, кто учится у мудреца и в таком случае зовется «учеником». А «мудрецом» зовется Творец, которому присуще только отдавать. Кто учится у Него отдаче, тот зовется «учеником мудреца».

Отсюда понятны слова мудрецов: «Вовек да продаст человек всё, что у него есть, и женится на дочери ученика мудреца». Иными

---

86 Трактат «Псахим», 49:1.

словами, отдаст все усилия, приложенные в реализации правил Торы, и получит в оплату за это способность к отдаче.

Тем самым человек утвердит в своем сердце новую природу, вместо прирожденного эгоистического желания получит другое естество – желание отдачи. Тогда все его мысли, речи и дела будут призваны только на отдачу Творцу, ибо в этом – весь человек. Иначе говоря, лишь этой ступени человек должен достичь, и только сосуды-желания мы должны обрести. С другой стороны, изобилие, являющееся наполнением сосудов, приходит от Творца, так как «еще больше, чем теленок хочет есть, корова хочет вскормить его»[87]. Поэтому нам недостает только силы отдачи.

Это объясняет слова Книги Зоар[88]: «Если Исраэль заслуживали, ниспускался, словно огненный лев, чтобы пожирать свои жертвы. А если не заслуживали, то ниспускался там, словно огненный пес».

Известно, что *лев* подразумевает Хесед (милосердие), т.е. правую сторону высшей системы Меркава. *Заслуга* (зхут - זכות) означает *чистое* (зах – זך) свойство – отдачу. Иными словами, нам показывают одно свойство напротив другого: свыше тоже приходит свойство льва – милосердие распространяется на низших, и тогда у них есть щедрое изобилие.

«Не заслуживали» – значит занимались не отдачей, а только себялюбием. Тогда и свыше это привлекало свойство пса, о котором Зоар говорит, объясняя слова Книги Притчей: «У пиявки две дочери[89], лающие, как собаки: "Дай нам богатство этого мира и дай нам богатство мира грядущего!"»[90] Суть в том, что они хотят лишь получать, а не отдавать. Поэтому и свыше нам показывают, что не могут послать изобилие вниз. Это и называется «одно свойство напротив другого».

---

87 Трактат «Псахим», 112:1.
88 Книга Зоар с комментарием «Сулам», гл. «Пинхас», п. 218.
89 Писания, Мишлэй, 30:15. «У пиявки две дочери: дай! дай!» (*арам.* гав-гав).
90 Предисловие Книги Зоар с комментарием «Сулам», п. 96.

Отсюда следует, что главное в нашей работе – лишь заслужить и обрести сосуды, готовые получить изобилие, – сосуды отдачи. Поэтому человек должен концентрировать все свои усилия лишь на одном – на «сосудах отдачи». Пускай в этом будет та награда, которую он хочет получить от духовной работы. Тем самым он достигнет слияния с Творцом, которое и является целью человека.

Книга Зоар объясняет также слова: «позор племен – порочность»[91] – «всё хорошее, что делают, – делают для себя»[92]. Это значит, что всё милосердие, т.е. их добрые дела, призваны не для отдачи, а для собственных нужд. Иными словами, они хотят получать за это оплату, а иначе неспособны действовать на отдачу.

С другой стороны, народ Исраэля способен действовать на отдачу. И надо понять, по какой причине это так.

А также следует понять, почему люди, которые начали изучать науку каббала, говорят, что раньше им было легче действовать на отдачу, а после того как они начали изучать каббалу, это стало для них труднее.

Чтобы понять это, надо вспомнить известный нам принцип: человек зовется «творением» лишь потому, что в нем есть эгоистическое желание. Оно-то и сотворено как «сущее из ничего». Таким образом, человек, по природе своей, неспособен ни на какое действие на отдачу, если не получит за это какую-либо оплату. Причем оплатой необязательно должно быть нечто, что он получает за свои усилия. Может быть и так, что человек получает некое успокоение: например, в нем пробуждается жалость к другому, и совесть не дает ему покоя настолько, что он вынужден помочь. Это тоже считается «оплатой».

Если же пытается просто сделать что-то приятное для другого, то тогда человек спрашивает себя: «Что мне с этого будет?»

С другой стороны, народ Исраэля, благодаря особой силе Торы и духовной работе, способен, вместо прирожденного эгоистического желания, обрести другую природу – и действовать лишь на

---

91 Писания, Мишлэй, 14:34.
92 АРИ «Древо жизни», предисловие Хаима Виталя к «Вратам предисловий».

отдачу. Он достигает этого благодаря этой силе, которая вносит в него искры отдачи, несущие желание уподобиться своему корню. И наоборот, без силы Торы и духовной работы человек не в силах выйти из своей эгоистической природы и неспособен ни на какую безвозмездную отдачу.

Отсюда становится понятно, почему, начав изучать каббалу, люди говорят, что раньше у них было больше сил, чтобы действовать на отдачу, а теперь они чувствуют, что это стало для них труднее.

Ответ лежит в Предисловии к Книге Зоар[93]: «С рождения эгоистическое желание человека обращено лишь на материальный мир. И хотя он обретает до 13-летия чрезмерное желание наслаждений, но не исчерпывает его потенциал. Своих подлинных размеров желание это достигает только в духовном. До 13-летия человек желал поглотить всё богатство и славу этого материального мира, открытого всем, представляющегося в его глазах бренным и мимолетным для каждого. Однако, обретая чрезмерное духовное желание наслаждений, человек хочет поглотить себе в усладу благо и богатство грядущего вечного мира, представляющегося ему непреходящим достоянием навеки. Таким образом, желание наслаждений исчерпывается по-настоящему лишь в духовных запросах».

Отсюда следует, что пока люди не начали заниматься каббалой, у них было материальное желание, еще не столь большое, и потому им легче было действовать на отдачу. Когда же они занялись каббалой, их желание возросло до духовного уровня и, само собой, им стало труднее, поскольку теперь оно обрело бо́льшую силу по сравнению с материальным желанием, которое было у них раньше. Поэтому, до того, как они начали заниматься каббалой, у них еще было немного сил для действий на отдачу, – зато теперь, когда они обрели духовное желание наслаждений, им труднее заниматься отдачей.

А значит, нельзя сказать, что они стали теперь хуже, или что изучающие каббалу хуже других, из-за того, что им труднее

---

[93] Бааль Сулам, «Предисловие к Книге Зоар», пп. 29-30.

действовать на отдачу. Просто желание наслаждений выросло, и потому труднее стало его преодолевать.

Например, до того, как человек обрел духовное желание наслаждений, его зло составляло 30 процентов, а потом, когда он обрел это желание, к его злу добавились еще 70 процентов. Поэтому человеку нужно теперь больше сил, чтобы преодолевать его.

Однако нельзя сказать, что человек теперь стал слабее и откатился вспять. Наоборот, теперь ему необходимо прибегать к средству, которое позволит победить обретенные им негативные силы. И средство это состоит в реализации принципов науки каббала, с намерением, чтобы «кроющийся в ней свет вернул его к Источнику»[94].

Таким образом, человек на пути вперед обрел еще больше зла, чтобы исправить его. Но всякое начало тяжело, и потому ему кажется, что он стал теперь хуже. Однако же он должен знать, что каждый раз ему дают больше зла для исправления, пока он не исправит всё.

[Дальнейшее разъяснение – в следующей статье.]

---

94   Мидраш «Раба», Эйха, Введение, 2.

Как может сойти свыше что-то плохое?
Статья 15, 1984

Разъясним статью 14 (1984), в которой разбирались слова Книги Зоар[95]: «Если Исраэль заслуживали, ниспускался, словно огненный лев, чтобы пожирать свои жертвы. А если не заслуживали, то ниспускался там, словно огненный пес». В связи с этим мудрецы спросили: как может свыше сойти нечто отрицательное? Ведь мы понимаем: что приходит свыше, то призвано во благо. Но когда приходит нечто не позитивное – какое исправление отсюда проистечет? Допустим, свыше пришло подобие огненного пса – это ведь не позитив.

Понять это нам поможет притча. У одного человека заболел сын. Он пошел к врачу, и тот дал ему лекарство, но оно не помогло. После этого друзья посоветовали ему обратиться к именитому профессору: хотя он и берет большие деньги, все равно стоит посетить его, потому что он большой специалист. Они пришли к нему, и профессор, осмотрев больного сына, сказал, что у того опасная болезнь с определенным названием.

Человек заплатил профессору заранее оговоренную сумму, а потом, вернувшись домой, послал за друзьями и сказал им: «Вы посоветовали мне пойти к специалисту и сказали, что стоит заплатить ему большие деньги. А в итоге он сказал, что мой сын болен еще более тяжкой болезнью, чем та, которую назвал простой врач. И ради этого мне стоило заплатить такую высокую цену – чтобы профессор рассказал об опасной болезни? Ведь я иду к врачу, для того чтобы он излечил больного, а не для того чтобы он сказал, что мой сын болен тяжелым недугом».

---

95 Книга Зоар с комментарием «Сулам», гл. «Пинхас», п. 218.

На это друзья ответили, что врач поставил точный диагноз и теперь, когда специалист назвал настоящую болезнь, понятно, как ее излечить. Ведь для лечения не нужен большой специалист – от каждого недуга уже известно лекарство. Главное – понять, чем в действительности человек болен. А значит, мы платим специалисту больше, чем простому врачу, именно затем, чтобы точно диагностировать болезнь.

Отсюда следует, что обнаружение изъяна, представляющегося **негативом**, – это все равно **позитив**. Иными словами, само знание о болезни представляет собой исправление, поскольку теперь человек знает, чтó ему надо исправить. Таким образом, диагностика недуга – часть его исцеления. Невозможно излечить болезнь, не зная ее причин.

И потому нисхождение «огненного пса», показывающего, что низшие находятся во власти себялюбия, которое «лает», по описанию Зоара, подобно собаке[96], – это позитив. Ведь теперь мы знаем, чтó исправлять – не что иное, как эгоистические желания (сосуды получения).

Таким образом, когда свыше приходит образ огненного пса, то приходит в целях исправления, а не порчи. Поэтому он тоже является позитивом, а не негативом. Что бы ни приходило свыше, даже если в глазах низшего это выглядит изъяном, – присмотревшись, низшие видят, что всё призвано им на благо, дабы мы знали, в чем должны исправить себя.

Разъяснение к статье 14 (1984), где сказано, что материальное желание наслаждений, составляет лишь половину ступени получающего желания. Лишь обретая духовное желание наслаждений, человек полностью исчерпывает его потенциал.

Отсюда следует, что когда у человека есть материальное желание, он не так уж плох. Тогда для чего ему духовное желание? Чтобы стать хуже? По идее, предпочтительнее оставаться в материальном желании. Какой смысл прикладывать усилия, чтобы

---

[96] Писания, Мишлэй, 30:15. «У пиявки две дочери: дай! дай!» (*арам.* гав-гав). Зоар: «У пиявки две дочери, лающие, как собаки: "Дай нам богатство этого мира и дай нам богатство мира грядущего!"»

обрести духовное желание и стать хуже? Зачем подвергать себя опасности? Что если его не удастся исправить? Рассуждая таким образом, само собой, лучше оставаться с материальным желанием, когда все твои порывы обращены лишь на материальные услады, – и не желать духовного вовсе.

Сказано в Предисловии к Книге Зоар[97]: «В первый период надо обрести чрезмерное получающее желание без ограничений, во всей его испорченности, из-под власти системы четырех нечистых миров АБЕА. Ведь если в нас не будет этого испорченного получающего желания, мы никак не сможем исправить его, поскольку невозможно исправить то, чего в тебе нет».

А значит, у нас нет другого выхода – мы обязаны производить действия, которые позволят обрести духовное желание наслаждений. Однако и это нелегко. Человек может обрести духовное желание, поскольку это зависит от веры: в первую очередь, надо верить в то, что духовное существует и что это важнее всех материальных наслаждений – до такой степени, что стоит отказаться от них, чтобы обрести духовные наслаждения. А потому и здесь требуется большая работа, на которую не каждый способен.

Но вместе с тем, на данном этапе человек всё еще считается «дурным» – ведь он обрел испорченное получающее желание. Суть здесь в том, что из эгоистического намерения ло-лишма мы приходим к альтруистическому намерению лишма. Иными словами, сначала человек должен достичь ступени ло-лишма, а затем его могут исправить намерением на отдачу – лишма. Ведь нельзя построить намерение без действия. Только реализуя действие, можно приложить старания, чтобы направить его верным курсом под названием «ради отдачи».

Сообразно с этим, работа человека на пути к совершенству, для которого он создан, подразделяется на четыре категории:

1. Получение ради получения.
2. Отдача ради получения.
3. Отдача ради отдачи.

---

[97] Бааль Сулам, «Предисловие к Книге Зоар», п. 29.

4. Получение ради отдачи.

Первая категория – получение ради получения – это первый уровень, на котором рождаются создания. Здесь, помимо себялюбия, они не понимают ничего. Иными словами, они никак не заинтересованы в том, чтобы делать добро кому-либо, – напротив, по природе своей, они погружены в желание получать только для себя. В этой категории находится весь мир, без различий между людьми.

Вторая категория – отдача ради получения. Этот уровень уже выходит за общие привычные рамки действий, направленных только на получение для себя. Человек производит действие по отдаче, однако должен найти себе оправдание – почему он хочет отличаться от общепринятых стандартов и совершать действия, направленные против его врожденной природы. Тогда он говорит своему телу: «Знай, что посредством действия на отдачу ты получишь затем большее наслаждение». Он дает телу понять: ему это выгодно, и оно должно верить, что затраты окупятся. Если тело верит в это, то позволяет человеку действовать – в мере своей веры в то, что он выплатит ему вознаграждение за отказ от получения для себя и работу на отдачу. Это и есть намерение ло-лишма, от которого, как сказали мудрецы, мы приходим к лишма.

Таков трамплин для перехода из одного состояния в другое: из состояния «ло-лишма» в состояние «лишма». Ведь в контексте действия оба они равны: нет никакого отличия, позволяющего сказать, что надо добавить что-либо к действию с намерением лишма. И раз по действию они равны, вся работа здесь относится не к действию, а только к намерению. Иначе говоря, мы должны заботиться лишь о том, действительно ли нами движут предначертанные Творцом законы отдачи, которые мы хотим выполнять, поскольку для нас большая награда – служить Ему и поскольку Он дал нам знать, чем мы можем Ему служить.

А затем начинается работа по анализу: действительно ли при реализации принципов науки каббала намерение человека целиком нацелено на отдачу? Или у него есть другие расчеты, проистекающие из себялюбия, – и поэтому он реализует эти принципы?

Когда человек видит, насколько он еще далек от того, чтобы действительно во всем нацеливаться на отдачу, тогда ему нужен честный самоотчет. Многие не производят его, полагая, что ими и вправду движет отдача. Хотя у них еще нет стопроцентного намерения лишма, тем не менее, они обычно чувствуют так, словно это лишма. На деле для подлинно альтруистического намерения еще есть что добавить, однако они лишены истинного ощущения – или по своей природе, или потому, что у них не было хорошего наставника, объясняющего, как не впасть в самообман.

И потому они неспособны прийти к намерению лишма. Ведь лишма – это истина, а ло-лишма – ложь. Между ними нужно промежуточное звено, трамплин от лжи к истине. И средством этим является **ложь в истине**.

Бывает ложь, но не настоящая, потому что человек считает ее правдой. Он идет ложным путем, но думает, что это путь истинный. В таком случае, это не настоящая ложь. С другой стороны, если человек знает, что на самом деле идет ложным путем, тогда он идет путем истины. Ведь он знает, что в действительности это ложь. В таком случае у него есть трамплин, и только так он может действительно достичь истины, продвигаясь от правдивой лжи к настоящей правде.

Пока же человек не знает, что идет ложным путем, он не видит нужды что-то менять и переходить на другой путь – если не выявил, что живет во лжи. И только если он узнал о том, что на самом деле пребывает во лжи, тогда способен изменить курс и встать на путь истины.

Отсюда следует, что если человек уже встал на путь истины, то идет к намерению лишма, но находится пока на середине пути. Например, желая попасть в Иерусалим, человек садится в машину, которая, согласно дорожным указателям, везет его в Иерусалим. И пускай он проехал уже восемьдесят или девяносто процентов пути – все равно еще не находится в Иерусалиме. Лишь по приезде туда можно будет сказать, что он на месте.

Так же и в духовном. Допустим, к примеру, что Иерусалим называется истиной, т.е. намерением лишма. И, разумеется, надо признать, что, прежде чем войти в лишма, в истину, человек еще пребывает во лжи – в намерении ло-лишма, которое зовется ложью. Несмотря на то что он уже прошел почти весь путь и стоит у самых врат в истину, в намерение лишма, все равно он пока еще снаружи. А значит, **человек не может знать, достиг ли он намерения лишма, пока не заслужил войти в него.**

Когда же человек может знать, что уже взошел на ступень лишма? По какому признаку можно узнать, что сейчас он находится на ступени истины?

Ответ на это лежит в Предисловии к ТЭС[98]: «Отсюда понятны слова мудрецов: "Что значит возвращение? – Пока не засвидетельствует о человеке Знающий тайны, что не вернется больше к глупости своей"[99]. На первый взгляд, странны эти слова. Ведь если так, то кто поднимется наверх, чтобы услышать свидетельство Творца? И перед кем должен Творец свидетельствовать об этом? Разве недостаточно того, что сам Творец знает, что человек возвратился всем своим сердцем и не согрешит более? Однако из того, что разъяснилось, это совсем просто. Ведь на деле человек не может быть абсолютно уверен, что не согрешит более, пока не заслужит постижения Управления вознаграждением и наказанием, т.е. раскрытия лика. А раскрытие лика – это то, что со стороны Творца называется "свидетельством". Таким образом, человеку дали ясный знак: "когда засвидетельствует о нем Знающий тайны"».

Отсюда следует, что когда человек достигает отдачи, он заслуживает раскрытия лика Творца. Об этом и сказано: «Знающий тайны свидетельствует о том, что он достиг лишма». И это **третья категория** – отдача ради отдачи. Иными словами, человек уже достиг лишма – ступени истины. И осуществилось это благодаря трамплину, позволившему из намерения ло-лишма прийти к намерению лишма. Но, конечно же, со всеми условиями, которые необходимо выполнить, чтобы не остаться в ло-лишма.

---

98 Бааль Сулам, «Предисловие к Учению десяти сфирот», п. 56.
99 РАМБАМ, «Мишне Тора», «Законы возвращения», 2:3.

Когда же человек завершает ступень отдачи ради отдачи, приходит **четвертая категория** – получение ради отдачи, ступень совершенства. Иными словами, человек достигает такого уровня, на котором желает получать удовольствие и наслаждение, потому что сам знает, что хочет исполнить цель творения. Ведь Творец создал творение из желания принести благо Своим созданиям – и, согласно этому, человек хочет получать от Творца благо и наслаждение, поскольку такова Его воля.

Однако в этом желании нет ничего от эгоизма, так как человек уже достиг ступени подобия свойств под названием «отдача ради отдачи». Поэтому он хочет сейчас выполнить волю Творца – Его желание принести благо Своим созданиям.

Здесь нам следует знать, что есть два понятия: цель творения и исправление творения. Цель творения – принести благо созданиям Творца. Суть в том, чтобы создания получали благо и наслаждение. Таким образом, чем больше наслаждений они получают, тем приятнее Творцу. Поэтому тот, кто находится на ступени совершенства, всегда желает получать множество удовольствий и наслаждений. Ведь такова цель творения – принести благо Его созданиям.

С другой стороны, если человек достиг ступени отдачи ради отдачи, т.е. слияния и подобия свойств, – в любом случае, это лишь исправление творения. Иными словами, творение должно прийти к такому состоянию, когда создания будут получать благо и наслаждение – и все равно после всего этого останутся в отдаче. Это и называется получением ради отдачи.

Об отдаче
Статья 16, 1984

Выясним, что такое отдача. Когда человек оказывает услугу важной, по общему мнению, персоне, ей не нужно платить ему за это. Сама услуга важной персоне представляется человеку так, словно ему платят вознаграждение. Иными словами, если человек знает, что перед ним кто-то важный, – услуга доставляет ему удовольствие и он не нуждается в другой оплате за это. Ему приятна услуга сама по себе.

С другой стороны, если он оказывает услугу простому человеку, то не испытывает от этого удовольствия и должен получить оплату. Зато, оказывая ту же услугу важной персоне, он не нуждается в оплате.

Пример: на самолете прилетает важный человек с маленьким чемоданом. Его приезда ждет множество людей. Человек дает кому-то свой чемодан, чтобы донести его до машины, на которой он поедет домой. За это он хочет заплатить, скажем, 100 долларов. И, конечно же, помощник откажется принять деньги, поскольку услуга для него приятнее ста долларов, которые ему дают.

Если же на самолете прилетит простой человек, тот даже за деньги не станет прислуживать ему и вместо этого скажет: «Здесь есть носильщики, которые отнесут ваш чемодан к машине. Мне не пристало вам прислуживать, а у носильщиков такая профессия, и, если вы им заплатите, разумеется, они вас обслужат».

Таким образом, **одно и то же действие может быть совершенно разным – не в реализации, а в том, ради кого оно осуществляется.** Если человек производит его для важной персоны, то всё зависит лишь от того, насколько она важна в его ощущениях и как высоко он ее ценит. И неважно, сам ли он считает ее важной или так говорит окружение, – это уже придает ему силы, чтобы обслуживать ее, и он не нуждается ни в какой оплате.

В этом контексте следует понять, каково подлинное намерение человека, обслуживающего важную персону. Возможно, ему приятно обслуживать ее, и он считает это большой привилегией. Или это доставляет ему большое удовольствие. Откуда приходит удовольствие, когда он обслуживает важную персону, – этого человек не знает. Просто он видит здесь естественную возможность получить удовольствие и потому хочет услужить.

Другими словами, намерение человека может заключаться в том, что он видит важную персону и потому хочет доставить ей удовольствие.

Или же человек хочет услужить ей, потому что сам получает от этого удовольствие, – а если бы он мог получить то же удовольствие посредством чего-то другого, то отказался бы от этой услуги. Ведь он хочет оказать ее лишь потому, что чувствует здесь возможность испытать приятное ощущение.

Вопрос в том, призвана ли эта услуга доставить приятное ощущение важной персоне, а собственное удовольствие человека от нее – лишь последствие? Действительно ли его намерение направлено не на себя, а лишь на то, чтобы вызвать приятное ощущение у важной персоны? Или же на самом деле человек имеет в виду не ее, и всего его расчеты сводятся к тому, сколько удовольствия он от этого получит?

Возникает вопрос: какая разница, с каким намерением действует человек? Ответ: нам следует знать, что такое «сосуд отдачи».

Действия на отдачу подразделяются на три категории:

1. Человек действует на отдачу во благо ближнего – физически или финансово, – чтобы получить за это оплату. Иными словами, услуги как таковой недостаточно, чтобы доставить ему удовольствие. Напротив, он хочет, чтобы за это ему дали что-то другое. Например, хочет, чтобы за работу на отдачу его вознаградили уважением, – тогда у него есть силы, чтобы действовать. Если же

он не уверен, что получит взамен уважение, то не станет действовать на благо ближнего.

2. Человек действует на отдачу во благо ближнего, не желая за работу какой-либо оплаты – то есть чего-то другого. Напротив, он довольствуется тем, что производит действия на отдачу, по природе своей, испытывая наслаждение о того, что делает добро другим. И в этом – всё его удовольствие. Само собой, эта ступень выше первой. Ведь в таких действиях человека мы видим: его намерение направлено на то, чтобы принести благо другим. И следует назвать это **«отдачей ради отдачи»**.

Однако если мы вдадимся чуть глубже и проанализируем, каково на самом деле его намерение при отдаче другим, то увидим, действует ли он потому, что хочет насладиться. Если да, это себялюбие – человек, по природе своей, получает наслаждение от отдачи.

Либо же его намерение иное, и ему приятно, оттого что хорошо другим. Иначе говоря, он наслаждается тем, что у других хорошее настроение, и потому старается делать им добро – чтобы у других было хорошее расположение духа и чтобы они получали удовольствие от жизни.

Если же человеку случается увидеть, что кто-то другой больше преуспеет в добрых делах – скажем, на благо жителей его города, – тогда он поступается собственным удовольствием от действий на отдачу и старается препоручить их другому.

И разумеется, если человек действует на отдачу не желая никакой оплаты за свою работу, но все-таки не может уступить другому, чтобы тот помог жителям его города, хотя знает, что этот другой способен на большое, – в таком случае это еще нельзя назвать «отдачей ради отдачи». Ведь в конечном итоге, определяющим фактором для него является себялюбие.

3. Работа **не ради получения какой-либо награды**. Также и в том случае, если человек видит, что другой способен на большее, – он поступается собственным удовольствием от отдачи другим и заботится только о благе ближних. Это называется «отдачей ради отдачи».

Итак, надо тщательно разобраться в том, каково на самом деле намерение человека. Оказывает ли он услугу потому, что хочет хорошего настроения для себя? Или он хочет, чтобы хорошее настроение было у важной персоны?

Чтобы понять это различие, надо понять, как сам человек видит ситуацию. Поскольку речь идет об очень важной персоне, он хочет доставить ей удовольствие и поднять настроение своей услугой. Однако, оказывая ей услугу, он и сам испытывает хорошее, приподнятое настроение, чувствуя себя так, словно все наслаждения в жизни ничего не стоят по сравнению с текущим ощущением, – поскольку он обслуживает самую важную в мире персону. И у него нет слов, чтобы описать свое удовлетворение от того, что он хочет поднять настроение важной персоне.

Теперь человек может проанализировать себя: каково его намерение, когда он хочет доставить удовольствие важной персоне? Заботится ли он о себе, желая насладить ее, для того испытать хорошее настроение? Или же его намерение лишь в том, чтобы насладить важную персону и поднять настроение ей, поскольку ее величие пробуждает в нем сильное желание служить ей?

В таком случае, хотя, оказывая услугу, человек испытывает большое наслаждение, он все-таки знает: если кто-то другой сможет доставить важной персоне большее удовольствие, то он откажется от того наслаждения, которое испытал бы сам, оказывая услугу, и от всего сердца препоручит услугу другому – поскольку это доставит важной персоне больше удовольствия, чем доставил бы он.

Таким образом, если человек согласен поступиться своей услугой, даже если испытывает от нее несравненное наслаждение, и всё-таки уступает ради важной персоны, чтобы доставить ей большее удовольствие, помышляя не о себе, а о ее благе, – это означает, что у него нет никакого намерения ради собственной выгоды, но всё – ради отдачи, и у него нет никаких расчетов с собой. Тогда самоанализ человека завершен, и он не может обмануть себя. И это называется **«законченной отдачей»**.

Однако же следует знать, что человек неспособен достичь ее собственными силами. Сказали об этом мудрецы[100]: «Злое начало берет верх над человеком каждый день, желая погубить его. Об этом сказано: "грешник наблюдает за праведником, желая его смерти"[101], и если бы Творец не помогал ему, сам бы не справился. И сказано: "Творец не оставит его в руках **злого начала**"»[102].

Таким образом, сначала человек должен проверить, есть ли у него силы, чтобы обрести возможность действовать с намерением доставить удовольствие Творцу. Когда же человек осознаёт, что своими силами ему не достичь этого, тогда он фокусирует свои усилия в отдаче на одной точке – на «свете, возвращающем к Источнику», чтобы это было его единственной наградой за выполнение законов отдачи. Иными словами, чтобы в награду за его старания Творец дал ему ту силу, которая называется «силой отдачи».

Есть правило: человек прикладывает усилия, лишая себя покоя, по той причине, что желает чего-то и знает, что без усилий ему этого не дадут, – и потому вынужден трудиться. Соответственно, если человек старается выполнять принципы отдачи, – само собой, ему чего-то недостает, и он делает это, чтобы достичь желаемого.

А потому, прежде чем он начинает работать на отдачу Творцу, человек должен уделить внимание и подумать немного: чего он хочет? Какой награды он желает за свою работу? Или, проще говоря, какая причина заставляет его выполнять законы отдачи? Тогда, задумавшись о том, чего ему недостает и для чего он должен трудиться, человек много размышляет, и ему очень трудно понять, чего он в действительности хочет.

Поэтому многие, задумавшись о том, ради какой цели они трудятся, не могут поставить себе истинную цель и говорят тогда: «Зачем нам утомлять себя этим расследованием?» В итоге

---

100   Трактат «Кидушин», 30:2.
101   Писания, Псалмы, 37:32.
102   Писания, Псалмы, 37:33: «Творец не оставит его (праведника) в руке его (нечестивого) и не обвинит его на суде его».

они трудятся без всякой цели, но размышляют так: «Мы работаем ради грядущего мира. И какой смысл раздумывать о том, что такое грядущий мир? Мы лишь будем верить, что это что-то хорошее, – и довольно. Когда получим награду грядущего мира, тогда и узнаем, что это такое. А пока незачем пускаться в рассуждения».

И лишь единицы говорят о слиянии с Творцом. А чтобы достичь этого, человек должен достичь подобия свойств по принципу: «Как Он милосерден, так и ты милосерден»[103]. Тогда человек старается уподобиться Творцу по свойствам, так чтобы все его дела были на отдачу. И лишь тогда от него уходит существующее в мире ограничение и скрытие, и он начинает ощущать Высший мир.

Однако же, начиная работу на пути к ступени отдачи, человек видит, что он очень далек от нее и лишен желания думать говорить и действовать так, чтобы можно было строить намерение на отдачу. Тогда он не знает, как быть, чтобы обрести силу отдачи. Каждый раз, прикладывая усилия, он видит, что всё это далеко от него. В итоге он сознает, что не в человеческих силах когда-либо достичь этого.

Тогда человек сознает, что помочь ему может только Творец. И лишь тогда он понимает, что должен прикладывать усилия ради награды, и эта награда, для которой он трудится, состоит в том, чтобы Творец дал ему силу отдачи. Именно на это человек уповает, так как желает достичь слияния с Творцом – иными словами, подобия свойств, т.е. отдачи. В этом всё его вознаграждение, и он надеется, что за усилия в духовной работе ему дадут то, чего сам он достичь не может. Это должен дать ему кто-то другой.

Примером тому работа в материальном мире: не имея возможности заработать в одиночку, человек прилагает старания, за которые ему выплачивают деньги. Так же и в духовном: когда не можешь достичь чего-то собственными силами, нужно, чтобы кто-то дал тебе это. И это мы называем «оплатой».

---

103 Трактат «Шаббат», 133:2.

А потому, когда человек, стремясь к слиянию с Творцом, желает обрести свойство отдачи и не может этого сделать, тогда ему надо, чтобы Творец дал ему желаемое. Это и является для него «оплатой».

И поскольку есть правило: «хочешь оплаты – необходимо трудиться», постольку человек прикладывает усилия ради того, чтобы ему дали эту оплату под названием «сила отдачи». Это значит – выйти из себялюбия и захотеть обрести силы, чтобы действовать только в любви к ближним.

Сказано об этом: «Пусть всегда будет выполнять человек правила Торы в эгоистическом намерении (ло-лишма), и от него придет к намерению на отдачу (лишма)[104], ибо кроющийся в ней свет возвращает его к Источнику[105]». Это означает, что, реализуя принципы отдачи, чтобы достичь альтруистического намерения, человек выйдет на ступень лишма благодаря приложенным ранее усилиям. Так он заслуживает того, чтобы «кроющийся в ней свет вернул его к Источнику», – когда свыше ему дают силу отдачи.

Однако возникает вопрос: для чего человек должен сначала прилагать старания – а потом ему дают свет Торы? Почему сразу не дать ему свет Торы, который тотчас вернет его к Источнику? Зачем попусту трудиться и вкладывать силы, да еще и попусту терять время? Не лучше было бы дать ему свет сразу же в начале работы, так чтобы, получив его, человек незамедлительно начал работать в намерении лишма?

Дело здесь в том, что «нет света без сосуда». А «сосудом» зовется желание. Когда человек испытывает недостаток и стремится заполнить пустоту – это и есть «сосуд». И лишь когда у него есть такой сосуд, т.е. желание некоего наполнения, – тогда ему могут дать это наполнение, и он удовлетворится им, поскольку именно к этому стремился.

«Оплата» – это наполнение, когда человек получает желаемое. Более того, когда важность наполнения растет в мере

---

104   Трактат «Псахим, 50:2.
105   Мидраш «Раба», Эйха, Введение, 2.

устремления и испытанных страданий – в той же степени человек наслаждается наполнением.

Таким образом, невозможно дать человеку свет, возвращающий к Источнику, когда он не испытывает к этому никакого желания. Ведь возвращение к Источнику означает, что человек утрачивает силу себялюбия и получает силу любви к ближним.

Если же у человека нет никакого желания выйти из себялюбия, а ему говорят: «Потрудись, и за это ты лишишься эгоистического желания» – он не считает это оплатой. Напротив, человек думает тогда, что хозяин, на которого он работал и который должен был воздать добром, вместо этого отплачивает ему большим злом.

Поэтому сначала человек должен обучаться в намерении ло-лишма, благодаря чему тело будет поддерживать его – ведь он готов отказаться от малого наслаждения, чтобы получить большое. Человек по своей природе может представить себе только такое наслаждение, которое базируется на себялюбии.

А потому ему говорят, что за приложенные усилия он получит вознаграждение. И это не ложь – конечно же, он получит награду. Таким образом, когда ему говорят, что благодаря усилиям по реализации отдачи он получит оплату, – это правда. Разумеется, он получит оплату, но только она изменится.

Например, отец говорит сыну: «Если ты будешь хорошим мальчиком, я куплю тебе машинку, в которую играют маленькие дети – пластиковую игрушку. После этого отец уезжает за границу и возвращается спустя несколько лет. Уже повзрослевший сын приходит к нему и говорит: «Папа, ты ведь пообещал мне перед отъездом пластиковую машинку». А отец вместо этого идет и покупает хороший автомобиль, на котором можно ездить на большие расстояния. Тогда сын, уже набравшийся ума-разума, понимает, что сейчас время не для пластиковой игрушки, а для настоящей машины. Означает ли это, что отец обманул его? Разумеется, нет. Просто сын теперь видит, что, будучи ребенком, он мог оценить только «пустячную» оплату.

Так и здесь, человек начинает с «пустячной» оплаты, и это называется ло-лишма. Иными словами, он ожидает в награду нечто никчемное по сравнению с настоящим вознаграждением, которое получит, когда обретет намерение лишма. Тогда оплатой ему станет сосуд для блага и услад, которые желает дать Творец, – для подлинных наслаждений.

Таким образом, когда человеку говорят, чтобы он работал в намерении ло-лишма, ради награды, – это правда. Иными словами, строя намерение на отдачу, он тоже получит оплату. А вся ложь – в самой оплате: пребывая в намерении ло-лишма, человек рассчитывает на другое вознаграждение, и сосуд для получения называется «себялюбием». Однако затем, вырастая, человек начинает понимать, что на деле оплата приходит в сосуды отдачи, и именно благодаря им мы получаем настоящее благо и наслаждение. С другой стороны, пребывая в намерении ло-лишма, он рассчитывал на другую оплату и мог принять лишь награду, подходящую для маленького ребенка.

Таким образом, когда человека учат получать наслаждение и оплату за работу в намерении ло-лишма – это не «ложь», так как он ничего не теряет при смене малой оплаты на бо́льшую. Напротив, следует трактовать это так, что в намерении ло-лишма человек приписывает этой оплате не ее подлинное название, а в действительности она называется не так, как он думал. Однако оплата остается оплатой. И **меняют** не ее, а название – с ложной и мнимой награды на подлинное вознаграждение.

Из всего вышесказанного следует: **главная оплата за реализацию законов Торы в том, чтобы Творец дал человеку сосуды отдачи.** Сам он не в силах обрести их, поскольку они противоположны его природе. Это подарок свыше. В этом его награда, которой он всегда ждал: «Когда я смогу доставить удовольствие Творцу?» И поскольку человек ждал этой награды, постольку она зовется для него «оплатой».

Чтобы понять вышесказанное, надо изучить Общее предисловие к книге «Приветливый лик»[106], где сказано: «Корень тьмы – экран (маса́х) в сосуде Малхут. А корень оплаты – в отраженном свете

---

106 Бааль Сулам, Общее предисловие к книге «Приветливый лик», п. 3.

(ор хозе́р), возникающем посредством ударного взаимодействия (зиву́г дэ-акаа́)».

Бааль Сулам приводит корень того, что мы видим в этом мире. Иными словами, всё, что мы видим в этом мире – суть ветви, происходящие от корней в высших мирах. Он пишет, что корень усилий, испытываемых человеком в этом мире, происходит от корня экрана в сосуде Малхут. Это значит, что сосуд, имеющийся у творений, зовется «желанием получать наслаждение». Его создал Творец, поскольку Он желает доставить благо Своим созданиям. И потому Он создал в них желание получать наслаждение, которое в высших сфирот зовется «Малхут».

А затем, согласно тому, что мы изучаем, произошло Сокращение (Цимцу́м). Суть его в том, что **творение** не хочет быть получающим, поскольку желает подобия свойств с Творцом. Поэтому в духовном мире возникло правило, согласно которому мы не получаем ничего, если не можем выстроить намерение на отдачу.

В этом суть исправления экрана. Поскольку речь идет о высших светах, нежелание получать свет называется «экраном». Аналогично этому, когда свет солнца слишком ярок для глаз, человек не хочет смотреть на него и использует занавесь или перегородку, чтобы солнце не светило внутрь дома.

Поэтому, когда речь идет о высших светах, несмотря на большое желание получать свет и наслаждение, Малхут все-таки отказалась от этого наслаждения, поскольку желает подобия свойств с Высшим. Это называется «усилиями» – она делает то, что ей не по нраву, не позволяя себе получать наслаждение.

Так же и в материальном мире: когда человек должен отказаться от какого-либо наслаждения, это называется «усилием». Например, человеку по душе покой, но, по некоей причине и нужде, он отказывается от покоя и делает что-либо. Это зовется «усилием».

Бааль Сулам также показывает в случае с материальной ветвью, получающей оплату, – где это коренится в высших мирах. Он показывает нам, что корень оплаты происходит из отраженного света – из желания отдачи, истекающего из ударного взаимодействия между высшим светом и экраном, а также толщей эгоизма (авиют)¹⁰⁷. Там сказано, что «облачающий отраженный свет является следствием двух сил». Суть ударного взаимодействия в духовном: когда две вещи противоположны друг другу, это означает их соударение. С одной стороны, человек очень хочет чего-то, поскольку видит, что это доставит ему большое удовольствие, а с другой стороны, он преодолевает себя и не получает этого, так как желает подобия свойств.

Таким образом, здесь есть два желания:

1. С одной стороны, человек стремится получить удовольствие.
2. С другой стороны, он стремится к подобию свойств.

Из двух этих факторов рождается нечто новое под названием «облачающий отраженный свет». С данной силой человек может потом получить высшее изобилие, так как этот отраженный свет представляет собой сосуд, подходящий для получения изобилия.

С этим сосудом у человека есть две вещи:

1. Он получает наслаждение, заложенное в высшем изобилии и проистекающее из замысла творения – доставить благо Его созданиям.
2. Вместе с тем, человек оказывается в подобии свойств. Это вторая категория, имеющаяся у него при получении изобилия.

Из вышесказанного мы видим, что вся оплата – это лишь отраженный свет, т.е. сила отдачи, которую низший получает от высшего. Бааль Сулам называет ее «отраженным светом», имея в виду то, что низший дает высшему. Таким образом, приходящее от Творца изобилие зовется «прямым светом» (ор яшáр), как сказано: «Творец создал человека прямо»¹⁰⁸. Иными словами, согласно тому, что мы изучаем, замысел творения состоял в том, чтобы доставить благо Его созданиям, так чтобы низшие получили изобилие. Это и называется «прямо».

---

107 Бааль Сулам, «Учение десяти сфирот», часть 4, п. 8.
108 Писания, Коэлет, 7:29: «Творец сотворил человека прямо – они же пускаются во многие ухищрения».

Однако получающие изобилие хотят подобия свойств. И потому у нас есть исправление под названием «отраженный свет». Иными словами, получающий изобилие получает его не потому, что хочет наслаждаться, а потому, что хочет совершать отдачу высшему. Это значит: как высший желает, чтобы низший наслаждался, – так и получающий изобилие намеревается вернуть наслаждение дающему, чтобы высший наслаждался исполнением своего замысла. Таким образом, **настоящая оплата – это отраженный свет, т.е. сила отдачи, которую низший получает от высшего**.

Однако, в любом случае, следует понять, почему мы говорим, что сосуд, зовущийся «силой отдачи», – это вся оплата. Ведь оплата, по идее, – это то, что получают. Так и говорится: «Я работаю, чтобы получить оплату». Ведь сказано, что цель творения – доставить благо Его созданиям – т.е. чтобы они получили оплату. Здесь же мы говорим, что оплата называется «силой отдачи». Выходит, оплата должна состоять в том, чтобы человек постиг Творца, тайны мироздания и т.п. Однако же, по словам Бааль Сулама, оплата в том, что мы обретаем силу отдачи. К тому же он говорит, что это проистекает из высшего корня под названием «отраженный свет».

Существует правило: «больше, чем теленок хочет есть, корова хочет его вскормить»[109]. Раз так, отсюда следует, что Творец желает дать творениям больше, чем они хотят получить. Кто же этому препятствует? Здесь следует помнить о Сокращении, произведенном, чтобы творения обрели подобие свойств. Это исправление предназначено для того, чтобы не было **хлеба стыда**. Оно проистекает из нашего корня: поскольку Творец обращен на отдачу, а не на получение, и не испытывает недостатка, связанного с получением, постольку, согласно заложенному в нашей природе правилу, гласящему, что всякая ветвь желает уподобиться своему корню, – когда низший должен произвести какое-либо действие, не заложенное в корне, он испытывает дискомфорт.

---

109   Трактат «Псахим», 112:1.

В итоге, человеку не требуется никакого действия, чтобы получить изобилие – т.е. свет и наслаждение. Ведь больше, чем творение хочет получить, Творец желает дать ему. Однако же у творения нет сосуда, чтобы насладиться тем, что ему дадут, – по причине стыда. Таким образом, вся наша оплата – это то, чего нам недостает, т.е. сосуд под названием «сила отдачи». Лишь сосудов недостает нам, а не светов. А следовательно, подлинная оплата – это сила отдачи.

Однако, чтобы обрести этот сосуд под названием «желание отдачи», тоже необходимо желание. Иными словами, надо почувствовать, что нам недостает этого сосуда. А потому сначала мы должны выполнять правила Торы с намерением ло-лишма. И в этом наше усилие. Ведь мы видим, что все наши дела призваны к собственной выгоде и у нас нет никакого намерения на отдачу.

И тогда мы видим, что нам недостает силы отдачи. И мы хотим, чтобы в награду за нашу работу Творец дал нам эту оплату – желание отдачи. Когда у нас будет эта сила, мы сможем получить уже готовое благо и наслаждение, которое не требует от нас никаких трудов, ибо это дает Творец. Каждый раз, когда человек поднимается со ступени на ступень, ему надо лишь обретать силу отдачи. Более нет недостатка ни в чем.

О ВАЖНОСТИ ТОВАРИЩЕЙ
Статья 17, часть 1, 1984

О важности товарищей в группе – как их оценивать? Иными словами, какую важность каждый должен придавать товарищу?

По логике вещей, видя товарища находящимся на более низкой, чем моя, ступени, я хочу научить его тому, как проявлять лучшие качества, чем у него есть. В таком случае я не могу быть ему товарищем, а могу принимать его как ученика, но не товарища.

Если же я вижу, что товарищ стоит на более высокой, чем моя, ступени и я могу поучиться у него хорошим качествам, в таком случае он может быть моим учителем, но не товарищем.

Следовательно, именно в то время, когда человек видит товарища стоящим на одной с ним ступени, тогда он может принимать его как товарища и соединяться с ним. Само понятие **товарищ** означает, что оба они находятся на одном уровне. К этому обязывает логика: у них обоих сходные мнения, и потому они решили объединиться. И тогда оба они будут действовать во имя той цели, которой хотят достичь.

Аналогичный пример – два товарища со сходными мнениями, которые вместе ведут какое-нибудь дело, чтобы этот бизнес приносил им прибыль. При таком порядке оба чувствуют, что они равны по силам. Если же один из них чувствует, что он талантливее другого, или не хочет принимать его в качестве партнера на равных, а вместо этого они участвуют в деле на паях, т.е. сообразно с силами и достоинствами, которыми один превосходит другого, тогда дело сводится к трети или к четверти. И тогда нельзя сказать, что оба они равны в деле.

С другой стороны, при товарищеской любви, когда товарищи объединяются, чтобы между ними царило единство, это означает как раз, что оба они равны. Это и называется «единством». А если, например, они вместе ведут дело и решают, что прибыль не будет делиться поровну, то называется ли это «единством»?

Однако же, разумеется, любое дело, вытекающее из товарищеской любви, должно вестись так, чтобы вся прибыль, которую принесет любовь к товарищам, сопровождалась равным контролем над их имуществом. Пускай ничего не проводят тайком и не скрывают друг от друга, а напротив, пускай всё будет в любви и дружелюбии, правдиво и мирно.

Однако сказано у Бааль Сулама[110]: «Два условия действуют на пути к возвышению:

1. Всегда прислушиваться и принимать оценку окружения в повышенной мере.
2. Окружение должно быть большим, как сказано: «во множестве народа – величие царя»[111].

Чтобы принять первое условие, каждый ученик обязан чувствовать себя наименьшим из всех товарищей. Тогда он сможет проникаться ценностью возвышения ото всех. Ведь не может большой получать от малого и, тем более, воодушевляться его речами – но лишь малый воодушевляется, придавая ценность большому.

А согласно второму условию, каждый ученик обязан превозносить достоинства каждого товарища, как будто он величайший человек в поколении. Тогда окружение будет воздействовать на него, как если бы оно было достаточно большим, поскольку «качество важнее количества».

Таким образом, товарищеская любовь, базирующаяся на принципе «человек да поможет ближнему»[112], означает, что достаточно, если каждый считает товарища находящимся с ним на одной ступени. Но поскольку каждый должен учиться у товарища, существуют взаимоотношения учителя и ученика. Поэтому человек должен считать товарища бо́льшим, чем он сам.

---

110   Бааль Сулам, «Статья в завершение Книги Зоар».
111   Писания, Мишлэй, 14:28.
112   Пророки, Йешаяу, 41:6.

Но как можно считать товарища выше себя, в то время как человек видит, что обладает бо́льшими достоинствами, чем товарищ: он более талантлив и, по природе, обладает лучшими качествами.

Понять это можно двумя путями:

1. Человек идет верой выше знания: выбрав себе товарища, он уже смотрит на него выше знания.
2. Более естественным путем – внутри знания. Если человек решил взять кого-либо в товарищи и работает над собой, чтобы любить его, – из любви видны лишь хорошие вещи, а плохих вещей, хотя они и присущи товарищу, он не видит, как сказано: «все преступления покроет любовь»[113].

Между тем, мы знаем, что человек может замечать недостатки у соседских детей, а в своих детях он их не видит. Когда речь заходит о каких-либо недостатках его сыновей, он тотчас дает отпор и начинает рассказывать о достоинствах, которыми они обладают.

Возникает вопрос: где же истина? У его сыновей есть достоинства, и потому он сердится, когда о них говорят?

Как я слышал от Бааль Сулама, суть в том, что на самом деле у каждого человека есть достоинства и недостатки. Так что каждый – и сосед, и отец – говорит правду. Только сосед не относится к чужим сыновьям по-отцовски, т.е. он лишен той любви к ним, какая есть у их отца. Поэтому, глядя на чужих детей, он видит только их недостатки – и от этого получает большее удовольствие. Ведь он может демонстрировать, что превосходит другого, благодаря тому что его дети лучше. Поэтому он смотрит только на недостатки другого. И то, что он видит, – это правда. Но видит он лишь те вещи, от которых получает удовольствие.

Однако же и отец видит истину – просто он смотрит лишь на хорошие вещи, присущие его сыновьям. А плохих вещей в них он не видит, так как это не доставляет ему удовольствия. Следовательно, он говорит правду о том, что видит в своих сыновьях, но смотрит лишь на те вещи, от которых может получить удовольствие. А раз так, он видит только достоинства.

---

113   Писания, Мишлэй, 10:12.

Таким образом, если у человека есть любовь к товарищам – закон любви таков, что мы хотим видеть именно достоинства товарища, а не его недостатки. Поэтому, если человек видит какой-либо недостаток у товарища, значит, этот недостаток есть не у товарища, а у него самого. Иными словами, он нарушил товарищескую любовь и потому видит недостатки у товарища.

В таком случае, человек должен теперь понять: не товарищу нужно исправлять себя, а он сам нуждается в исправлении. А значит, человеку не нужно беспокоиться об исправлении недостатков, которые он видит в товарище, – но он сам нуждается в исправлении того, что нарушил в товарищеской любви. И когда он исправит себя, тогда будет видеть только достоинства товарища, а не его недостатки.

Порядок собрания группы
Статья 17, часть 2, 1984

Прежде всего, когда собираются **товарищи**, необходима повестка дня. Это значит, что каждый в мере своих сил будет говорить о важности группы – о том, какие выгоды она ему несет. Он надеется на то, что группа даст ему важные вещи, которые он сам не в силах обрести, – и в этой мере он ценит ее.

Сказали об этом мудрецы[114]: «Объяснил рабби Симлай: пускай всегда будет человек воздавать славу Творцу, а потом будет молиться. Откуда нам это известно? От Моше, как сказано: «Умолял я Творца в то время»[115]. И сказано: «Творец, Ты начал...»[116] А также сказано: «Дай перейду я и посмотрю на эту добрую землю»[117]».

Смысл того, что сначала надо воздать славу Творцу, состоит в следующем. Общепринято, что когда я прошу что-либо у кого-либо, необходимо соблюдение двух условий:

1. Он обладает тем, чего я у него прошу. Например, он богат, влиятелен, известен своим богатством и блеском.
2. У него доброе сердце, т.е. у него есть желание давать благо другим.

У такого человека можно просить об услуге. Поэтому и сказано: «Пусть всегда будет человек воздавать славу Творцу, а потом будет молиться». Иными словами, раз уж человек верит в величие Творца, в то, что у Него есть всевозможные наслаждения для отдачи творениям и Он желает творить добро, – тогда можно сказать, что человек молится Творцу. И Творец, конечно же, поможет

---

114 Трактат «Брахот», 32:1.
115 Тора, Дварим, 3:23.
116 Тора, Дварим, 3:24: «Творец, Ты начал показывать рабу Твоему величие Твое и крепкую руку Твою».
117 Тора, Дварим, 3:25.

ему, так как Он желает творить добро, и потому может дать человеку то, чего он хочет. Тогда есть возможность молиться с уверенностью в том, что Творец примет эту молитву.

Так и в товарищеской любви: прежде всего, в начале собрания надо воздать хвалу товарищам, поднять важность каждого из них. Насколько человек оценивает величие группы – в этой мере он может уважать ее.

А потом будет молиться – иными словами, каждый должен отдать себе отчет в том, сколько сил он прилагает ради группы. И когда человек видит, что у него нет сил сделать что-либо на благо группы, тогда появляется возможность для молитвы, чтобы Творец помог ему, дав силы и желание работать над любовью к ближним.

А затем каждый должен поступать как в трех последних *благословениях* молитвы «Амидá». Иными словами, после того как он выстроил свою просьбу к Творцу, сказано в Книге Зоар, что три последних *благословения* этой молитвы будут для человека такими, как если бы Творец уже дал ему желаемое, и он ушел от Него.

В товарищеской любви следует поступать так же. После того как человек отдал себе самоотчет и прибег к известному средству – к молитве, пускай думает теперь, что его молитва принята, и пускай радуется с товарищами так, словно все они – единое тело. Как тело хочет, чтобы все его органы наслаждались, так и человек хочет, чтобы все товарищи наслаждались сейчас.

Поэтому после всех расчетов настает время радости от товарищеской любви. Тогда каждый должен чувствовать себя счастливым, словно заключил сейчас хорошую сделку: благодаря ей он заработает много денег, и потому, как принято, угощает товарищей напитком. Так и здесь, каждому нужно, чтобы его товарищ выпил напиток, отведал печений и т.п. Ведь он сейчас счастлив и потому хочет, чтобы товарищи тоже чувствовали, что им хорошо. Поэтому, когда собрание расходится, это должно проистекать из радости и возвышения.

Происходит это согласно «времени Торы» и «времени молитвы». «Время Торы» – это совершенство, лишенное всякого недостатка. И называется это «правой линией», как сказано: «от правой руки Его – пламя закона для них»[118]. С другой стороны, «время молитвы» называется «левой линией», так как место недостатка – это место, нуждающееся в исправлении. И это называется «исправлением сосудов». С другой стороны, в категории Торы, называющейся «правой линией», нет места исправлениям. Поэтому Тора зовется «подарком».

Подарки принято дарить тем, кого любишь. И так заведено в мире, что мы не любим тех, кому присущ недостаток. Поэтому «во время Торы» нет места для мыслей об исправлениях. Когда же мы расходимся с собрания, нужно пребывать в состоянии, подобном трем последним благословениям молитвы «Амида». И благодаря этому все ощутят совершенство.

---

118   Тора, Дварим, 33:2.

Когда придешь в землю
Статья 18, 1984

Комментаторы задали вопрос на слова: «И будет: когда ты придешь в землю, которую Творец дает тебе во владение, и унаследуешь ее, и поселишься в ней...»[119] Они спросили: что именно дал Творец? Разве народ Исраэля не захватил эту землю в ходе войн? И объяснили, что человек в глубине души знает, что не своими силами и не своим геройством он наследует землю, но земля эта – дар Творца. И потому сказали: именно «Творец дает ее тебе во владение», а не «сила твоя и крепость руки твоей»[120].

Чтобы понять это в контексте духовной работы, следует знать, что *земля* (эрец – ארץ) – значит *желание* (рацо́н – רצון). Иными словами, **желание, кроющееся в сердце человека, зовется «землей»**. И земля эта называется «сердцем» человека. Там живут «народы мира», а также там живет «народ Исраэля». Однако следует знать, что жить им там вместе невозможно. Не могут народ Исраэля и народы мира править сообща. Власть там принадлежит или народам мира, или Исраэлю.

Следует понять, в чем подлинная причина, по которой они не могут сосуществовать в одном месте. Дело в следующем: как известно, причиной создания мира было желание Творца насладить Свои творения. Поэтому Он создал желание получать удовольствие и наслаждение, т.е. создал в творениях потребность всегда стремиться к наслаждениям. И мы видим, что творение испытывает наслаждение в мере этого устремления.

Это – сосуд, созданный Творцом. И это – первая категория, которую мы распознаём в творениях. Если же у них нет этого желания, то они еще не считаются творениями. Таким образом, невозможно говорить ни о какой категории, если там нет получающего

---

119 Тора, Дварим, 17:14.
120 Тора, Дварим, 8:17. «Сила моя и крепость руки моей принесли мне эту победу».

желания. И в этом всё творение, о котором мы говорим, – сосуд для получения наслаждений.

Однако из-за стыда, который мудрецы назвали «хлебом стыда», было произведено сокращение, так чтобы творения получали не ради получения, а только при условии, если они могут выстроить намерение на отдачу. Это называется «подобием свойств»: если творение может получать наслаждения с намерением доставить удовольствие Творцу, тогда оно получает их – а иначе не желает их получать.

Это называется «Исраэль» (ישראל) – т.е. **яшар-Эль** (ישר-אל), что значит: «прямо к Высшему». Иными словами, человек помышляет лишь о том, чтобы всё шло к Творцу. А сам он не принимается в расчет, поскольку не помышляет о себе вовсе – но все его помыслы направлены на благо Творца.

Это и называется «землей Исраэля». Иными словами, у человека есть желание, устремленное **прямо к Высшему**: никаких желаний, проистекающих из себялюбия, – но только из любви к ближнему. А для себя – для того, чтобы самому наслаждаться жизнью – он не хочет ничего. Все его желания направлены лишь на то, чтобы иметь возможности для отдачи Творцу, а всё, чем он подпитывает свое тело, нужно лишь затем, чтобы у него были силы действовать на отдачу.

Пример: человек кормит и поит своего коня, но весь этот пансион обусловлен не тем, что он любит коня, а тем, что конь нужен ему для работы. Поэтому, когда человек собирается ублажить коня, это вызвано не любовью – просто он хочет использовать коня для своих нужд и вовсе не помышляет о его благе. Это и называется «землей Исраэля»: все помыслы человека – это лишь «земля», т.е. желание, чтобы всё устремлялось **прямо к Высшему.**

Иное дело – земля народов. Эта «земля» – суть желание, проистекающее из себялюбия, – что называется, «народы земли». Все их желания – это желание «народа». Иными словами, намерение человека обращено не на волю Творца, а на желание «народа» – желания творений, которые и зовутся «народом».

С другой стороны, Творец – это тот, кто создал народ. Сказано: «увидят все народы земли, что имя Творца наречено на тебе, и убоятся тебя»[121]. А также: «И встал Авраам, и поклонился народу той земли, сынам Хета»[122]. Это значит, что они не знают и не чувствуют ничего, кроме категории «народ», которая представляет собой себялюбие, – и только это является категорией «творений».

В отличие от них, «народ Исраэля» хочет отмены себя и своей сущности – получающего желания, созданного как сущее из ничего. И потому мы говорим о Творце, который «избрал нас из всех народов»[123].

Две эти власти неспособны уживаться вместе: правит или желание отдавать, или желание получать. Сосуществовать они не могут, поскольку противоречат друг другу, а две противоположности не уживаются в одном устремлении.

Отсюда проистекает «война со злым началом»: человек должен бороться с собой, чтобы покорить сердце, в котором укореняются эти желания, свергнуть господство эгоистического начала и отдать всю власть желанию отдачи Творцу.

Когда человек приступает к этой высокой работе, устремляя все свои старания на отдачу, тогда начинаются войны между двумя этими желаниями. Приложив большие усилия, человек заслуживает преодоления и побеждает в войне. Тогда власть в его сердце переходит к желанию отдачи Творцу, и человек может сказать: «Сила моя и крепость руки моей принесли мне эту победу»[124]. Лишь благодаря своей работе человек унаследовал сердце, которое зовется теперь «землей Исраэля», потому что его желание устремлено **прямо к Высшему**.

Вот о чем говорит нам строфа: «И будет: когда ты придешь в землю, которую Творец дает тебе…» Это значит: не ты захватываешь ее своими силами, а «Творец дает ее тебе». Другими

---

121 Тора, Дварим, 28:10.
122 Тора, Берешит, 23:7.
123 Праздничное освящение (Кидуш): «Благословен Ты, Творец наш, Царь Вселенной, который избрал нас из всех народов».
124 Тора, Дварим, 8:17.

словами, после того как человек, приложив необходимые усилия, чтобы покорить сердце путем непрестанных войн с «народами мира», победил их и унаследовал сердце, которое называется теперь «землей Исраэля», а не «землей народов» – все равно он должен верить, что не сам захватил эту «землю», а «Творец дал» ему ее. И не «сила моя и крепость руки моей принесли мне эту победу».

Отсюда следует понять, в чем была сложность с обещанием Творца Аврааму: «И сказал ему: Я Творец, который вывел тебя из Ура Халдейского, чтобы дать тебе эту землю в наследие»[125].

В таком случае, почему же Творец сначала дал эту землю народам мира? Пришедшие потом сыны Исраэля должны были вести с ними войны и изгонять их со своей земли, вызывая претензии всего мира: «Почему вы захватили землю, которая никогда вам не принадлежала? Лишь после завоевательных войн вы говорите, что это ваша земля».

Всем ясно, что, разумеется, лучше было бы, если бы Творец не дал эту землю народам мира. Ведь тогда для них не было недостатка в месте для поселения. Позднее возникли другие новые страны, и Творец мог бы сделать так, чтобы народы не поселились в этом месте.

Однако случилось иначе: сначала здесь поселились семь народов, а также прочие цари – и народу Исраэля пришлось воевать с ними и изгонять их. А все народы мира кричат на народ Исраэля: «Вы разбойники, захватившие земли семи народов»[126]. Зачем же нам все эти хлопоты?

РАШИ приводит толкование мудрецов на первую главу Берешит: «Почему она начинается со слова *вначале*[127]? Потому что сказано: "Могущество дел Своих показал Он народу Своему, дав ему наследие народов"[128]. И если скажут идолопоклонники сынам Исраэля: "Вы разбойники, захватившие земли семи народов», те

---

125 Тора, Берешит, 15:7.
126 Комментарий РАШИ на Берешит, 1:1.
127 Тора, Берешит, 1:1: «Вначале создал Творец небеса и землю».
128 Писания, Псалмы, 111:6.

ответят: "Вся земля принадлежит Творцу. Он создал ее и дал тем, кто был Ему угоден. По Своей воле дал ее им – и по своей Воле забрал ее у них и дал нам"».

Отсюда вопрос: зачем был нужен такой порядок событий? Прежде чем дать эту землю нам, Творец сперва дал ее народам мира, и лишь после того как они осели на ней, сказал нам: «Идите и выдворите их из этой земли, потому что Я обещал ее Аврааму».

Объяснить всё это можно связью «ветви и корня». Как известно, «землей» называется Малхут – корень творений, представляющий «получение ради получения». Этот корень – т.е. первый получатель – называется «миром Бесконечности». Потом были произведены исправления, чтобы получать не ради личной выгоды, а потому, что низший хочет совершать отдачу Творцу. Иными словами, он хочет, чтобы в нем аннулировалось желание получать только для себя – так чтобы не пользоваться им, а всеми своими делами лишь доставлять удовольствие Творцу.

Отсюда следует, что порядок создания материального мира должен соответствовать тому порядку, который существует в духовном: сначала эта земля дается народам мира, а потом, путем преодоления и войн надо изгнать народы мира из этой земли. Тогда народ Исраэля захватывает ее и наследует место народов.

Ведь корень народов мира – это срединная точка, на которую было сделано сокращение. Иными словами, первая категория, появившаяся в мире, сначала обязательно должна была представлять «получение ради получения». Иначе нельзя сказать, что творение сокращает себя, дабы не получать. Ведь преодоление возможно, когда у него есть желание получать, а оно преодолевает свое устремление и хочет подобия свойств.

Вот почему сначала получить эту землю должны были народы мира – подобно тому, как в корне сперва возникло желание получать, сущность творения. А потом уже появляется необходимость в исправлениях. Поэтому после того как народы мира получили эту землю, пришел народ Исраэля и исправил ее, чтобы всё было во имя Творца. Это и зовется «землей Исраэля», как сказано:

«Земля, которую Творец твой требует непрестанно. Глаза Его на ней – с начала года и до конца года»[129].

Здесь нужно понять, почему «земля Исраэля» зовется землею, на которой «глаза Творца с начала года и до конца года». Это значит, что управление Творца – на ней, именно на «земле Исраэля». Но ведь Его управление действует во всем мире, как сказано поэтом: «взоры Творца странствуют повсюду»[130]. Как же мы можем говорить, что Его управление действует только на земле Исраэля?

Следует объяснить: «земля Исраэля» – суть «земля», уже вышедшая из-под власти народов мира и вошедшая во владение «Исраэля». Это и подразумевает приведенная строфа, призванная дать нам знак, по которому будет ясно, находятся ли они в «земле Исраэля» или всё еще в «земле народов».

Об этом знаке и сказано: «Земля, которую Творец твой требует непрестанно». Данная строфа объясняет нам, что такое земля Исраэля, и говорит, что мы должны знать: Творец требует ее непрестанно. В чем же заключается Его требование? Строфа продолжает: «взоры Его на ней – с начала года и до конца года». «Взорами Творца» называется Его управление. Поэтому если человек видит это управление с самого начала – что называется, «с начала года» и до «конца года», т.е. непрерывно видит управление Творца – это называется «земля Исраэля».

С другой стороны, смысл понятия «земля народов» в том, что только Творцу известно, что Он управляет всем миром, – а народы мира не видят этого. Поэтому Он дал нам знак, по которому ясно, находимся ли мы в «земле Исраэля» или земля, на которой мы живем, всё еще остается «землей народов мира».

Таким образом, сначала в эту землю должны вступить народы мира, что намекает на получающее желание, которое первым было рождено на этом месте. А затем мы ведем войны с получающим желанием и подчиняем его власти отдачи, так чтобы все его дела соответствовали требованиям Творца.

---

129   Тора, Дварим, 11:12.
130   Писания, Диврей а-ямим, II, 16:9.

Этим толкователи объяснили слова: «И будет: когда ты придешь в землю, **которую Творец дает тебе**». Это значит: после всех войн со злым началом, по ходу которых постоянно, день ото дня надо было преодолевать его, – пускай человек не думает, что достиг успеха своими силами. Напротив, Творец дал ему победить в этой войне. В этом и заключается смысл слов «земля, которую Он дает тебе».

Сегодня вы все предстаете
Статья 19, 1984

Толкователи задают вопрос о словах Торы: «Все вы предстаете сегодня: предводители ваши, колена ваши, старейшины ваши и стражники ваши, каждый человек из Исраэля»[131]. Этот отрывок начинается во множественном числе – «все вы», а завершается в единственном – «каждый человек из Исраэля». Автор книги «Маор ва-шемеш»[132] объясняет, что употребление множественного и единственного числа указывает здесь на любовь товарищей. Иными словами, хотя есть среди вас «предводители ваши, колена ваши» и прочие, все же никто не видит в себе бо́льших достоинств, чем у любого человека в Исраэле, – все равны, и ни один не осуждает другого. Потому и свыше тоже действуют в соответствии с этим, и всё благо передается вниз.

Согласно науке каббале, всё происходит в одном носителе. Следовательно, человек должен принимать на себя Высшее управление, «как бык под ярмом и как осел под поклажей»[133] – в разуме и сердце. Иными словами, вся духовная работа человека должна быть направлена на отдачу.

Это означает, что человек работает ради отдачи и не желает никакой оплаты в ответ. Он хочет работать только альтруистически, не рассчитывает получить какую-либо добавку к тому, что у него есть, и не желает даже прибавления работы. Более того, от знания о том, что он идет верным путем, – хотя это требование справедливо – человек все равно отказывается, потому что хочет идти с закрытыми глазами и верить в Творца. Что в его силах – он делает, радуясь своему уделу, даже если чувствует, что другие

---

131   Тора, Дварим, 29:9.
132   Рабби Калонимус Кальман а-Леви Эпштейн (1751–1823).
133   Трактат «Авода зара», 5:2.

немного понимают духовную работу, – и видит, что сам полностью опустошен.

В то же время, часто и он ощущает вкус в работе, порой чувствуя себя в категории «предводителей». Иными словами, иногда человек полагает, что достиг той ступени, с которой невозможно опуститься на дно – в такое состояние, когда, желая работать на Творца, он должен прилагать большие усилия, чтобы принудить к этому свое тело. Тогда он действует по принуждению, потому что у него нет никакого желания работать, а тело хочет лишь покоя, и его ничто не волнует. Однако же сейчас человек чувствует, что уже обрел ясное знание: в мире нет ничего, кроме работы на отдачу. Тогда, конечно же, он ощущает вкус в работе и, глядя на свои прошлые состояния, не может понять их теперь, находясь на подъеме. Поэтому, согласно всем расчетам, он решает, что теперь уже невозможно, чтобы он когда-либо опустился вниз.

Но иногда – спустя день, или час, или минуту – человек опускается ко дну – до такой степени, что не успевает даже почувствовать, что упал из состояния подъема в «глубины великой бездны». Порой спустя час или два он вдруг обнаруживает, что упал с вершины: если раньше он был уверен в своей доблести, то теперь стал как любой человек из Исраэля – как все. И тогда он начинает раздумывать в поисках средств: «Как мне снова подняться к тому величию, которое у меня было?»

В таком случае человек должен идти путем истины. Это значит, сказать себе: «Я нахожусь сейчас на самом дне, так как свыше меня намеренно сбросили, чтобы я узнал: действительно ли я хочу работать на отдачу или же хочу работать на Творца потому, что это доставляет мне больше удовольствия, чем прочие вещи?»

И тогда, если человек может сказать, что хочет работать альтруистически и не желает служить Творцу ради какого-либо удовольствия, но ему достаточно лишь того, что он работает на отдачу, подобно каждому человеку из Исраэля, собирающемуся на молитву или на ежедневный урок, и у него нет времени подумать, с каким намерением он учится, но он просто выполняет действия без какого-либо особого намерения – тогда он снова приступает к работе на отдачу, потому что хочет сейчас быть просто служителем Творца, без всяких предварительных условий.

Об этом и сказано: «все вы предстаете сегодня...» Иными словами, всё, через что вы прошли, все состояния, которые у вас были, – состояния величия или менее высокие состояния, представлявшиеся средними и т.п. – вы смотрите на все детали и не сравниваете одну ступень с другой, потому что вам не важна никакая оплата, а важно лишь то, что вы выполняете волю Творца. Он заповедал нам изучать Тору и реализовывать ее правила – и мы делаем это, подобно любому простому человеку из Исраэля. Иными словами, текущее состояние важно человеку так же, как и тогда, когда он думал, что находится в состоянии величия. И тогда «Творец заключает с тобой сегодня» **союз**[134].

Это заключение союза означает следующее: именно в то время, когда человек принимает работу на Творца без всяких условий и готов работать на отдачу без всякой оплаты, – что называется «безоговорочной капитуляцией», – тогда Творец заключает с ним союз.

Бааль Сулам объяснил заключение союза так: когда два человека видят, что они любят друг друга, они заключают между собой соглашение о том, что сохранят эту любовь навсегда. Возникает вопрос: если они любят друг друга и понимают, что их любовь не прекратится, то зачем им этот союз? Ради чего они заключают его? Какой от него прок? Другими словами, что они выигрывают, заключая союз? Является ли он просто ритуалом или от него есть какая-то польза?

Бааль Сулам так объяснил заключение союза. Сейчас они понимают, что им стоит любить друг друга, поскольку каждый видит и чувствует, что другой заботится лишь о его благе. Тогда-то они и заключают союз. Ведь сейчас ни у одного из них нет никаких претензий к другому – иначе они не вступили бы в соглашение. И они говорят друг другу: нам стоит заключить союз раз и навсегда. Иными словами, если возникнет ситуация, когда у них появятся

---

134 Тора, Дварим, 29:11: «...Чтобы вступить тебе в союз с Творцом твоим и в клятвенный договор с Ним, который Творец твой заключает с тобой сегодня».

претензии друг к другу, тогда каждый вспомнит о союзе, который они заключили, когда между ними открыто царила любовь. В таком случае, хотя они не ощущают любви в той же степени, что и раньше, но все же они пробуждают старую любовь, не обращая внимания на текущее состояние, и снова делают друг другу добро.

Вот чем полезно заключение союза: пускай любовь, царившая меж ними, утратила вкус, но поскольку они заключили союз, у них есть силы, чтобы снова пробудить любовь, светящую из прошлого, и вновь привнести ее в будущее.

Следовательно, главным образом, союз заключается на будущее. Это своего рода договор, который заключают, чтобы не пожалеть сразу, когда увидят, что меж ними больше нет уз любви, как в прошлом. Любовь эта доставляла им большое удовольствие, когда они делали друг другу добро. Но теперь, когда любовь угасла – как следствие, ни у кого нет сил, чтобы сделать что-то на благо другого.

Однако если они все же хотят сделать что-то друг другу во благо, то должны взглянуть на союз, заключенный ранее, и отсюда возродить любовь. Так же договор между двумя людьми связывает их, чтобы они не могли расстаться.

Отсюда и проистекают слова: «все вы предстаете сегодня». Они указывают на детали: «ваши предводители, ваши колена, ваши старейшины, ваши стражники, каждый человек из Исраэля». Иначе говоря, после всех высоких ступеней, которые были у человека, сейчас он считает, что находится в состоянии «каждый человек из Исраэля». И он принимает эту ситуацию, так же как и в тех случаях, когда у него были лучшие, на его взгляд, состояния. И говорит: «Я делаю свое дело и согласен на то, что желает дать мне Творец, – и нет у меня никакой критики». Тогда человек заслуживает заключения союза. Иными словами, связь остается навсегда, ибо Творец заключил с ним союз вовеки.

Отсюда разберем строфу: «Скрытое – Творцу, а открытое – нам и сыновьям нашим навечно, чтобы исполнять все слова этого учения»[135]. Следует понять, чтó эта строфа призвана нам объяснить. Смысл ее не в том, что скрытое нам неизвестно, а известно только Творцу. Суть здесь иная, поскольку и без этой строфы ясно: мы не знаем, чтó от нас скрыто. В таком случае, что же она призвана сообщить?

Известно, что есть скрытое и открытое. Говоря иначе, что касается нашей части действия, мы видим, выполняем мы ее или нет. И если тело не хочет исполнять действия отдачи, то есть способ – человек принуждает себя к тому, что он обязан сделать это поневоле. Таким образом, что открыто, то поддается принуждению.

Скрытое же представляет собой намерение, с которым мы действуем. А чужое намерение человек видеть не может. Да и сам он, производя какое-либо действие, тоже не может знать, не обманывает ли он себя по ходу дела.

Допустим, человек полагает, что у него нет никакого другого намерения и он полностью устремлен к Творцу. Однако же **действие – это «открытая часть»**.

Иначе обстоит дело с намерением: здесь человек может обманывать себя. Допустим, он думает, что действует с альтруистическим намерением лишма, а на самом деле целиком погружен в эгоистическое намерение ло-лишма. Да и принуждение здесь невозможно: человек не в силах принудить свои мысли так, чтобы думать, что пожелает. Ведь над тем, что относится к чувству или знанию, нет у человека никакой власти, чтобы заставить свой разум понимать иначе, чем он понимает, или чувствовать иначе, чем он чувствует.

Отсюда понятно вышесказанное: всё, что нам остается, – это выполнять часть под названием «действие», о которой сказано: «открытое – нам и сыновьям нашим, чтобы исполнять все слова этого учения». Тем самым нам предписано действие, которое мы должны выполнять, даже путем принуждения. А в том, что касается намерения, называемого «скрытой частью», у человека нет никакого знания и власти.

---

135   Тора, Дварим, 29:28.

В таком случае, что же нам делать, чтобы мы могли выполнять и скрытую часть? Для этого человеку остается лишь постоянная проверка – ему надо проверять себя: действительно ли он всё делает ради отдачи, или же тело сопротивляется этому? Ощутив, насколько он далек от этого, человек видит тогда, что сам не в состоянии сделать ничего. Ведь когда он думает применить какие-то способы, чтобы выстроить намерение ради отдачи, – это ему не помогает.

Вот о чем говорит эта строфа: понятие лишма, называемое «скрытой частью», относится к Творцу. Только Творец может помочь человеку, а у него самого нет ни малейшей возможности претворить в жизнь альтруистическое намерение. Это не во власти человека, так как выше его природы. И потому строфа говорит: «скрытое – Творцу». Иными словами, это относится к Нему, и Творец должен дать человеку силу под названием «отдача».

Сказали об этом мудрецы[136]: «Злое начало берет верх над человеком каждый день, желая его смерти. Сказано: «грешник наблюдает за праведником, желая его смерти»[137] и, если бы не помощь Творца, сам бы не справился. И сказано: «Творец не оставит его в руках **злого начала**»[138]».

«Желает его смерти» – это значит, он хочет, чтобы человек всё делал ради получения. Тем самым он отделен от Источника жизни. Такие люди, естественным образом, остаются на ступени животных. Сказали об этом мудрецы: «нечестивцы при жизни зовутся мертвыми»[139]. Таким образом, «смерть» – это когда человек намеревается получать. И это считается разобщением. А чтобы обрести слияние, иными словами, силу отдачи – только Творец может дать ему это, а своими силами человеку этого не достичь.

---

136   Трактат «Кидушин», 30:2.
137   Писания, Псалмы, 37:32.
138   Писания, Псалмы, 37:33. «Творец не оставит его (праведника) в руке его (нечестивого) и не обвинит его на суде его».
139   Мидраш «Раба», Коэлет, 9.

Вот что имели в виду мудрецы, сказав: «Злое начало берет верх над человеком каждый день, желая его смерти, и если бы не помощь Творца, сам бы не справился, как сказано: "Творец не оставит его в руке его"».

Выяснив это, мы поймем слова: «скрытое – Творцу, а открытое – нам и сыновьям нашим, чтобы исполнять…» Это значит: **мы можем выполнять только категорию «действия», тогда как скрытая часть осуществляется Творцом.**

Однако же в том, что касается скрытой части, мы тоже можем кое-что сделать, чтобы Творец дал нам ее. Это возможно в соответствии с правилом о том, что для всякой вещи от нас требуется «пробуждение снизу». Дело в том, что есть закон: «нет света без сосуда». Иными словами, «нет наполнения без потребности» – невозможно привнести что-либо, если нет пустого места, куда ты мог бы поместить то, что хочешь.

Но если нет такой потребности, т.е. пустого места – как мы можем внести что-то?

А значит, сначала мы должны удостовериться, что нам недостает **сосуда отдачи, называемого «желанием отдавать». Это и есть наш свет.** Как мы выяснили в предыдущих статьях, главная награда для нас – обрести желание отдачи, называющееся «отраженным светом». Сказано об этом[140]: «Вся награда, на которую мы надеемся, – это отраженный свет».

Поэтому, если желание отдавать зовется «светом», то ощущение недостатка, когда человек видит, что у него нет силы отдачи, называется «сосудом». Он чувствует, что этого ему недостает, – иными словами, видит, чтó теряет из-за того, что нет у него этой силы под названием «сила отдачи». И тогда, в мере этого ощущения, в человеке проявляется потребность – что называется, «сосуд» или «пустое место». И в этой пустоте, где ему недостает силы отдачи, теперь есть место, куда может войти это наполнение – что называется, «свет входит в сосуд».

---

[140] Бааль Сулам, Общее введение книги «Древо жизни» с комментарием «Паним масбирот».

Однако необходимо знать: чтобы получить этот сосуд, требуется большая работа. Ведь у нас имеются сосуды, или «потребности», которые мы желаем заполнить и которые называются «сосудами себялюбия». То есть мы хотим получить наполнение. Сосуды эти очень важны, поскольку они произошли от Творца, который создал их как «сущее из ничего», желая доставить благо Своим творениям. Иными словами, Он желал бы дать наполнение. А как можно дать наполнение, если нет места, куда его внести? Поэтому Он создал эти сосуды как «сущее из ничего», чтобы дать им благо и наслаждение. В этом вся суть сосуда, созданного Творцом.

Однако поскольку этот сосуд, называемый «желанием получать», пожелал обрести подобие свойств, т.е. «слияние с Творцом», постольку он утратил возможность быть сосудом получения высшего изобилия. И теперь требуется новый сосуд получения, облачающийся в прежний сосуд. Лишь благодаря им обоим, т.е. благодаря тому, что дающее желание облачается в получающее, – такой сосуд достоин получать.

Следовательно, как прежний сосуд, называемый «желанием получать», происходит от Дающего и низший не принимает никакого участия в работе получающего желания, но всё идет со стороны Творца, – так же и второй сосуд, «желание отдавать», тоже приходит со стороны одного лишь Дающего и низший не может ничего добавить, как и в случае с первым сосудом, «желанием получать». А различие в том, что для сосуда отдачи сначала необходимо требование со стороны низшего, который просит Творца дать ему это желание, – тогда как первый сосуд пришел к низшему без всякого пробуждения с его стороны.

Статьи 1985 года

Сделай себе учителя и приобрети себе товарища, 1
Статья 1, 1985

В трактате Мишны «Авот»[141] Йеошуа Бен Прахья[142] говорит: «Сделай себе учителя, приобрети себе товарища и суди о каждом человеке с лучшей стороны».

Мы видим, что речь здесь идет о трех вещах:

1. Сделай себе учителя.
2. Приобрети себе товарища.
3. Суди о каждом человеке с лучшей стороны.

Следовательно, помимо того, что человек делает себе учителя, ему надо сделать кое-что еще – по отношению к другим. Иными словами, мало работать над любовью к товарищам, этого еще недостаточно – к тому же он должен принимать в расчет каждого человека и судить о них с лучшей стороны.

Следует разобраться в разнице между этими понятиями: «сделай», «приобрети» и «суди с лучшей стороны».

Понятие «сделай» означает практическое действие, не требующее никакого разумения, – только дело, даже если разум не согласен с тем, что человек хочет осуществить, и наоборот, дает ему понять, что делать этого не стоит. Таков принцип **«сделай»** – одна лишь сила без разума, поскольку это против логики.

Отсюда разъясним в контексте духовной работы: человек должен принять на себя бремя Высшего управления – и это называется

---

141 Трактат «Авот», 1:6.
142 Йеошуа Бен Прахья – глава Синедриона во второй половине II века до н.э.

«действием». Так же на быка надевают ярмо, чтобы он пахал для нас землю. И хотя бык не хочет брать на себя эту работу, все равно мы силой заставляем его.

Так же и с Высшим управлением: мы должны заставить и принудить себя в силу веления Творца, без всякого резона и суждения. Ведь человек должен принять Высшее управление не потому, что тело предчувствует от этого выгоду для себя, а для того чтобы доставить удовольствие Творцу.

Но разве тело может согласиться на такое? Поэтому необходим порядок работы на уровне выше знания. Это и называется: **«сделай себе учителя».** Ведь Высшее управление должно базироваться на принципе «Он велик и властен». Сказано в Книге Зоар[143]: «"Трепет – самое важное. Человек должен трепетать перед Высшим, потому что Он велик и властен, Он сущность и корень всех миров, и все они лишены значения в сравнении с Ним". Иными словами, человек должен трепетать перед Творцом, потому что Он велик и правит всем. Он велик, поскольку является тем корнем, из которого происходят все миры. И величие Его проявляется в Его деяниях. Он правит всем, поскольку все созданные Им миры – и высшие, и низшие – ничто перед Ним, так как ничего не добавляют к Его сущности».

Следовательно, порядок работы таков, что человек должен начинать с принципа «сделай себе учителя» – т.е. принять на себя бремя Высшего управления выше резонов и знания. Это и есть реализация принципа «сделай» – только действие, пускай тело и несогласно с ним. А затем настает черед принципа «приобрети себе товарища».

Суть приобретения в том, что когда человек хочет купить что-то, ему надо отказаться от того, чего уже достиг. Он отдает то, чем давно обладает, и за это покупает нечто новое. Так же и в служении Творцу: чтобы достичь слияния с Ним, представляющего подобие свойств по принципу «как Он милосерден, так и ты милосерден»[144], – человек должен отказаться от многого, что

---

143 Предисловие Книги Зоар с комментарием «Сулам», п. 191.
144 Трактат «Шаббат», 133:2.

у него есть, дабы обрести соединение с Творцом. Вот что значит «приобрети себе товарища».

Однако прежде, чем человек «сделал себе учителя», т.е. принял Высшее управление, разве может он «приобрести себе товарища», т.е. соединиться с Учителем? Ведь у него еще нет Учителя. Лишь после того как человек «сделает себе учителя», тогда можно требовать от тела уступок, чтобы приобрести соединение, желая доставить удовольствие Творцу.

Более того, следует понимать: насколько высок в его глазах учитель, ровно в той же мере у него есть силы на реализацию принципа «приобрети себе товарища». Ведь чувствуя важность учителя, он в той же мере готов на уступки, чтобы соединиться с ним. Ибо тогда человек понимает: стоит приложить любые усилия, чтобы заслужить слияния с Творцом.

Таким образом, если человек полагает, что он не в состоянии взять верх над телом из-за слабосилия и слабохарактерности, то это не так. **Причина в том, что он не чувствует величия учителя.** А иными словами, еще не сознаёт важности Высшего управления. Как следствие, ради того, что не так важно в его глазах, у человека нет сил на преодоление. И наоборот, ради важной вещи каждый способен поступиться тем, что любит, чтобы обрести желаемое.

Пример: человек очень устал и пошел спать, допустим, в одиннадцать вечера. Если его разбудят в три утра, разумеется, он скажет, что у него нет сил учиться, потому что он предельно устал. А если он чувствует небольшую слабость или температуру – разумеется, у тела нет сил, чтобы встать в урочный час, к которому человек привык.

Однако если он очень устал, чувствует себя больным и пошел спать в двенадцать ночи, а в час его будят и говорят, что во дворе пожар и скоро пламя перекинется в его комнату – «Вставай скорее! За свои усилия ты получишь жизнь!» – тогда человек не будет искать отговорок о том, что у него нет ни физических, ни моральных сил и что он приболел. Пускай даже он по-настоящему болен – все равно человек приложит все усилия, чтобы сохранить жизнь. И само собой, поскольку тем самым он обретет нечто важное, тело способно делать всё, что в его силах, чтобы добиться желаемого.

Поэтому если в работе над принципом «сделай себе учителя» человек верит в то, что это «жизнь наша и продление дней наших»[145], чувствуя, что это действительно его жизнь, – тогда у тела есть достаточно сил, чтобы преодолевать все препятствия, как в примере выше. Таким образом, всю свою работу в учебе и обращении к Творцу человек должен фокусировать на том, чтобы осознать величие и важность Учителя. Для одного лишь этого требуется большая работа и множество молитв.

Книга Зоар называет это: «поднимать Шхину из праха»[146]. Смысл в том, чтобы поднимать Высшее управление, «униженное во прах». Ведь важную вещь не бросают на землю – а бросают как раз то, что неважно. И поскольку Управление Творца, называющееся «Шхиной», унижено до самого дна, постольку сказано во всех книгах, что перед любым духовным действием следует молиться о том, чтобы «поднять Шхину из праха». Это значит: молиться о том, чтобы Творец обрел важность в глазах человека, и чтобы стоило прикладывать силы ради Него, возвышая Его в своих глазах.

Отсюда понятен смысл слов из молитвы на Рош а-шана[147]: «Дай славу Творца народу Твоему». На первый взгляд, очень трудно понять, как можно молиться о славе. Ведь сказали мудрецы: «Всячески смиряй свой дух»[148]. Почему же мы молимся о том, чтобы Творец дал нам славу?

Объясняется это так: мы молимся о том, чтобы Творец дал славу Творца **Своему народу**, потому что у нас нет Его славы. Напротив, «город Творца низведен на самое дно»[149], и это называется: «Шхина во прахе». Мы не сознаём истинной важности принципа

---

145 Тора, Дварим, 30:20: «...Чтобы любить Творца твоего, слушать голос Его и сливаться с Ним, ибо Он жизнь твоя и продление дней твоих».

146 Предисловие Книги Зоар с комментарием «Сулам», п. 54.

147 Рош а-шана́ – праздник начала нового года.

148 Трактат «Авот», 4:4.

149 Слова стихотворения Амитая Бен Шфатии, которое включено в молитву на исходе Судного дня.

«сделай себе учителя», и потому на Рош а-шана, когда наступает время принять на себя Высшее управление, мы просим Творца дать Свою славу его народу, чтобы «народ Исраэля» ощутил славу Творца. И тогда мы сможем полностью выполнять принципы отдачи.

Поэтому следует просить: «Дай славу Творца народу Твоему» – чтобы Он дал Свою славу народу Исраэля. Смысл не в том, чтобы Он дал народу славу Исраэля, а именно в том, чтобы дал народу славу Творца. Ведь лишь этого нам недостает, чтобы осознать важность и величие слияния с Ним. И если мы осозна́ем эту важность, тогда каждый сможет прикладывать силы и никто в мире не скажет, что у него нет сил, чтобы обрести свою жизнь, и потому он хочет остаться на животном уровне. Ведь он чувствует, что эта жизнь очень важна, так как он может наслаждаться ею.

Если же человек не ощущает смысла в жизни, тогда многие предпочитают умереть. Ведь человек не создан для того, чтобы жить в страданиях, поскольку это противоречит цели творения. А целью творения было – доставить благо созданиям Творца, так чтобы они наслаждались жизнью. Поэтому, когда человек не видит, что ему будет хорошо сейчас или хотя бы потом, готов на самоубийство, так как его жизнь лишена цели.

Таким образом, **нам недостает лишь принципа «сделай себе учителя», чтобы ощущать величие Творца**. Тогда все будут способны достичь цели – т.е. слиться с Творцом.

Теперь объясним высказывание Йеошуа Бен Прахьи, указавшего на три вещи:

1. Сделай себе учителя.
2. Приобрети себе товарища.
3. Суди о каждом человеке с лучшей стороны – в отношении любви к товарищам.

Рассуждая логически, понятие «товарищи» подразумевает двух людей с равноценными способностями и качествами. В таком случае они находят общий язык и соединяются в одно целое. И тогда действует принцип «человек да поможет ближнему»[150].

Например, два человека создают партнерство, поровну вкладывая в работу деньги и силы. Тогда и доходы делятся между ними поровну. Если же один из них выше другого – т.е. вкладывает больше денег, или больше компетенции, или больше сил, чем другой, то и доходы делятся не поровну. В таком случае, это «партнерство на треть» или «партнерство на четверть». И это уже не настоящее партнерство, поскольку один из них статусом выше другого.

Таким образом, настоящее товарищество – при котором каждый вносит необходимый платеж, чтобы обрести товарища, – создается именно тогда, когда оба равны по статусу и платят поровну. Аналогично этому, в материальном бизнесе оба партнера дают всё наравне – ведь иначе невозможно настоящее партнерство. Поэтому сказано: «приобрети себе товарища». Соединение, при котором каждый обретает товарища, возможно, только когда оба они равны.

Однако, с другой стороны, учиться друг у друга можно, только если в глазах каждого товарищ стоит выше, чем он сам. Но если другой выше меня, то я уже не могу быть товарищем – в таком случае, как правило, я считаюсь учеником. И тогда у меня появляется возможность учиться у него знаниям или добродетелям.

Вот почему сказано: «**Сделай** себе **учителя и приобрети** себе **товарища**». Необходимо и то, и другое. Каждый должен считать другого товарищем – и тогда есть возможность «купить» его. Иными словами, каждый обязан заплатить уступками другому, подобно тому как отец поступается своим отдыхом, работая для сына и тратя на него деньги – и всё это из любви.

Однако в подобном случае речь идет о природной любви. Творец дал нам естественную любовь, чтобы растить детей ради существования мира. Если же, к примеру, отец растил бы детей в силу предписания, то у них было бы пропитание, одежда и

---

150 Пророки, Йешаяу, 41:6.

прочие необходимые детям вещи – ведь человек обычно выполняет обязательства по предписаниям. Но иногда он выполнял бы эти принципы, а иногда ограничивался бы формальным минимумом – и тогда его дети могли бы умереть от голода.

Поэтому Творец дал родителям естественную любовь, чтобы они любили детей ради существования мира. С другой стороны, в том, что касается любви к товарищам, каждый должен сам прилагать большие усилия, чтобы она зародилась в его сердце.

Здесь-то и действует принцип «обрети себе товарища». После того как человек, по крайней мере, разумом понял, что нуждается в помощи и не в силах работать на отдачу, тогда, если он понимает, что ему нужна помощь, в мере этого рассудочного понимания он начинает «покупать» – делать уступки на благо товарищей.

Ведь человек понимает, что главное в его усилиях – отдача Творцу. А это против его природы, поскольку человек создан с желанием получать лишь себе на пользу. Поэтому нам дано **особое средство**, позволяющее выйти из себялюбия в любовь к ближним. И тем самым человек может достичь любви к Творцу.

Как следствие, он может найти товарища одного с ним уровня, однако потом этого товарища надо сделать учителем, т.е. почувствовать его стоящим на более высокой ступени. А такого человек не в силах увидеть – чтобы товарищ был как учитель, а сам он как ученик. Но если он не считает товарища учителем, то как сможет учиться у него? Это и называется **«сделай»**. Речь идет о действии без разумения: человек должен принять выше знания, что его товарищ более высок, чем он. Вот что значит «сделай» – **действие над знанием**.

Сказано об этом[151]: «Для того, чтобы принять первое условие, обязан каждый ученик ощущать себя наименьшим из всех товарищей. Тогда он сможет осознать величие» большего.

Тем самым Бааль Сулам ясно говорит, что каждый должен смотреть на себя так, словно он наименьший из учеников. Но как

---

151   Бааль Сулам, «Статья в завершение Книги Зоар».

человек может увидеть себя таким? Это возможно только путем выше знания – что называется, «сделай себе учителя». Иными словами, каждый из товарищей – учитель в его глазах, а сам он считается лишь учеником.

Это требует большой работы. Ведь есть правило: «недостатки другого всегда видны, а собственные недостатки всегда скрыты». Между тем, человек должен видеть в другом благодетели, так чтобы ему стоило принимать слова или дела товарища и учиться на его действиях.

С этим тело несогласно. Так уж повелось: если я должен учиться у другого и придаю ему важность, то он обязует меня к усилиям – и тогда тело обесценивает его мнение и дела. Ведь тело желает покоя. Поэтому мне лучше и удобнее обесценить мнения и дела товарища, чтобы не прилагать усилий.

Вот почему эта работа называется: «сделай себе учителя». То есть чтобы товарищ стал для тебя учителем, ты должен **сделать** это. Но не разумом, потому что разум обязывает к другому, а иногда, наоборот, показывает человеку, что он сам может быть учителем, а товарищ – его учеником. Потому и сказано «сделай» – что означает **действие**, а не разумение.

3. Суди о каждом человеке с лучшей стороны.

За принципом «обрети себе товарища» следует вопрос: как насчет остальных людей? К примеру, если человек выбирает себе из окружения нескольких товарищей, а остальных оставляет, не сходясь с ними, – тогда как он должен к ним относиться? Да, они ему не товарищи, но почему он их не выбрал? Очевидно, он не находит в них добродетелей, чтобы стоило с ними объединяться. Иными словами, он их не ценит.

В таком случае, как человек должен относиться ко всем тем, кто его окружает? А также к остальным людям, не из ближнего круга? Об этом говорит рабби Йеошуа Бен Прахья: «Суди о каждом человеке с лучшей стороны». То есть человек должен оценивать всех в лучшую сторону. Они не виноваты, что человек не видит в них достоинств, – дело тут в нем самом. Ему недостает способности видеть достоинства других. Как следствие, он смотрит на них согласно свойствам своей души, и это правда относительно его восприятия, но не относительно истины.

Иначе говоря, существует истина как таковая, вне связи с постигающими.

Есть правда, которую каждый постигает согласно своему восприятию, – и она варьируется в зависимости от постигающих. Для каждого из них она тоже изменчива – сообразно со сменой его состояний. Однако реальная истина не меняется в своей сути.

Как следствие, одну и ту же вещь каждый может воспринимать по-своему. Поэтому может быть так, что общность видит себя в хорошем свете, тогда как человек, согласно своим качествам, видит иначе.

И потому сказано: «суди о каждом человеке с лучшей стороны». Иными словами, помимо товарищей, общность в целом человек должен оценивать в лучшую сторону: все, как таковые, достойны, и у него нет никаких претензий к их поведению. Однако его восприятие таково, что он не может поучиться у них чему-либо – поскольку лишен всякого подобия с ними.

Ветвь и корень
Статья 2, 1985

О понятиях ветви и корня. Земля Исраэля – это ветвь от сферы Малхут. Малхут называется сосудом. Она создана Дающим, чтобы быть сосудом для получения изобилия, которым Дающий желает насладить Свои творения. Этот сосуд и зовется «Малхут».

Порядок таков: сначала был сосуд (желание), получавший ради получения. Потом было произведено исправление – запрет получать в этот сосуд, отменяющийся лишь при том условии, если мы можем выстроить намерение на отдачу. В таком случае изобилие привлекается в этот сосуд.

Исправление это было сделано для того, чтобы изобилие, которое придет к творениям, не вызывало в них никакого недостатка под названием «хлеб стыда». Вместо этого они смогут получать неограниченное изобилие, поскольку при получении им не будет стыдно – напротив, всё получаемое ими благо и насаждение они будут направлять на благо Творца. И тогда, само собой, они будут всегда, что есть сил, привлекать изобилие, так как не смогут сказать, что уже достаточно дали Творцу и больше не должны совершать Ему отдачу. Поэтому у них всегда будет причина, чтобы привлекать изобилие.

С другой стороны, если получать изобилие для собственных нужд, из себялюбия, тогда они должны быть ограничены по причине стыда и им придется сказать: «Нам достаточно блага и наслаждения, которые Он нам дал». Поэтому и было произведено исправление под названием «сокращение», так чтобы получать свет в сосуд Малхут лишь при условии, если творение может получать ради отдачи.

Из корня Малхут вниз, в материальную ветвь, исходит земля – ветвь от высшей Малхут. Земля эта называется «Святой землей»¹⁵². Как следствие, здесь, в Святой земле производятся особые исправления – правила Торы, связанные с землей, пожертвования, десятины и т.п. К другим землям это не относится.

А также есть особый корень для Заиорданья, особый корень для Сирии, особый корень для Вавилона и особый корень для остальных земель¹⁵³.

Поэтому, с точки зрения ветви и корня, место Храма находится именно в Святой земле – в земле Исраэля – после того как она была освящена (исправлена намерением на отдачу).

В отличие от этого, до того, как народ Исраэля вступил в эту землю, она была местом для семи народов, соответствующих семи сфирот. И они были противоположностью отдачи, поскольку произошли от Малхут, у которой нет исправления и экрана, т.е. намерения ради отдачи. Народы мира пришли туда первыми, ибо таков порядок в духовном:

1. Возникновение желания получать.
2. Исправление, чтобы оно действовало ради отдачи.

Поэтому в Святую землю:

1. Сначала должны были прийти народы мира, относящиеся к Малхут, которая еще не исправлена экраном, так чтобы всё было ради отдачи.
2. А затем придут сыновья Исраэля и завоюют их.

Таким образом, от Малхут происходит категория «Святой земли». А также от Малхут происходит «получающее желание в человеке». Поэтому:

1. Сначала в земле Исраэля были народы мира.
2. Затем пришел народ Исраэля.

А также в сердце человека:

---

[152] *Святой* (ивр. קדוש) значит: отделенный от материального, эгоистичного. *Святая земля* – это альтруистическое желание, устремленное к отдаче.

[153] Бааль Сулам, «Учение десяти сфирот», часть 16, п. 71 и далее.

1. Сначала приходит злое начало.
2. А затем приходит доброе начало.

Всё проистекает из высших корней.

Однако есть разница между сердцем человека, происходящим из Малхут, и землей Исраэля, происходящей из Малхут. Здесь следует проводить различие между внутренней и внешней частью. **Внешняя часть требует держаться именно той ветви, которая соотносится с корнем, – а во внутренней части необязательно держаться ветви, соотносящейся с ним.**

Относительно категории земли Исраэля, соотносящейся с сердцем человека, которое происходит из корня Малхут, человек не должен находиться именно в земле Исраэля, чтобы выйти на уровень Высшего управления, зовущийся «землей Исраэля». Во внутренней части человек может заслужить водворения Шхины и величайших постижений также и вне земли Исраэля, подобно всем нашим великим мудрецам, которые жили за пределами земли Исраэля.

Аналогично, люди, живущие в земле Исраэля, могут быть законченными преступниками. Эта земля, зовущаяся «Святой», вовсе не обязывает их соблюдать принципы отдачи. Внешнее никак не обязывает к тому, что касается внутреннего. **Ведь внутреннее представляет собой работу в сердце и никак не связано с внешним.**

Но вместе с тем, внешнее тоже имеет значение. Ведь **открытый закон сообразуется с внешней частью**, а не с внутренней.

Сказано об этом в «Предисловии к Книге Зоар»[154]: «Тем самым отпадает вопрос, почему нельзя оспаривать первые поколения в открытой Торе. Ведь в том, что относится к выполнению практической части принципов отдачи, первые поколения, наоборот, исправлялись их посредством больше, чем последние. Причина в том, что действие проистекает из чистых сосудов сфирот (называющихся «внешней частью», так как сосуды зовутся «внешними» относительно светов, а света́ называются «внутренней

---

154 Бааль Сулам, «Предисловие к Книге Зоар», п. 65.

частью»), а тайны Торы и вкусы ее законов происходят от светов, что в сфирот. И, как мы уже знаем, существует обратное соотношение сосудов и светов».

Таким образом, открытое, т.е. категория действия, относится к внешнему. И потому в этой категории есть вещи, выполнить которые можно только и именно в земле Исраэля. Например, нельзя строить Храм вне ее пределов, и т.п.

Однако же внутреннее, относящееся к сердцу человека, необязательно должно происходить именно в земле Исраэля, хотя ветвь Малхут – это именно земля Исраэля.

Тем не менее, есть такие соединения, которые, в случае если мы хотим произвести их также во внешнем, непременно должны осуществляться именно во внешней земле Исраэля.

Как мы знаем, существует соединение **«мир-год-душа»**, которое должно соответствовать именно трем этим условиям:

Мир – это место Святая Святых.

Год – это время, которое должно выпадать именно на День искупления (Йом Кипур).

Душа – соединение, должно производиться именно через первосвященника.

Поэтому в контексте внутреннего, когда речь идет о сердце человека, где начинается служение Творцу – выход из себялюбия, из «земли народов» и их замещение «народом Исраэля», так чтобы человек целиком был устремлен на любовь к Творцу, – здесь действуют категории «дня» и «ночи».

«День» означает, что у человека хорошее настроение, без всякой нужды в исправлениях. Как будто сияет солнце, и человеку ничего не нужно делать, чтобы оно светило. Однако же он должен быть осторожен и не создавать помех, из-за которых солнце не сможет светить там, где ему нужно. Например, оно не заглянет в дом без окон, который не впускает его свет.

В отличие от этого, «ночь» означает время, когда человек должен производить исправления, чтобы к нему пришел свет. Например, в материальном мире ночью дома темно, и мы исправляем ситуацию – зажигаем лампу или свечу, которая светит. Однако в отсутствие исправлений, даже если человек не создал никаких помех, все равно без усилий, зовущихся «исправлениями», ничто ему не засветит. Напротив, на что бы он ни взглянул – он как будто смотрит через темные очки, и всё для него погружено во мрак.

Тогда наступает время взглянуть на свое текущее состояние: насколько он далек от духовного и погряз в себялюбии, не имея никаких шансов выйти из этой ситуации собственными силами. Тогда настает время увидеть свое подлинное состояние: по природе, человек не в силах сделать что-либо – напротив, как сказали мудрецы, «если Творец ему не поможет, сам не справится»[155].

Однако же следует знать, что ночь создана Творцом. И, разумеется, Он создал ее с определенной целью – доставить благо Своим творениям. А раз так, каждый задается вопросом: «Почему Он создал тьму – состояние ночи? Разве Он не должен был, согласно цели творения, создать только день, без ночи?» Сказано об этом: «И был вечер, и было утро – день один»[156]. Иными словами, именно благодаря им обоим – ночи и дню – приходит единый день.

Как уже сказано, ночь намеренно создана так, что свет не приходит без исправлений, – для того чтобы производить исправления на то, что она раскрывает человеку. Ведь на ощущении тьмы формируются сосуды, которые нужны, чтобы появлялась нужда в Творце, в Его помощи. А иначе нет потребности в избавлении с Его стороны – иными словами, нет нужды в Торе, «свет которой возвращает человека к Источнику»[157].

Для этого и нужны исправления под названием **«Тора и ее правила»**. Тора – это то, что раскрывается нам в открытой части – законы, истории о деяниях праотцов и тому подобное. Всё это называется «Торой», и часть эта зовется **«открытой Торой»**,

---

155 Трактат «Кидушин», 30:2.
156 Тора, Берешит, 1:5.
157 Мидраш «Раба», Эйха, Введение, 2.

которая учит нас реализации ее правил и тому, как это делается. А также она рассказывает нам истории о праотцах.

Однако следует знать, что в Торе есть и скрытая часть. Эта Тора скрыта от нас. И мы должны знать, что вся Тора – это имена Творца, представляющие Его раскрытие и называющиеся «тайнами Торы», которые человек начинает постигать, после того как заслужил альтруистическую ступень «Тора лишма».

От имени рабби Меира сказано[158]: «Каждый, кто занимается Торой с намерением лишма, удостаивается многого. И раскрывают ему тайны Торы, и становится он словно усиливающийся источник». Таким образом, **открытая часть Торы призвана привести нас своим особым свойством к альтруистическому намерению**. Благодаря этому человек сможет на любую мысль, любое слово и любое действие выстраивать намерение, так чтобы всё было ради отдачи.

А затем, после того как он уже заслужил намерение лишма, начинается работа со скрытой Торой и вкусами ее **законов**, реализуя которые, человек привлекает высшее изобилие вниз. Мы уже говорили об этом в контексте 613 правил, называющихся «советами», а также «вложениями».

Сказано в Предисловии Книги Зоар[159]: «Правила Торы называются на языке Книги Зоар "вложениями". Однако они называются также "613 советов". Различие между ними в том, что у любой вещи есть две стороны: лицевая и обратная. **Подготовка к ней называется "обратной стороной", а ее постижение называется "лицевой стороной"**. В контексте лицевой стороны правил Торы, называющихся "вложениями", рабби Шимон разъясняет четырнадцать вышеупомянутых вложений».

Отсюда мы видим, что скрытая часть называется «лицевой», и обретаем мы ее тогда, когда достигаем намерения лишма.

---

158 Мишна, трактат «Авот», 6:1.
159 Предисловие Книги Зоар с комментарием «Сулам», «Мар'от а-сулам», п. 1.

Истина и вера
Статья 3, 1985

Правда и вера – два противоположных друг другу понятия. Мы видим, что в молитве, учрежденной членами Великого Собрания, также есть две противоположные друг другу вещи. С одной стороны, порядок молитвы таков, что ее нужно произносить именно в то время, когда человек испытывает потребность. Более того, мудрецы сказали, что молитва, с которой мы обращаемся к Творцу, должна идти из глубины сердца – так чтобы потребность ощущалась всем сердцем.

Это значит, что в сердце не должно быть никакого ощущения совершенства, – напротив, один лишь недостаток. И чем недостаток больше, тем лучше принимается эта молитва по сравнению с другими.

Сказано[160]: «молитва бедняка, когда он ослабевает и изливает душу пред Творцом». Книга Зоар объясняет[161]: «Есть три вида обращения, называемые молитвой:

1. Молитва Моше, человека божьего, с которой не может сравниться молитва другого человека.
2. Молитва Давида – молитва, с которой не может сравниться молитва другого царя.
3. Молитва бедняка.

Какая из этих трех молитв наиболее важна? Молитва бедняка. Она предшествует молитве Моше, молитве Давида и всем прочим молитвам мира. По какой причине? Потому что бедняк сокрушен сердцем. И сказано: «близок Творец к сокрушенным

---

160 Писания, Псалмы, 102:1.
161 Книга Зоар с комментарием «Сулам», гл. «Балак», пп. 187-188.

сердцем»[162]. Бедняк всегда ведет спор с Творцом, и Творец слушает и слышит его слова».

Таким образом, согласно Книге Зоар, главная молитва возникает именно тогда, когда человека сокрушен и ему нечем оживить душу. Это и называется «молитвой из глубины сердца».

Молитва эта наиболее важна из всех молитв в мире, потому что у такого человека нет никакой добродетели, чтобы сказать: «Я обладаю каким-либо достоинством, которого нет у других». Такой человек полон недостатков – и тогда появляется возможность для настоящей молитвы из глубины сердца. Иными словами, чем больше недостаток, тем важнее молитва.

Сообразно с молитвами, которые мудрецы учредили в общем порядке, они учредили также порядок хвалы и благодарения – что находится в противоречии с установленными молитвами и просьбами. Ведь как правило, если один человек делает другому что-то хорошее – тот благодарит его. И степень благодарности всегда определяется степенью оказанного благодеяния. Так человек выражает благодарность благодетелю.

Например, если один человек помог другому на половину содержания, т.е. этого хватило, чтобы содержать дом только наполовину, тогда его благодарность еще не полная. Но если человек постарался предоставить другому полное содержание, да еще и с излишками, не оставив ни одну потребность неудовлетворенной, – разумеется, тот благодарен такому человеку и восхваляет его всем сердцем и всей душой.

Таким образом, что когда человек благодарит и славит Творца, желая воздать Ему хвалу и благодарность всем сердцем и всей душой, – разумеется, он должен видеть, что Творец удовлетворил все его желания и он не испытывает недостатка ни в чем. В противном случае его благодарность не может быть полной.

А раз так, человек должен стараться увидеть, что он ни в чем не испытывает недостатка, что все его потребности восполнены Творцом и у него не осталось ни одной из них. Только тогда

---

162   Писания, Псалмы, 34:19.

человек может воздать благодарность Творцу – что является тем служением и восхвалением, которое было учреждено для нас в молитве.

А значит, молитва с просьбой и служение с хвалой противоположны друг другу. Ведь если во время молитвы и просьбы человек не испытывает никакого совершенства, а весь полон недостатков, то его молитва не полна. С другой стороны, при служении и хвале всё наоборот: если в человеке не остается ни одного желания, не наполненного полностью, именно тогда он может воздать настоящую благодарность.

И надо понять, почему, на самом деле, мудрецы учредили для нас две эти противоположности? С какой целью? Что дает нам такой порядок? А также надо понять, как можно реализовывать две эти противоположности. Ведь каждая из них противоречит другой.

Сказал АРИ: «В женщине должны быть «двери», позволяющие закрывать их и задерживать плод внутри, чтобы он не вышел наружу, пока не сформируется полностью. А также ей нужна сила, придающая плоду форму»[163].

Там же объясняется причина: «В материальном мире, при дисфункции в животе матери, происходит выкидыш. Иными словами, плод выходит из материнского чрева, еще не оформившись полностью на этапе зарождения. В таком случае это называется не «рождением», так как зарождение не может происходить во внешнем мире, а «выкидышем» – что значит: плод не родился, а выпал из материнского чрева, и не может жить».

Так же и в духовном зарождение содержит две категории:

1. **Форма зарождения** – уровень малого состояния (катну́т). Это его истинная форма. Однако поскольку у него есть лишь малое состояние, это считается недостатком. А везде, где есть недостаток отдачи, имеется зацепка для эгоистических желаний (клипо́т). И тогда они могут вызвать выкидыш – когда духовный зародыш выпадет, прежде чем завершится

---

[163] Бааль Сулам, «Учение десяти сфирот», часть 9, п. 83.

его зарождение. Поэтому необходим задерживающий элемент, суть которого в том, что ему дают полноту, большое состояние (гадлу́т).

2. Однако здесь следует понять, как можно дать зародышу большое состояние, в то время как он не готов получить даже малое состояние в полной мере, поскольку у него еще нет сосудов, чтобы принять эти состояния с намерением ради отдачи?

Там же дается этому объяснение согласно словам мудрецов: «плод в материнском чреве ест то же, что ест его мать»[164]. А также сказано: «плод – бедро матери»[165]. Это значит: поскольку плод – бедро матери, постольку в период зарождения он не заслуживает собственного имени. Как следствие плод ест то, что ест его мать. Иначе говоря, он всё получает в материнские сосуды. Поэтому, хотя у плода нет сосудов, способных получить большое состояние, однако в сосуды высшего, т.е. его матери, он может его получить, поскольку полностью отменяет себя перед ней и не имеет собственного владения.

Это и называется «зарождением» – когда он полностью отменяет себя перед высшим. И тогда, получив большое состояние, он обретает совершенство. Как следствие, там нет зацепки для клипот и состояние это называется **«задерживающей силой»**.

Так плод в духовном берегут от выкидыша – подобно тому, как в материальном мире мать должна беречь свой плод от любых расстройств. Так же и в духовном.

Как следствие, в работе человека следует выделять два состояния:

1. Истинное состояние, в котором он находится, – т.е. малое состояние. Всё, что он думает и делает, – ма́ло. Человек начинает ощущать это состояние, когда хочет идти путем истины – путем работы на отдачу. Тогда он начинает видеть свою малость – он далек от понятий отдачи, и не в его силах совершить какое-либо

---

164 Мидраш «Ялкут Шимони», Ваикра, 12.
165 Трактат «Йевамот», 78:1.

действие с намерением на отдачу. Это и называется «истиной» – таково истинное состояние, в котором человек находится.

И тогда, поскольку это малое состояние, у эгоистических сил (ситра áхра) может появиться зацепка, из-за чего человек может прийти в отчаяние. Как следствие, когда он приступает к работе в период зарождения, это грозит выкидышем. Иными словами, человек упадет со своей ступени, подобно материальному плоду, который выпадает из материнского чрева и не может остаться в живых. Так и в духовном: человек падает со своей ступени, после чего нуждается в новом зарождении – т.е. должен начать свою работу заново, как будто никогда не служил Творцу.

Поэтому и нужна задерживающая сила – чтобы плод не выпал наружу. Иными словами, в этот период он должен пребывать в совершенстве, так чтобы самому чувствовать: нет ничего, чего бы ему недоставало в работе. Напротив, он сейчас близок к Творцу, пребывает в полном слиянии, и никто не может сказать ему: «Разве ты не видишь, что вовсе не продвигаешься в служении Творцу? А раз так, ты зря стараешься. Ты недостоин работы в отдаче и потому должен быть как все. Зачем же ты поднимаешь шум, желая находиться на ступени более высокой, чем остальные, и не довольствуясь общей работой? Вот что подтолкнуло тебя к мыслям и желаниям, побуждающим выйти из общей работы и пойти дальше, к истине. Верно, это истина, но ты видишь, что, хотя и желаешь идти ее путем, но непригоден для этого, потому что тебе недостает способностей или же недостает силы преодоления – ты не можешь преодолеть природу себялюбия, в которой родился. Поэтому оставь всю эту работу, сиди внизу, как все остальные, и не заносись над собратьями. Лучше тебе свернуть с этого пути».

Поэтому, чтобы не упасть в такие мысли, человеку нужна **сдерживающая сила**. Иными словами, он должен верить выше знания, что если уж встал на путь истины – это имеет огромное значение и важность, и что он не в силах оценить важность самого соприкосновения с путем истины – ведь это весь тот сосуд, в который водворится свет Творца.

Однако это относится к сосудам Высшего. Иными словами, Творец знает, когда человек должен ощутить слияние с Ним. В своих же собственных сосудах человек чувствует, что он, наоборот, хуже, чем тогда, когда шел общим путем. В те времена он чувствовал, что каждый день продвигается, совершая добрые дела и реализуя законы Торы. Теперь же, с тех пор как он встал на индивидуальный путь, ему постоянно надо держать намерение, проверяя, насколько он способен действовать ради отдачи и насколько способен отказаться от себялюбия.

И тогда, как правило, человек видит, насколько он приближается к истине. И всегда правдивее видит, что не в силах выйти из себялюбия. Но все равно в сосудах Высшего, т.е. выше знания, человек может возвысить себя и сказать: «Неважно, как я совершаю отдачу Творцу. Я хочу, чтобы Он приблизил меня к Себе. Творец, конечно же, знает, когда наступит мое время, и я тоже почувствую, что Он приблизил меня. А пока я верю, что Творец, конечно же, знает, что́ хорошо для меня. И потому Он дает мне чувствовать то, что я чувствую».

Но по какой причине Творец желает вести нас этим путем, так чтобы мы верили, что Он поступает с нами как Добрый и Творящий добро[166]? Если мы верим в это, Он подает нам знак: сколько радости мы испытываем и насколько способны воздать Ему благодарность и хвалу. И, разумеется, мы должны понимать, нам во благо то, что именно путем веры мы сможем достичь цели – получения ради отдачи. Иначе Творец, конечно же, мог бы вести нас путем знания, а не путем веры.

Отсюда понятно то, о чем мы спросили: зачем нужны две взаимоисключающие вещи? С одной стороны, мы должны идти по пути истины, т.е. сознавать свое состояние, в котором мы чувствуем, как отдаляемся от себялюбия и приближаемся к любви к ближнему, и насколько нам недостает того, чтобы «возвеличилось и освятилось имя Его»[167].

---

166 Трактат «Брахот», 44:1.
167 Слова молитвы Кадиш.

В то время как мы видим, что духовное еще не обрело важности, мы испытываем большую потребность. Видеть, насколько мы сожалеем об этом и как больно нам от того, что мы далеки от Творца, – это и есть истина. Иными словами, это состояние, испытываемое нами в наших сосудах, согласно нашим ощущениям.

А также нам дан путь веры выше знания. Это значит – не считаться со своими ощущениями и знаниями, а принять то, что сказано: «Глаза у них – а не видят, уши у них – а не слышат»[168]. И верить, что Творец, конечно же наблюдает и знает, что хорошо для меня и что плохо. Поэтому Он желает, чтобы я ощущал свое состояние так, как я его ощущаю. А мне лично неважно, как я себя ощущаю, потому что я хочу работать на отдачу.

В этом главное – я должен работать ради отдачи. И хотя я чувствую, что в моей работе нет никакого совершенства, все равно в сосудах Высшего, т.е. с его точки зрения, я полностью совершенен, как сказано: «не будет отторгнут от Него отверженный»[169]. Поэтому я удовлетворен своей работой – тем, что у меня есть право служить Царю. Пусть на самой малой ступени, но и это будет для меня большой заслугой – то, что Творец дал мне приблизиться к Нему хотя бы немного.

Это дает нам две вещи:

1. **Истина**: человек видит свое истинное состояние, и у него есть возможность для молитвы. Он испытывает потребность и тогда может молиться о том, чтобы Творец восполнил его недостаток. Как следствие, человек может подниматься по ступеням отдачи.

2. **Путь веры** – совершенство, исходя из которого человек может воздавать хвалу и благодарность Творцу. И тогда он может пребывать в радости.

---

168 Писания, Псалмы, 115:5.
169 Пророки, Шмуэль, II, 14:14.

Вот родословная Ноаха
Статья 4, 1985

«Вот родословная Ноаха: Ноах, человек праведный, непорочен он был в своих поколениях, с Творцом ходил Ноах»[170].

Толкование РАШИ: это значит, что главное в родословной праведников – добрые дела. РАШИ объясняет, почему сказано: «вот родословная Ноаха». Надо было бы назвать имена его сыновей – Шема, Хама и Йефета. Почему же сказано: «Вот родословная Ноаха: Ноах, **человек** праведный»? Это и объясняет РАШИ: потому что главное в родословной праведников – добрые дела.

«В своих поколениях»: некоторые наши мудрецы считают это похвалой. И тем более, если бы он жил в поколении праведников, то был бы еще праведнее. Другие считают, что это порицание. А если бы он жил в поколении Авраама, его бы ни во что не ставили.

«С Творцом ходил Ноах». Толкование РАШИ: об Аврааме сказано: «Творец, пред лицом которого я ходил»[171]. Ноах нуждался в помощи для поддержки, тогда как Авраам укреплялся и ходил в своей праведности самостоятельно.

Чтобы понять всё вышесказанное в ракурсе духовной работы, следует знать, что **понятия «отец» и «сын», «праотцы» и «потомки» означают причинно-следственный порядок**. Так заведено в мире, что, совершая какое-либо действие, человек уверен, что его действие породит что-то. Например, если человек собирается работать на заводе, то хочет, чтобы его дела породили зарплату, которая даст ему пропитание. В данном случае «отец» – это усилия, а «потомок» – это зарплата. Или же человек, изучающий какую-либо науку, хочет добиться тем самым репутации знатока, и т.п.

---

170 Тора, Берешит 6:9.
171 Тора, Берешит, 24:40.

Всё, что человек делает, призвано лишь к тому, чтобы видеть следствия своих дел.

Аналогично, человек, реализующий принципы отдачи, конечно же, хочет, чтобы от его дел произошло некое следствие.

Сказано в Книге Зоар[172]: «Есть три категории трепета. Две из них лишены подобающего корня, а одна является корнем трепета. Человек может трепетать перед Творцом, для того чтобы жили его дети, либо из страха денежного наказания. Поэтому он постоянно трепещет перед Ним. Следовательно, его трепет перед Творцом не относится к корню. Ведь корень здесь – личная выгода, а трепет – ее порождение. Либо человек может трепетать перед Творцом, страшась наказания в загробном мире и наказания в аду.

Два этих вида трепета – страх наказания в этом мире и наказания в будущем мире – не представляют сущность трепета и его корень. Главный вид трепета – когда человек трепещет пред Творцом, потому что Он велик и властен, Он – сущность и корень всех миров, и всё ничтожно пред Ним».

Итак, утруждая себя работой, называемой «отцом», человек хочет видеть ее порождение, называемое «плодом его дел».

Здесь следует различать три вида порождений:

1. Оплата в этом мире – чтобы жили его дети, чтобы обеспечивать себе средства к существованию и т.п.

2. Оплата в будущем мире.

3. «Потому что Он велик и властен». Это значит, человек надеется лишь на одно следствие – что он сможет доставить удовольствие Творцу.

Отсюда следует, что существует порождение под названием добрые дела. А «добро» означает отдачу Творцу, как сказано: «Преисполнено сердце мое добротой. Говорю я: деяния мои – Царю»[173]. Иными словами, человек хочет, чтобы все его деяния

---

172 Предисловие Книги Зоар с комментарием «Сулам», пп. 190-191.
173 Писания, Псалмы, 45:2.

были ради Творца. Это и есть добрые дела. А для собственной пользы он не желает никакой оплаты. Единственная награда, на которую он надеется, – возможность совершать дела, доставляющие удовольствие Творцу, без всякой оплаты за его собственные старания. Иными словами, вознаграждение человека в том, чтобы ему дали этот подарок – способность действовать только ради Творца, без всякой примеси намерения ради собственной выгоды. В этом его вознаграждение за добрые дела, ради которого он прикладывает усилия. Сказано об этом: «Я создал злое начало и создал Тору как приправу к нему»[174].

Каковы же, исходя из этого, порождения праведников? Только добрые дела. Иными словами, то производное, которое следует из причины. А **причина – усилия в реализации действий отдачи**. Для остальных следствием причины является оплата в этом или в будущем мире, тогда как для праведников следствие из причины, или порождение отца – только **добрые дела**. В этом вся оплата, на которую они надеются, – возможность доставить удовольствие Творцу.

Это и объясняет РАШИ: «Главное порождение праведников – добрые дела». Иначе говоря, все их действия обращены на то, чтобы доставлять удовольствие Творцу.

Однако в объяснениях РАШИ следует понимать, что главное в порождениях праведников и что для них вторично, т.е. не относится к существу дела.

Известно, что есть действие, и есть понимание, знание. То, что поддается разумению, называется пониманием и знанием. Иными словами, тело тоже согласно с тем, что надо реализовывать правила Торы, поскольку, достигнув альтруистического намерения лишма, человек обретает свет жизни, кроющийся в Торе и принципах отдачи. Сказано об этом: «Вожделенней золота они и множества чистого золота, слаще меда и медовых сот»[175]. Это и есть понимание – когда и тело понимает, **что стоит служить Творцу**.

---

174 Трактат «Кидушин», 30:2.
175 Писания, Псалмы, 19:11.

Сказал об этом рабби Меир[176]: «Каждый, кто занимается Торой с намерением лишма, удостаивается многого. Более того: весь мир приобретает для него смысл, и раскрывают ему тайны Торы».

Всё то, что обретается благодаря работе в намерении лишма, для праведников не является главным. Иными словами, не в этом заключалось их намерение в действиях отдачи. Главное же для них – добрые дела, призванные **доставить наслаждение Творцу**. Ради этого они стремились достичь уровня действий выше знания, не рассчитывая на то, что их порождением будет понимание и знание. Напротив, только дела составляли их намерение. Это и объясняет РАШИ: «Главное порождение праведников – добрые дела».

Из вышесказанного можно понять, как РАШИ объясняет слова **«в своих поколениях»**. Некоторые наши мудрецы считают это похвалой. И тем более, если бы Ноах жил в поколении праведников, то был бы еще праведнее. Другие считают, что это порицание. А если бы он жил в поколении Авраама, его бы ни во что не ставили.

«В своих поколениях» – это означает два поколения, поскольку минимальное множество – два. А в духовной работе каждое состояние называется **поколением**. Сказано об этом: «Из поколения в поколение будут славить деяния Твои»[177]. Это относится и к тем случаям, когда человек находится в поколении нечестивцев, т.е. в состоянии нечестивых мыслей и желаний. Тогда он должен приложить большие усилия, чтобы преодолеть доводы нечестивцев, буравящие его разум и мысли известными вопросами «Кто?» и «Что?»[178]. И тогда единственный способ превозмочь их – силой веры выше знания. Это значит, что человек опровергает доводы нечестивцев не ответами в рамках знания – но только силой веры выше знания он может их победить.

---

176   Трактат «Авот», 6:1.
177   Писания, Псалмы, 145:4.
178   Вопрос Фараона: «Кто такой Творец, чтобы я слушался Его?» (Тора Шмот, 5:2) и вопрос сыновей: «Что для вас эта работа?» (Тора, Шмот, 12:26).

Это и есть категория действия без разума – что называется: «Реализовавший одно действие отдачи счастлив, ибо склонил себя и весь мир на чашу заслуг»[179]. Лишь делом можно разбить доводы нечестивцев – но не рассудком и суждением.

Отсюда следует, что слова о поколении Ноаха, т.е. о поколении нечестивцев, можно трактовать как похвалу, поскольку в таком случае на него была возложена главная тяжесть работы. И можно истолковать их как порицание – ведь, в конечном счете, он находится в поколении нечестивцев, т.е. у него есть чуждые мысли, тогда как служителю Творца не подобает, чтобы в его разуме и сердце присутствовали такие нечестивцы.

А также следует разобраться с поколением Авраама, в котором есть праведники – иными словами, у него есть добрые мысли праведников. Если в разуме и сердце человека есть одно лишь желание доставить удовольствие Творцу, а мысли и желания нечестивцев ни разу не приходили ему ни на ум, ни на сердце – такой человек находится в поколении праведников.

Некоторые трактуют это как похвалу: если бы Ноах находился в таком состоянии, среди праведников, т.е. если сравнить силу преодоления эгоизма, которая была у него в поколении нечестивцев, и ощущение, которое он тогда испытывал, с нынешним ощущением прелести и сладости Торы – разумеется, период поколения Ноаха, поколения нечестивцев, ни во что не ставится, поскольку тогда он еще не ощущал того блага и наслаждения, которое ощущает в поколении праведников.

Однако, с точки зрения духовной работы, тот период, когда он находился в поколении нечестивцев, предоставлял ему возможность для работы. Таким образом, поколение Ноаха более важно – ведь человеку есть что делать, поскольку **главное порождение праведников – добрые дела.**

«С Творцом ходил Ноах». Толкование РАШИ: об Аврааме сказано: «Творец, пред лицом которого я ходил». Ноах нуждался в помощи для поддержки, тогда как Авраам укреплялся и ходил в

---

179 Трактат «Кидушин», 40:2.

своей праведности. Суть в том, что у человека есть два типа сосудов: сосуды получения и сосуды отдачи. Сосуды отдачи относятся к Творцу – к Дающему, а сосуды получения относятся к творению, которое получает.

Сосуды получения, относящиеся к получающему, предшествуют сосудам отдачи. На языке каббалы сосуды отдачи называются: Кетер, Хохма и три первые сфирот Бины. А под ними находятся сосуды получения: семь нижних сфирот Бины, Зеир Анпин и Малхут (ЗОН[180]).

Отсюда следует, что о сосудах отдачи сказано: «с Творцом ходил Ноах». Это значит: в месте сосудов отдачи он был способен ходить в отдаче. Это и есть сосуды отдачи, относящиеся к Творцу. Об этом сказано: «Ноах нуждался в помощи для поддержки» – ведь сосуды отдачи дает Высший.

Вот в чем смысл слов «Ноах нуждался в помощи для поддержки»: тем самым Высший побудил его к работе, называющейся «пробуждением свыше». Сказано об этом[181]: «Сначала, в первый раз, просьба поднялась не посредством ЗОН в Аба вэ-Има – и тогда из этой просьбы возникли ЗОН. А после их исправления они вторично подняли просьбу», поскольку у них теперь есть сосуды отдачи, приобретенные посредством пробуждения свыше. Об этом сказано: «Ноах нуждается в помощи для поддержки» – и приходит она со стороны Высшего. Такова была **ступень Ноаха**.

С другой стороны, Авраам не нуждался в помощи для поддержки. РАШИ уточняет это из выражения «Творец, пред лицом которого я ходил». Смысл в том, что он использовал сосуды получения, предшествующие сосудам отдачи. Сосуды отдачи – Кетер, Хохма и три первые сфирот Бины – находятся наверху, а под ними находятся сосуды получения: семь нижних сфирот Бины и ЗОН.

Поскольку Авраам использовал сосуды, которые предшествовали ему, предшествовали сосудам отдачи, относящимся к Творцу, тогда как сосуды получения мы относим к творению, постольку

---

180   ЗОН – ивритская аббревиатура духовного парцуфа Зеир Анпина и Нуквы (Малхут).
181   Бааль Сулам, «Учение десяти сфирот», часть 9, п. 6, а также в разделе «Внутреннее созерцание».

использование сосудов получения мы называем пробуждением снизу и относим его к низшему.

Это и означает, что Авраам не нуждался в помощи для поддержки, так как использовал сосуды получения и их посредством служил Творцу.

А с другой стороны, сказано: «с Творцом ходил Ноах» – иными словами, с сосудами, которые относятся к Творцу, т.е. с сосудами отдачи, сосудами Творца. И сосуды эти дает Творец.

Уйди из земли своей
Статья 5, 1985

«Уйди из земли своей, и от родни своей, и из дома отца своего – в землю, которую Я покажу тебе»[182].

Возникает неувязка: ведь это не соответствует обычному порядку вещей. Сначала человек уходит из дома отца, потом от родни, а потом уже – из своей земли. Об этом спрашивают толкователи.

В контексте духовной работы, слово *земля* (эрец – ארץ) означает *желание* (рацо́н – רצון). Сказано: «Да произрастит земля зелень»[183]. Добавили мудрецы: «с радостью выполняя желание Творца своего»[184]. Следовательно, «уйди из земли своей» – значит: выйди из своего желания. Из желания, с которым человек создан – желания получать удовольствие и наслаждение, представляющего собой себялюбие. Таким образом, Аврааму было сказано, чтобы он вышел из себялюбия.

Теперь объясним, что такое «родня». Понятия «отец и потомство» означают причину и следствие, фактор и результат. Ведь результат происходит из «капли отца», посредством чего потом появляется потомство, как мы сказали в прошлых статьях. Иными словами, старания, которые человек прикладывает в работе, предназначены для того, чтобы получить вознаграждение. Таким образом, старания порождают для него оплату. И если бы не оплата, он не прикладывал бы никаких усилий. Следовательно, человек совершает действия отдачи, чтобы у него родился «сын», т.е. оплата.

Мы уже говорили о том, что есть два вида оплаты:

1. Оплата в этом мире

---

182   Тора, Берешит, 12:1-2. См. слова Творца Аврааму: «Уйди из земли своей, и от родни своей, и из дома отца своего – в землю, которую Я покажу тебе. И Я сделаю тебя великим народом».

183   Тора, Берешит, 1:11.

184   Мидраш «Раба», Берешит, 5:9.

2. Оплата в будущем мире.

Сказано в Книге Зоар[185]: «Оба они – не главное». А в комментарии «Сулам» объясняется: дело в том, что они базируются на себялюбии – желании получать ради получения.

Таким образом, если человек прикладывает усилия в реализации действий отдачи, чтобы получить оплату для своего получающего желания, то и **отец**, т.е. **усилия**, и рождающееся из усилий **потомство**, т.е. **оплата** – всё базируется на себялюбии. Это и есть «капля отца», зовущегося усилиями: с самого начала работы помыслы человека были сугубо эгоистическими. И само собой, нарождающееся потомство, т.е. оплата, которую он рассчитывает получить, тоже является эгоистическим вознаграждением.

Итак, Аврааму было сказано: «Уйди из земли своей» – т.е. из своего эгоистического желания. «Родня» означает рождающиеся следствия. А «дом отца» указывает на порождаемое им вознаграждение. Таким образом, **усилия порождают эгоистическую оплату – и от всего этого ему следует отдалиться**.

«В землю, которую Я покажу тебе». «Земля» – это желание отдачи. На этой земле, на желании отдачи он заслужит того, чтобы Творец раскрылся ему.

«Которую Я покажу тебе» – это значит, что Творец покажет Себя ему. В отличие от этого, на желание получать налагается сокращение и скрытие, и там наступает тьма и отделение от Источника жизни, вызывающее тьму.

С другой стороны, на твоем желании Я не могу раскрыться тебе – но только на желании отдачи, называющемся «подобием свойств». Тогда снимается сокращение и скрытие, и раскрывается ему Творец.

«И Я сделаю тебя великим народом»[186]. Сказано в «Мидраш Раба»[187]: «Сказал рабби Леви: когда Авраам шел по Арáм

---

185 Предисловие Книги Зоар с комментарием «Сулам», п. 190.
186 Тора, Берешит, 12:2.
187 Мидраш «Раба», Берешит, 39:8.

Наара́им[188] и увидел их беспечно едящими и пьющими, он сказал: «Пускай не будет у меня доли в этой земле». А когда прибыл в Сула́м Цур[189] и увидел их пропалывающими во время прополки и разрыхляющими во время разрыхления, сказал: «Пускай у меня будет доля в этой земле». И сказал ему Творец: «Потомству твоему дал Я эту землю»[190].

Следует понять эти слова с точки зрения духовной работы. Как уже было сказано, «земля» означает желание. Буквы слова «Арам» (בארם[191]) составляют слово Аврам[192] (אברם). «Когда Авраам шел по Двуречью»: слово «Двуречье» (Нааराим – נהרים) происходит от слова «освещенный» (наóр – נהור). Тогда он увидел: есть люди, которые хотят лишь светов. Это и называется «едящие и пьющие» – с намерение получить оплату. Поэтому Авраам сказал: «Пускай не будет у меня доли в этой земле». Иными словами, пускай не будет у меня доли в этом желании с одним лишь намерением получить оплату, когда в расчет принимается не работа, а только вознаграждение. И потому он сказал: «Не будет у меня доли в этом желании».

«Когда прибыл в Сулам Цур»: слово Цур (צור) происходит от слова **«тесный»** (цар – צר). Иными словами, они ощущали тесноту в работе. Авраам увидел, что они находятся на лестнице (сулам), о которой сказано: «Лестница стоит на земле, а вершина ее достигает небес»[193]. «И увидел их пропалывающими во время прополки и разрыхляющими во время разрыхления»: все их помыслы были обращены на работу человека, и сущность выстраиваемых ими намерений заключалась в том, чтобы их работа была исправной. Иными словами, чтобы сосуды, в которые должно прийти изобилие, были исправными. А плоды, т.е. вознаграждение, они не принимали во внимание. Напротив, они следили за порядком

---

188 Арамейское Двуречье в Верхней Месопотамии.
189 Хребет, пролегающий от Верхней Галилеи к Средиземному морю.
190 Тора, Берешит, 15:18.
191 בארם – ивр. «по Араму».
192 Аврам – первоначальное имя Авраама.
193 Тора, Берешит, 28:12.

работы – о чем и сказано: «пропалывающие во время прополки и разрыхляющие во время разрыхления».

Тогда сказал Авраам: «Пускай у меня будет доля в этой земле» – т.е. в этом желании, в котором главное – намерение, устремленное на то, чтобы работа была исправной. Что же касается оплаты, т.е. плодов, – это не их дело. Сказано об этом: «скрытое – Творцу»[194]. Иными словами, оплата – это дело Творца, и нечего нам смотреть на вознаграждение. Напротив, в любом состоянии человек удовлетворен тем, что удостоился хоть как-то прикоснуться к духовной работе. И это для него – большая заслуга. И только «открытое – нам», т.е. действия.

Отсюда объясним слова: «Я сделаю тебя великим народом». Величие относится именно к действию. Для выполняющих духовную работу величие – это лишь действия выше знания. Только этому они придают важность. А света́, получаемые ими посредством работы, они не принимают в расчет, поскольку света́ относятся к категории «скрытое – Творцу». Это деяния рук Творца: чего Он желает, то Он делает.

Они не просят Его дать им что-либо, потому что не в этом их цель. У них лишь одна цель – доставить удовольствие Творцу без всякой оплаты, так как всё их вознаграждение состоит лишь в том, что они вправе служить Царю. Им неважно, какую именно службу они выполняют для Него, – они помышляют лишь о том, чем могут доставить Царю удовольствие.

Например, мало кто хочет занять незначительную должность – а они сразу бросаются на нее, потому что здесь у них будет возможность порадовать Царя, ведь немногие того желают.

Мораль в том, что, поскольку немногие захотят взять курс на работу выше знания, так как все считают подобную работу низкой и относят ее к категории «изгнания», постольку именно люди, рассчитывающие на возможность порадовать Царя, готовы принять эту должность. Эта их работа, призванная «поднять Шхину из праха», называется «Шхиной в изгнании». И только ее они

---

[194] Тора, Дварим, 29:28: «Скрытое – Творцу, а открытое – нам и сыновьям нашим навечно, чтобы исполнять все слова этого учения».

желают. С другой стороны, работать, чтобы получать свыше светá и изобилие, готовы многие.

Отсюда объясним слова мудрецов[195]: «Сказал рабби Йехуда от имени Рава: прием гостей важнее приема лика Шхины, как сказано: «Господин, если я обрел благоволение в глазах Твоих, не пройди мимо...»[196]. РАШИ объяснил: сказав «не пройди мимо», Авраам оставил Его и пошел принимать гостей». Здесь мы можем сказать, что он научился этому из того, что сказал ему Творец: «Я сделаю тебя великим народом». Иными словами, **главное – действие, а не светá.** Это значит, что главное в их работе – любовь к ближнему, и человек не строит никаких расчетов на себя.

Поэтому, хотя от приема лика Шхины тело, разумеется, получает больше удовольствия, чем от работы в любви к ближним, но поскольку Творец сказал ему: «Я сделаю тебя великим народом», что означает: главное величие ты найдешь в действиях, – постольку здесь у Авраама появилась возможность проявить себя, показав, что сам он уверен, что не желает искать выгод. И пускай это большая выгода – принять лик Шхины, все равно он избрал для себя действие. Иными словами, он не рассчитывает ни на какую награду за свою работу, а сама работа – и есть главное. Здесь он нашел возможность для анализа, поскольку это, конечно же, великая вещь – отказаться от вознаграждения и принять работу в награду.

В мире общепринят обратный подход: люди прикладывают усилия, чтобы получить оплату. Авраам же поступил наоборот – отдал оплату, чтобы получить усилия. И научился он этому со слов Творца: «Я сделаю тебя великим народом». Таким образом, как сказано, основа величия – это действие.

---

[195] Трактат «Шаббат», 127:1.
[196] Тора, Берешит, 18:3. «И поднял он глаза, и увидел: вот три человека стоят возле него. И, увидев, он побежал навстречу им от входа в шатер, и поклонился до земли, и сказал: "Господин, если я обрел благоволение в глазах Твоих, не пройди мимо раба твоего. Пусть возьмут немного воды, и омойте ноги ваши, и прислонитесь к этому дереву"».

И явился ему Творец в дубравах Мамрэ
Статья 6, 1985

«И явился ему Творец в дубравах Мамрэ»[197]. РАШИ объясняет: «Дав Аврааму совет об обрезании, Творец тем самым открылся ему частично». Сказано в Книге Зоар[198]: «И явился ему Творец в дубравах Мамрэ. Почему в дубравах Мамрэ, а не в другом месте? Потому что Мамрэ дал ему совет об обрезании. Когда Творец сказал Аврааму сделать себе обрезание[199], пошел Авраам советоваться со своими друзьями.

Сказал ему Анер: «Тебе уже больше девяноста лет, и ты подвергнешь себя страданиям».

Сказал ему Мамрэ: «Вспомни тот день, когда халдеи бросили тебя в горнило огненное. И голод, охвативший весь мир, как сказано: «И был голод на земле, и сошел Аврам в Египет»[200]. И тех царей, за которыми погнались твои люди, и ты поразил их[201]. Творец спас тебя от всех их, и никто не может причинить тебе зла. Встань и выполни веление своего Господина». Сказал Творец Мамрэ: "Мамрэ, ты дал ему совет об обрезании. Клянусь, что Я откроюсь ему только в твоем чертоге"».

Возникает известный вопрос: как можно сказать, что Творец повелел Аврааму сделать обрезание, а тот пошел советоваться с друзьями, стоит ли послушаться Творца? Разве такое возможно?

Следует объяснить это в контексте духовной работы. Когда сказал Творец Аврааму сделать себе обрезание, тот пошел советоваться

---

[197] Тора, Берешит, 18:1.
[198] Книга Зоар с комментарием «Сулам», гл. «Ваера», п. 17.
[199] Тора, Берешит, 17:10.
[200] Тора, Берешит, 12:10.
[201] Тора, Берешит, 14:14.

со своими друзьями, то есть со своим телом. Ведь именно тело должно совершить это действие. Поэтому он спросил свое тело: согласно ли оно или считает, что не нужно выполнять веление Творца? Ведь именно в теле находятся друзья человека – **желания**[202], соединенные вместе в теле, – которые он обязан спросить, поскольку они-то и должны выполнить это веление, полученное им от Творца. И когда он узнает их мнение, тогда будет знать, что делать.

Следует знать, что в теле есть три души. Сказано об этом в Книге Зоар[203]: «Сказал рабби Йехуда: три вида управления действуют в человеке:

1. Управление разумом и мудростью – это сила чистой души.
2. Управление страстью, стремящейся ко всем дурным вожделениям, – это сила страсти.
3. Управление, руководящее людьми и поддерживающее тело, – оно зовется душой тела».

Эти три вида управления называются друзьями Авраама, то есть находятся в нем. И Авраам пошел спросить их, желая узнать мнение каждого из его «друзей».

Анер сказал ему: «Тебе ведь уже больше девяноста лет, и ты подвергнешь себя страданиям». Числовое значение имени *Анер* (ענר) – 320, что указывает на 320 искр, которые там есть, а также на включение Малхут, называющейся «каменным сердцем» – желания получить ради получения, суть которого – себялюбие. Поэтому сказал Анер Аврааму: «Тебе ведь уже больше девяноста лет, и ты подвергнешь себя страданиям». Каменное сердце, т.е. вожделеющая душа, сказало ему: «Ты всегда должен стараться получать удовольствие и наслаждение, а не подвергать себя страданиям». Таким образом, он сказал ему, что не стоит слушаться веления Творца.

Мамрэ же сказал ему: «Вспомни тот день, когда халдеи бросили тебя в горнило огненное». Иными словами: «Ты же видишь, что

---

202 В Торе они описаны как три брата: Анер, Эшколь и Мамрэ.
203 Книга Зоар с комментарием «Сулам», гл. «Ваера», п. 315.

Творец поступает с тобой выше знания. Рассуждая логически, тот, кого бросили в огненную печь, – сгорит. А твое спасение – превыше того, к чему обязывает разум. Поэтому ты тоже слейся с Его свойствами и тоже иди выше знания. Хотя, с точки зрения разума, Анер прав, но ты иди выше знания».

А Эшколь – это душа тела, которая, как сказано, поддерживает его. Имя Эшколь (אשכול) происходит от так же звучащего слова *взвешу, рассмотрю* (אשקול). Он должен взвесить, с кем стоит объединиться: с вожделеющей душой, т.е. Анером, или с Мамрэ, представляющим душу разума и мудрости. Это и есть сила чистой души, как сказано в Книге Зоар.

Имя *Мамрэ* (ממרא) означает, что он *ослушался* (имра́ – המרה) Анера и посоветовал Аврааму идти выше знания. Об этом и сказано: «Явился ему Творец в дубравах Мамрэ». **Именно там, где мы идем выше знания, без всякого разумения, – там раскрывается Творец и мы заслуживаем высшего разума. Вот почему Мамрэ – свойство, действующее выше знания, – называется душой разума и мудрости. Ведь именно там, где мы идем выше знания, раскрываются разум и мудрость.**

Отсюда объясним слова Книги Зоар о том, что «Авраам пошел советоваться со своими друзьями»: речь идет о собственном теле Авраама. Тело должно выполнить веление Творца, и потому Авраам спросил его мнения – дабы узнать, что ему делать. Иными словами, надо ли принудить его или они согласны с тем, что сказал ему Творец.

«Пошел советоваться со своими друзьями» – имеются в виду три души в его теле. Они и есть его друзья, с которыми он всегда вместе.

Сказано в Мидраш «Раба»[204]: «Сказал Авраам: "До того, как я обрезался, меня посещали прохожие. Теперь же, когда я обрезался, меня не посещают". Сказал ему Творец: "До того, как ты обрезался, приходили люди необрезанные, а сейчас – Я и Моя свита раскрываемся тебе"».

---

204   Мидраш «Раба», Берешит, конец главы «Лех леха», начало главы «Ваера».

Здесь требуется пояснение – ведь Авраам не получил ответа на свой вопрос. Он спросил: почему теперь меня не посещают прохожие? А каков был ответ? Не дано никакого ответа, почему они не приходят. Вместо этого он получил ответ другого рода: раньше приходили необрезанные, а теперь к нему приходит Творец. Но это же не соответствует вопросу.

Объясним это в контексте духовной работы. Авраам спросил следующее: до обрезания порядок его работы был таков, что всегда посещали его те, кто проходил туда и обратно. Иными словами, его посещали мысли проходящих, а затем – возвращающихся. Это значит: до обрезания ему приходилось работать над преступными мыслями, а затем – над возвращением, т.е. раскаянием. И тогда он знал, что действительно выполняет духовную работу.

Теперь же в нем нет места для проходящих туда и обратно. Однако он стремился к работе. И тогда сказал ему Творец: не стоит сожалеть об этом, так как, в конечном счете, твоя работа была работой людей необрезанных – иными словами, не базировалась на чистой отдаче, поскольку ты еще не заслужил того, чтобы удалить крайнюю плоть – эгоистическое желание.

С другой стороны, теперь не надо расстраиваться из-за того, что ты лишен прежней работы. Ведь в конечном счете, то была работа людей – хорошая, но все же пока еще внешняя, поскольку они не были обрезаны. Теперь же, после обрезания, уже есть подобие свойств, и потому Я и Моя свита можем прийти – чего не было ранее.

Жизнь Сары
Статья 7, 1985

Сказано в Книге Зоар[205]: «Другое объяснение: царь – это жена, трепещущая перед Творцом, как сказано: «Жена, трепещущая перед Творцом, прославлена»[206]. **Иными словами, это Шхина. «При возделанном поле»**[207] – это чужой огонь, нечистая сторона, как сказано: «Чтобы охранить тебя от чужой жены»[208]. Ибо есть поле, и есть поле. Есть поле, где царят все благословения и святыни, о чем сказано: «подобно запаху поля, которое благословил Творец»[209]. И это – Шхина. И есть поле, где царят всё разрушение, и скверна, и уничтожение, и убийства, и войны. И это – другая сторона (ситра а́хра)».

Согласно науке каббале, это означает, что перед нами два пути: или идти дорогой идущих к Творцу, путь которого – это путь отдачи, или дорогой, ведущей к людям, что является получением. Ведь создания зовутся созданиями лишь в том, что касается получения и себялюбия. Это проистекает из самой сути творения.

На этот аспект было произведено сокращение и скрытие, поскольку в этом месте незаметно, что «вся земля полна славы Его»[210]. Только уйдя с места получения, можно постичь, что «вся земля полна славы Его», – а до выхода из получения можно лишь **верить,** что это так.

Чтобы мы смогли ощутить это, человеку и дают совет уйти с места получения – места тьмы и смерти, где не может раскрыться свет

---

205   Книга Зоар с комментарием «Сулам», гл. «Хаей Сара», п. 17.
206   Писания, Мишлэй, 31:30.
207   Писания, Коэлет, 5:8. «Превосходство земли во всем – это царь при возделанном поле».
208   Писания, Мишлэй, 7:5.
209   Тора, Берешит, 27:27.
210   Пророки, Йешаяу, 6:3.

жизни. Хотя он присутствует, но для человека покрыт. Кто приходит в это место, тот отлучается от Источника жизни.

Вот почему место это зовется «тьмой и смертью», и находятся там всевозможные бедствия. Это и называется «другой стороной», которая против отдачи.

А место отдачи – это место подобия свойств, и потому в этом месте раскрывается всё благо и наслаждение. Это место благословения и чистоты. О нем и сказано: «жена, трепещущая перед Творцом». Вся наша работа заключается лишь в том, чтобы достичь трепета перед Творцом – иными словами, принять бремя Высшего управления.

Отсюда понятны слова мудрецов о строфе: «черны, как ворон»[211]. «В ком мы их находим? Раба сказал: "в том, кто представляется жестоким, как ворон, по отношению к сыновьям и домочадцам"»[212]. Другие же считают: «В ком мы находим порядки Торы? В том, кто трудится над ними денно и нощно в доме учения»[213].

И объяснил РАШИ: «Ворон жесток к своим сыновьям» – как сказано: «воронятам, которые кричат»[214].

Ворон (орэв – עוֹרֵב) означает *приятный* (арэв – עָרֵב), как сказано: «голос твой приятен»[215]. Это противоположно голубю, о котором сказано: «И прилетел к нему голубь... и вот, сорванный оливковый лист в клюве его»[216]. Объяснили это мудрецы[217]: «Сказал рабби Йирмия Бен Эльазар: «Почему сказано: "и вот, сорванный оливковый лист в клюве его"? Сказал голубь Творцу: "Владыка мира, пускай будет мое пропитание горько, как олива, но передано Тобою, и пусть не будет сладко, как мед, но передано плотью и кровью"».

---

211 Писания, Песнь песней, 5:11. «Голова его – чистое золото; кудри его – вьются, черны, как ворон».

212 Трактат «Эрувин», 21-22.

213 Махараль из Праги, «Нетивот олам», Тора, 3.

214 Писания, Псалмы, 147:9. «Дает животному пищу его, воронятам, которые кричат».

215 Писания, Песнь песней, 2:14.

216 Тора, Берешит, 8:11.

217 Трактат «Эрувин», 18:2.

Известно, что когда человек работает ради получения, чисто эгоистически, такая работа называется сладкой. Об этом и сказал голубь: «Лучше пускай мое пропитание будет горько, как олива, – но из рук Творца». Речь идет о средствах к существованию – чем человек обеспечивает себя, с чего живет. Если его работа устремлена ради Творца, т.е. ради отдачи, хотя она и горька, поскольку тело несогласно на такое пропитание, но зависит от того, насколько человек сумеет устремиться к отдаче, так как это против врожденной природы тела.

Ведь тело родилось с эгоистическим желанием получать и хочет лишь того, чем сможет кормиться его себялюбие. Это и означает, что «пропитание передается плотью и кровью». Этим пропитанием тело наслаждается, и оно сладко ему. И это – **свойство ворона**, которому приятно лишь «пропитание плоти и крови». Другое дело пропитание, которое зависит от Творца, т.е. лишь от того, что человек может сделать ради отдачи, – от этого он бежит, так как в действиях на отдачу чувствует вкус горечи.

Таким образом, **«ворон» – это эгоистическая работа**. И поскольку на получающее желание было наложено сокращение в виде скрытия и там не раскрывается высший свет, постольку работа ворона черна. Об этом и сказано: «черны, как ворон». Иными словами, в ком живет Тора? У кого свет Торы может светить? Лишь у того, кто уже осознал, что ворон, т.е. работа на получение, несет только черноту – одну лишь тьму может получить человек, а не свет.

Сказали об этом мудрецы: Тора находится лишь в том, кто «представляется жестоким, как ворон, по отношению к сыновьям и домочадцам». Как известно, «отец» и «сын» – это причина и следствие. Отсюда понятны приведенные выше слова: когда человек сознаёт, что, обслуживая плоть и кровь, т.е. работая на себялюбие, пускай его работа сладка, он является вороном, – тогда он знает, какими будут результаты, т.е. что произойдет от этой работы – только мрак, чернота. Тогда человек знает, что стал «жестоким к сыновьям» – т.е. не жалеет о результатах, которые отсюда последуют.

Таким образом, если человек знает, что стал жестоким, идя ступенью ворона, тогда он переходит на путь голубя – соглашается работать ради Творца. И хотя это пропитание горько, как олива, но результаты, т.е. сыновья, насладятся его работой. Ведь причина – намерение ради отдачи – ведет к тому, что изобилие проливается на это место. Ворон же, наоборот, становится жесток к сыновьям.

Отсюда ясно, почему сыновей Исраэля выше сравнили с голубем. Речь идет о собрании Исраэля (ישראל) – о свойстве **«прямо к Высшему»** (ישר-אל). Иными словами, всё, что делает «народ Исраэля», делается с намерением, устремленным **прямо к Творцу**. С другой стороны, «народы мира» – этой свойство **«чужого Бога»**[218], так как они не желают устремлять свою работу на Творца.

Отсюда объясним слова: «дает животному пищу его, воронятам, которые кричат». Следует понять, в чем связь между животным и вороном. Сказали об этом мудрецы, объясняя строфу «человеку и животному помогаешь Ты»[219]. «Сказал рабби Йехуда от имени Рава: "Эти люди коварны и представляются животными"»[220]. А Бааль Сулам объяснил, что это вера выше знания, основа которой – сосуды отдачи.

«Воронята»: когда человек смотрит и видит результаты своих дел – то, что рождается из себялюбия, – они начинают взывать к Творцу, чтобы Он дал им сосуды отдачи и веру выше знания. Происходит это после того, как человек сознаёт, какие плоды принесет ему себялюбие, зовущееся «вороном». Можно сказать об этом: «Близок Творец ко всем призывающим Его, ко всем, кто взывает к Нему истинно»[221].

Бааль Сулам объяснил слова субботней песни: «Простри милость Твою к знающим Тебя, Творец ревнивый и мстящий»[222]. Смысл в следующем: когда человек осознал, что если не пойдет

---

218 Писания, Псалмы, 81:10. «Не будет в тебе чужого бога».
219 Писания, Псалмы, 36:7.
220 Трактат «Хулин», 5:2.
221 Писания, Псалмы, 145:18.
222 Писания, Псалмы, 36:11, а также Пророки, Нахум, 1:2.

путем отдачи, то сразу же получит отмщение, тогда он уже гарантированно следит за собой, чтобы не оступиться, встав на путь, ведущий к себялюбию, – ибо он знает, что на кону его жизнь, поскольку он упадет в место тьмы и смертной тени. И тогда он говорит: «Простри милость Твою к знающим Тебя», поскольку это «Творец ревнивый и мстящий».

Поэтому они просят Творца, чтобы Он дал им милость. А иначе они знают, что потеряны. Только благодаря милости, которую даст им Творец, они получат сосуды отдачи. И это – **свойство голубя**.

С другой стороны, от свойства ворона, т.е. от сладости, которую они требуют как условие своей работы, человек становится жестоким. Иными словами, он убивает всех своих сыновей – всё свое будущее – утрачивает их, оценивая порядок работы согласно сладости, которую испытывает от нее, и подчиняя весь свой расчет диктату эгоистического желания.

Вот что означают слова «дает животному пищу его». Когда он дает им пищу, зовущуюся верой? Когда есть «воронята, которые кричат». Они понимают, что результаты, т.е. сыновья, порождаемые вороном, обречены на смерть из-за отлучения от Источника жизни. И тогда, взывая к Творцу о помощи, они призывают Его **истинно**. Вот о чем сказано: «Близок Творец ко всем призывающим Его, ко всем, кто взывает к Нему истинно».

Сделай себе учителя и приобрети себе товарища, 2
Статья 8, 1985

По поводу того, о чем мы говорили в статье №1 (1985). Разберемся в деталях.

Следует проводить различие:

- а) между человеком и Творцом;
- б) между человеком и его товарищем;
- в) между человеком и остальными людьми – они не являются его товарищами, однако нам известен принцип: «весь Исраэль – товарищи»[223].

Есть правило: «Сделай себе учителя и приобрети себе товарища»[224], что означает метод исправления. И есть правило: «Суди о каждом человеке с лучшей стороны»[225]. Следует понять, что́ значит «сделай», что́ значит «приобрети» и что́ значит «суди с лучшей стороны».

«Сделай» означает исключение из рассудочной категории. Когда разум не понимает, стоит ли сделать какую-либо вещь или нет, – как в таком случае определить, что́ для меня хорошо? Либо наоборот, если разум говорит, что две вещи равны, – кто решит для человека, как ему стоит поступить? Однако же действием он может разрешить ситуацию.

Здесь нужно знать, что перед человеком лежат два пути: работать ради отдачи или работать ради получения. Некоторые части

---

223 Из субботнего благословения перед новомесячьем.
224 Трактат «Авот», 1:6.
225 Там же.

тела говорят человеку: «Ты добьешься большего успеха в жизни, если будешь работать на отдачу. Именно так ты получишь от жизни удовольствие». Таково утверждение доброго начала. Сказали об этом мудрецы: «Если сделаешь так – счастлив ты в этом мире и хорошо тебе в мире будущем»[226].

Дурное же начало, наоборот, утверждает, что лучше и выгоднее работать ради получения.

Тогда ситуацию разрешит лишь сила действия, которое выше знания, – но не разум и чувство. Поэтому действие и относится к категории, лежащей выше знания и выше смысла. Эта сила называется верой, и она противоречит разуму.

С другой стороны, принцип «приобрети» лежит в знании. Обычно, когда человек хочет купить что-то, продавец показывает ему товар, и он торгуется в зависимости от того, стоит ли ему заплатить требуемую цену. И если не видит выгоды, то не покупает. Таким образом, приобретение, покупка подчиняется разуму.

Теперь проясним понятия «учитель» и «товарищ». «Товарищ» иногда подразумевает сообщество, которое объединяется, желая быть единым целым. Это возможно посредством общих свойств, когда каждый заботится о любви к ближним. Благодаря этому они соединяются в одно.

Поэтому, желая создать общество, которое станет единой группой, люди, решившие это сделать, обычно ищут тех, кто подходит для этого по своим взглядам и качествам и чье соответствие более-менее очевидно. В противном же случае их не принимают в ту группу, которую хотят создать. Ну а потом начинается работа над любовью к товарищам.

Если же изначально, еще до вступления в группу они не соответствовали ее цели – уже нет смысла рассчитывать на то, что из этого объединения что-то выйдет. Только если до их вступления в группу было заметно большее или меньшее соответствие, тогда можно сказать, что они способны приступить к работе над любовью к ближним.

---

226 Трактат «Авот», 6:4.

Между человеком и Творцом

Порядок работы между человеком и Творцом начинается с принципа «сделай себе учителя», а затем – «приобрети себе товарища». Иными словами, прежде всего, человек должен верить выше знания, что Творец велик[227]. Сказано об этом в Книге Зоар[228]: «Главное – это трепет, когда человек трепещет перед Господином своим потому, что Он велик и властен».

Насколько человек верит в величие Творца, зовущегося Учителем, столько сил он может вложить в принцип «приобрети», чтобы купить **товарища**, поступаясь себялюбием и достичь подобия свойств, представляющего собой слияние с Творцом. Это и есть товарищ (хавéр – חבר) – иными словами, соединение (хибýр – חיבור) с Творцом. Подобно тому, как, покупая материальные вещи, мы должны поступаться деньгами, или почетом, или просто усилиями, чтобы обрести что-либо, – так и здесь: когда человек хочет приобрести соединение с Творцом, он должен поступаться себялюбием, поскольку иначе не сможет достичь подобия свойств.

Когда же человек видит, что неспособен делать уступки, чтобы приобрести подобие свойств, – причина не в том, что он родился слабохарактерным и потому не может преодолеть свое себялюбие. Ему недостает другого – принципа «сделай себе учителя». Иными словами, он не работает над верой. Ведь насколько для него важно верить в величие Творца – столько сил у него есть для уступок.

Более того, человек должен знать: если он хочет оценить величину собственной веры, то может увидеть это по степени уступок, на которые он способен, чтобы ограничить свое себялюбие. Так он узнает, каков уровень его работы в вере выше знания. Таковы взаимоотношения между человеком и Творцом.

---

227 В данном случае понятия *великий* и *учитель* обозначаются на иврите одним словом – рав (רב).
228 Предисловие Книги Зоар с комментарием «Сулам», п. 191.

Между человеком и товарищем

В отношениях между человеком и товарищем следует начинать с принципа «приобрети себе товарища», а потом – «сделай себе учителя». Потому что когда человек ищет товарища, сначала он должен проверить его: действительно ли стоит объединиться с ним? Ведь в отношении товарища для нас установили специальную молитву, которую мы произносим после благословений молитвы «Да будет воля Твоя»: «Отдали нас от плохого человека и от плохого товарища».

Отсюда следует, что прежде, чем взять кого-то в товарищи, человек должен проверить его всеми возможными способами – и тогда он использует именно свой разум. Поэтому не сказано: «сделай себе товарища» – ведь принцип «сделай» указывает на то, что выше знания. И потому во взаимоотношениях с товарищем человек должен следовать своему разуму, проверяя, насколько это возможно, в порядке ли его товарищ, – согласно ежедневной молитве: «Отдали нас от плохого человека и от плохого товарища».

И тогда, если человек видит, что стоит объединиться с другим, то должен заплатить за это – поступиться себялюбием и получить взамен силу любви к ближнему. Тогда он сможет ожидать и того, что достигнет любви к Творцу.

А после того как человек уже соединился с группой людей, стремящихся достичь ступени любви к Творцу, желая брать у них силы для работы ради отдачи и воодушевляться тем, что они говорят о необходимости достичь любви к Творцу, – тогда он должен ставить каждого товарища в группе выше себя. Человек не воодушевляется от группы и не ценит то, что ценят товарищи, если не ставит группу выше себя. Поэтому каждый обязан чувствовать себя наименьшим из всех. Ведь большой не может получать от малого, и тем более, воодушевляться его речами, но лишь малый воодушевляется от того, что ценит большого.

Таким образом, на втором этапе, когда каждый должен учиться чему-то у других – тогда действует принцип «сделай себе учителя». Ведь чтобы признать товарища стоящим выше себя, человек должен прибегать к действию без разумения. Только поднявшись выше знания, он сможет признать, что товарищ находится на более высокой, чем он, ступени. Поэтому в отношениях между человеком и товарищем порядок таков: сначала надо реализовать принцип «приобрети себе товарища», а потом – «сделай себе учителя».

Между человеком и остальными людьми

Сказано: «Сделай себе учителя, приобрети себе товарища и суди о каждом человеке с лучшей стороны».

Мы выяснили, что в отношениях между человеком и товарищем порядок таков: сначала следует приобрести себе товарища. Причем мы объяснили, что принцип «приобрети» лежит в разуме. А потом следует заняться принципом «сделай себе учителя». С другой стороны, в отношениях между человеком и Творцом сначала действует принцип «сделай себе учителя», а потом – «приобрети себе товарища».

Теперь надо понять, почему об остальных сказано: «суди о каждом человеке с лучшей стороны». Означает ли это – «приобрети» или «сделай»? Исходя из вышесказанного, принцип «суди о каждом человеке с лучшей стороны» следует трактовать как «сделай», а не как «приобрети».

Например, в большом сообществе собирается малый круг людей, желающих соединиться в группу и работать над любовью к товарищам. Допустим, ради примера, что из ста человек десять решили объединиться. Давайте разберемся: почему именно эти десятеро решили объединиться друг с другом, а не с другими людьми в сообществе?

Возможно, из-за того, что они считают себя выше других людей из сообщества? Или из-за того, что они хуже других и потому ощутили необходимость сделать что-то, чтобы стать лучше?

Исходя из вышесказанного, можно объяснить это следующим образом. Эти люди согласились объединиться в единую группу и работать над любовью к товарищам, потому что каждый из них чувствует: у них есть общее желание, способное объединить все их мнения, так чтобы они обрели силу любви к ближнему. Ведь известно высказывание мудрецов: «Как лица их не похожи друг на друга, так и мнения их не похожи друг на друга»[229].

Таким образом, эти люди, согласившиеся между собой объединиться в единую группу, поняли, что их взгляды не столь уж далеки друг от друга. Они осознали необходимость в работе над любовью к ближнему. Как следствие, каждый из них способен делать уступки другим, и благодаря этому они смогут объединиться. С другой стороны, остальные не очень-то сознают необходимость в этой работе, и потому с ними объединиться невозможно.

Таким образом, при объединении в товарищеской любви каждый проверяет другого – его взгляды и его качества: заслуживает ли он или достоин ли он вступить в группу, которую эти люди решили собрать. Об этом и сказано в ежедневной молитве: «Отдали нас от плохого человека и от плохого товарища» – в разуме.

В конечном итоге, выходит, что человек заносится над остальными в сообществе. Но как такое может быть? Ведь тем самым он противоречит ясному правилу: «Рабби Левитас из Явне говорит: "Смиряй свой дух до последней степени"»[230].

Об этом и говорит рабби Йеошуа Бен Прахья: «Суди о каждом человеке с лучшей стороны». Иными словами, отношение к остальным людям следует выстраивать выше знания, по принципу «сделай», представляющему действие, а не разум. Ведь с точки зрения разума, человек видит, что остальные не столь пригодны, как те люди, с которыми он соединяется. В таком случае каждый заносится над всеми – и чтобы справиться с этим, дан совет: «суди о каждом человеке с лучшей стороны».

Это значит, что о каждом человеке, т.е. об остальных людях из сообщества следует судить с лучшей стороны, признавая, что на самом деле они важнее меня, а вина лежит на нас – это мы неспособны оценить величие и важность общности, которую мудрецы назвали «каждый человек». Поэтому разумом человек не видит

---

[229] Мидраш «Раба», Бемидбар, 21:2.
[230] Трактат «Авот», 4:4.

их величия. Если отношениях между товарищами, как мы сказали, должен действовать принцип «приобрети», то здесь надо применять принцип «сделай», лежащий выше знания. Об этом и сказано: «суди о каждом человеке с лучшей стороны».

И толкались сыновья в утробе ее
Статья 9, 1985

«И толкались (וַיִּתְרֹצְצוּ) сыновья в утробе ее»[231]. Пояснил РАШИ: «мудрецы связали это со словом *бежать, устремляться* (לרוץ). Когда Ривка проходила мимо места, где изучали Тору Шема и Эвера, – Яаков извивался, стремясь выйти; а когда проходила мимо места, где поклонялись идолам, – Эсав извивался, чтобы выйти».

Бааль Сулам сказал, что таков порядок духовной работы – она начинается с зарождения: человек приступает к работе на пути истины, и когда он проходит у дверей Торы, в нем пробуждается **свойство Яакова**, желая идти путем Торы; а когда проходит у дверей идолопоклонства, **свойство Эсава** пробуждается в нем, желая выйти.

Это следует объяснить. Человек, по природе, состоит из сосудов получения, представляющих себялюбие, дурное начало. А также у него есть точка в сердце – его доброе начало. Когда он приступает к работе ради отдачи, это называется зарождением (ибу́р – עִבּוּר) – от слова *гнев* (эвра́ – עֶבְרָה), или *переход* (авера́ – עֲבָרָה). Как следствие, человек испытывает подъемы и падения, лишен устойчивости, подвержен воздействию окружения, и у него нет сил для преодоления.

Поэтому, когда человек попадает в окружение тех, кто занимается чуждой нам работой[232], себялюбием, в нем пробуждается эгоистическое начало, стремясь выйти из скрытия на свет и получить власть над телом. И тогда у человека нет сил ни на что, кроме своих эгоистических побуждений.

---

231 Тора, Берешит, 25:22.

232 Идолопоклонство на иврите (עֲבוֹדָה זָרָה) – *букв.* «чужая работа».

Когда же человек попадает в окружение тех, кто действует на отдачу, в нем пробуждается свойство Яакова, стремясь выйти из скрытия на свет. И тогда деяния, направленные на отдачу, властвуют над телом. Тогда, оглядываясь назад, на прошлое состояние, человек видит, насколько он был погружен в себялюбие. И он не в силах понять, каким образом можно пасть так низко и получать удовлетворение от столь низких вещей. Ведь не подобает взрослому человеку отстраивать себе дом среди низких и презренных желаний и мыслей. Он оскорблен теми желаниями и мыслями, среди которых поставил свой дом.

Но затем, когда человек проходит у дверей идолопоклонства, т.е. попадает в эгоистическое окружение, в нем снова пробуждается Эсав и извивается, чтобы выйти.

Так повторяется раз от разу. Для человека, ведущего духовную работу, это продолжается день за днем. А у того, кто вкладывает больше стараний, эти состояния могут сменяться ежечасно.

«И сказала: если так, то зачем же я? И пошла вопросить Творца»[233]. РАШИ объяснил: пошла вопросить в дом учения Шема. Вопросить Творца, чтобы Он сказал ей, чтó будет с ней в итоге.

Каков же был ответ? «И сказал ей Творец: два народа в чреве твоем, два народа из лона твоего разойдутся, и один будет сильнее другого, и старший будет служить младшему»[234]. РАШИ объяснил: «Один будет сильнее другого» – они не сравняются по величию. Когда поднимается один – падает другой. А также он говорит: «"Опустошен он"[235] – Цор наполнился лишь благодаря разрушению Иерусалима».

Чтобы понять ответ, данный Ривке Творцом, – как сказано: «И сказал ей Творец» – надо объяснить следующее: **две эти силы обязаны существовать**. Известно, что основу творения составляет сосуд получения – свойство Эсава. Но затем приходит вторая сила – свойство Яакова, желание отдачи. И каждый хочет

---

233   Тора, Берешит, 25:22.
234   Тора, Берешит, 25:23.
235   Пророки, Йехезкель, 26:2.

властвовать в одиночку. Такова борьба, ведущаяся между Эсавом и Яаковом.

Это и объясняет РАШИ: «Когда поднимается один – падает другой. Цор наполнился лишь благодаря разрушению Иерусалима». Иными словами, ей было сказано, что надо точно знать, кто у власти: желание получать или желание отдавать. Существовать вместе они не могут. И потому надо решить раз и навсегда, что не стоит жить в постыдных и презренных мыслях и желаниях.

Когда человек видит, что не в силах противостоять своему получающему желанию, тогда он понимает, что представляет собой ничтожество и не стоит ничего. Ему ясно тогда: хотя он уже осознал, что эгоистическое желание несет вред, – все равно он не может преодолеть его. Поэтому именно тогда человек понимает, что нуждается в милосердии свыше и что без помощи Творца невозможно выйти из-под власти эгоистического желания.

Сказали об этом мудрецы[236]: «Злое начало человека берет над ним верх каждый день. И если бы Творец не помогал ему, сам бы не справился». Это относится именно к тому, кто начал духовную работу и сделал всё, что в его силах. Тогда человеку не нужно верить, что помочь ему способен только Творец. Ведь он видит теперь, что у него не осталось никаких способов и ухищрений, к которым бы он не прибегал, – и ничто ему не помогло, но только Творец помогал ему.

Лишь тогда человек может понять, что помогает только Творец. Но раз так, чем он отличается от других? Как Творец помог ему, так же Он может помочь и другим. А значит, нет повода заноситься над другими – ведь он преуспел не своими силами.

С другой стороны, те, кто еще не приступил к духовной работе, суть которой в одной лишь отдаче без получения, не видят, что только Творец помогал им. Напротив, они считают, что «сила моя и крепость руки моей доставили мне это богатство»[237]. И, само собой, им есть чем кичиться перед остальными людьми, которые не работают как они.

---

236   Трактат «Кидушин», 30:2.
237   Тора, Дварим, 8:17.

Следовательно, добро и зло не столь далеки друг от друга, поскольку и добро в человеке базируется на себялюбии. И хотя человек работает над правилами Торы, все равно незаметна борьба между Яаковом и Эсавом, и, в любом случае, он не нуждается в помощи свыше – чтобы Творец спас его от эгоизма, смилостивился над ним и дал ему сосуд желания отдачи. Ведь человек видит, что по природе своей неспособен работать на отдачу.

Причина в том, что он, вообще, не считает, что правила Торы надо выполнять для того, чтобы заслужить слияния с Творцом. Отдача совершенно его не интересует. Поэтому в таком человеке не действует принцип «один поднимается – другой падает». Только если мы хотим идти путями отдачи, тогда начинается «толкание сыновей в утробе». Потом человек должен делать всё, что в его силах, – а потом он видит истину: он не может сам помочь себе. После этого он видит: нет никаких иных средств – ему нужна милость свыше. И тогда осуществляются слова мудрецов: «Кто пришел очиститься, тому помогают»[238].

«Старший будет служить младшему» – надо понять, что это значит. Объясним: недостаточно заслужить того, чтобы в тебе властвовало доброе начало, а у злого начала не было никаких сил противостоять ему. В таком случае человек может работать на Творца только посредством доброго начала. Однако он должен достичь ступени совершенства. Сказали об этом мудрецы: «Возлюби Творца своего всем сердцем своим – обоими своими началами»[239] – так чтобы и злое начало использовалось в работе на отдачу. Объяснить это можно, только если сначала мы поймем, что представляет собой злое начало.

Следует знать, что сущность заложенного в нас зла – получающее желание. От него к нам приходят все дурные вещи – дурные помыслы и порывы. А желание отдачи приносит нам все хорошие вещи – хорошие помыслы и желания в нас. Поэтому, когда в человеке властвует доброе начало, желание отдачи – тогда и свыше

---

238 Трактат «Йома», 38:2.

239 Трактат «Брахот», 9:5.

нам дают высшее изобилие. Иными словами, благодаря этому свыше приходит обильное милосердие.

Однако следует знать, что это является лишь исправлением творения – с тем чтобы мы обрели подобие свойств. Надо всё устремлять ради отдачи, чтобы у нас было подобие свойств – слияние с Творцом. Цель же творения – доставить благо Его созданиям, так чтобы низшие получали от Творца благо и наслаждение, а не доставляли Ему удовольствие, как будто Творец нуждается в чем-то от них.

Поэтому, когда создания хотят получить что-либо от Творца, они должны использовать сосуд получения – злое начало. А иначе – кто получит наслаждение? Получателем наслаждения является только стремление к чему-либо. Это стремление к наслаждениям и называется желанием получать. Таким образом, человек обязан использовать свое злое начало – но сначала исправляет его намерением ради отдачи. В результате человек служит Творцу также посредством дурного начала.

Злое начало называется «старшим», поскольку родилось первым. Так же и при рождении человека сначала в нем появляется дурное начало, а доброе начало приходит на «тринадцатилетие». Поэтому, когда человек работает ради отдачи посредством получающего желания, это значит, что он любит Творца всем сердцем – обоими своими началами. Об этом и говорит строфа «старший будет служить младшему»: **желание получать, зовущееся старшим, будет служить младшему – т.е. будет обслуживать желание отдачи Творцу.**

Таким образом, главенствовать будет альтруистическое желание. Иногда оно использует сосуды отдачи, сосуды Яакова, – и тогда служит Творцу добрым началом. А иногда оно использует сосуды получения – и тогда служит Творцу также дурным началом. Всё это было сказано Ривке в доме учения Шема: «И сказал ей Творец».

Отсюда мы поймем слова Бен-Зомы[240]: «Кто герой среди героев? Тот, кто обращает ненавистника в друга». А в

---

240   Трактат «Авот де-рабби Натан», 23:1.

трактате «Авот» Бен-Зома говорит: «Герой тот, кто покоряет свое начало»[241].

Следует понять, в чем разница между двумя толкованиями понятия «герой». В одном случае он говорит: «герой тот, кто покоряет свое начало», а в другом: «герой среди героев – тот, кто обращает ненавистника в друга».

Согласно вышесказанному, слова Бен-Зомы следует истолковать так: понятие «герой» относится к принципу «один народ будет сильнее другого». РАШИ объяснил: когда поднимается один – падает другой. Это и есть герой – тот, кто подчинил зло в себе, после чего властвует только доброе начало. Иными словами, человек служит Творцу только добрым началом.

А понятие «герой среди героев» относится к принципу «старший будет служить младшему». «Старший» – это зло в человеке. «Будет служить младшему» – будет служить желанию отдачи. Тогда человек служит Творцу также и дурным началом. И тогда он реализует слова: «всем сердцем своим» – использует оба начала.

---

241 Трактат «Авот», 4:1.

И вышел Яаков
Статья 10, 1985

«И вышел Яаков из Беэр-Шевы и пошел в Харан»[242]. Объясняет РАШИ: «Надо было бы написать: «и пошел Яаков в Харан». Зачем нам напоминают о его выходе? Однако же это говорит о том, что уход праведника из какого-либо места оставляет след. Когда праведник в городе, он – его великолепие, его блеск, его величие. А когда он уходит оттуда – отступает его великолепие, отступает его блеск, отступает его величие».

Следует понять это в контексте духовной работы: кто такой праведник и что такое след, который он оставляет при уходе?

Праведником зовется Творец, как сказано: «Творец праведен, я же и народ мой грешны»[243]. Смысл в следующем: когда человек близок к Творцу, т.е. чувствует, что Творец близок к нему и как Творец делает ему добро, – тогда он ощущает вкус в духовной работе. Во всех своих делах он чувствует, что Творец близок к нему, и что бы он ни делал – всё делает с радостью и приподнятым духом.

А затем наступает спад: человек не чувствует вкуса в учебе и действиях на отдачу, и у него остается лишь след от того периода, когда он был на подъеме. Тогда он ощущал вкус в духовной работе, испытывал радость – и этот оставшийся след вызывает у него тоску и желание вернуться в прошлое состояние. Таким образом, спустя какое-то время оставшийся след побуждает человека к поиску возможностей вернуться к состоянию, в котором он пребывал. То было состояние подъема, тогда как теперь он ощущает свою низость – насколько он далек от чего-либо духовного.

---

[242] Тора, Берешит, 28:10.
[243] Тора, Шмот, 9:27.

Возникает вопрос: для чего к нему пришло это падение? Кто в выигрыше от этого? Может быть, оно пришло в наказание, и человек должен теперь исправить в себе то, в чем прегрешил? Однако он не знает, в чем состоял его грех, из-за которого он упал из состояния подъема, в котором находился. В таком случае он не знает, чтó исправлять. Со своей стороны, он не видит в себе никакого недостатка, приведшего к падению. Вместо этого человек поневоле должен сказать, что падение пришло от Творца. И тогда возникает вопрос: что он выиграл от того, что Творец опустил его с достигнутого уровня?

Отсюда мы можем объяснить слова мудрецов о том, что «уход праведника из какого-либо места оставляет след». Во время подъема Творец находится в этом месте – в теле, – вызывая у человека внутренний отклик и воодушевление от работы на отдачу. Однако человек не может придать важность тому, что Творец находится в нем, как сказано: «Я, Творец, находящийся у них, в их скверне»[244]. Разве можно оценить это, понять, кто находится в нем, и воздать славу в должной мере? Следовательно, человеку никогда не смогли бы помочь в обретении более высокой ступени – ведь он испытывает удовлетворение в работе.

Поэтому свыше и опустили его – чтобы он снова узнал, как ценить это. Ведь свыше его подняли и приблизили – а он не придает этому важности.

Возникает вопрос: зачем человеку ценить свое состояние подъема? Об этом я слышал от Бааль Сулама: в свете нет разделения на ступени, а большие и малые состояния зависят от постижения в сосудах. Как сосуды постигают свет – такова его мера. Поэтому Бааль Сулам сказал: если человек получает что-то свыше и способен оценить это разумом, тогда свечение в нем растет и ему вовсе не надо большего света. Напротив, если он сам ценит его (свечение), то оно возрастает и светит ему каждый раз на более высокой ступени.

Отсюда следует, что всё прегрешение, из-за которого человек упал со своей ступени, состояло в том, что он не придавал

---

244 Тора, Ваикра, 16:16.

важности своему состоянию и довольствовался им. В результате он был бы вынужден оставаться на этой ступени навеки. Поэтому полученное человеком падение пошло ему на пользу: благодаря этому у него появилась возможность подняться на новую ступень отдачи.

Отсюда объясним слова: «Уход праведника из какого-либо места оставляет след. Когда праведник в городе, он – его великолепие, его блеск, его величие». Это значит, что вся важность была там, но человек не умел ценить ее, и потому «когда праведник уходит оттуда – отступает его великолепие, отступает его блеск, отступает его величие».

Вот почему «уход праведника из какого-либо места оставляет след». Человек должен знать: когда праведник был в городе, он не заботился о том, чтобы ценить это – «его великолепие, блеск и величие». Напротив, он отступил – не придал важности всем этим ступеням. Это и значит «оставить след»: в человеке должно отпечататься, что «причиной ухода праведника» было это отступление. В действительности там были все ступени, но он не обращал на это внимания. А ведь он должен был знать, что свет неизменен и всё зависит от сосудов. Таким образом, можно сказать, что исход этот не был вызван прегрешением, а предназначался для того, чтобы человек смог подняться на новую ступень отдачи.

Следует дать еще одно объяснение словам: «уход праведника из какого-либо места оставляет след». Смысл в том, что «когда праведник в городе», т.е. когда человек может оправдать Высшее управление, он преодолевает свое состояние, и говорит: «Конечно же, Творец добр и творит добро. Он поступает со мной согласно доброму управлению – но желает, чтобы я чувствовал именно то, что я чувствую». Тем самым человек оправдывает Высшее управление и тогда сразу же видит важность работы на отдачу, ведущейся выше знания. Это и означает, что «когда праведник в городе, он – его великолепие, его блеск, его величие». Иными словами, тогда человек (видит) все эти благодетели.

Когда же он уходит оттуда – т.е. уходит от оправдания Высшего управления и хочет всё видеть в призме разума, тогда не ощущает никакого вкуса в работе на отдачу. В таком случае «отступает его великолепие, отступает его блеск, отступает его величие», и снова человек падает в себялюбие. Иными словами, тогда он понимает лишь работу, базирующуюся на разуме.

Об этом и сказано: «уход праведника из какого-либо места оставляет след». То есть лишь тогда, с уходом праведника, когда человеку запала мысль: «Сейчас, я чувствую вкус в работе, и мне уже не надо работать выше знания», – это вызывает в нем уход праведника. И это оставляет в нем след, чтобы умел отныне и далее остерегаться и не выходить из работы выше знания. Как я слышал от Бааль Сулама, когда человек решает, что «сейчас, располагая поддержкой, он уже не стоит между небом и землей», – он обязательно должен упасть с этой ступени, поскольку тем самым нарушает работу выше знания.

Таким образом, именно уход ступени, которая была у человека, оставляет в нем след, дабы в следующий раз он знал, как остерегаться, чтобы не нарушать веру выше знания, но всегда оправдывать Высшее управление.

«Вот, лестница стоит на земле, а глава ее достигает небес, и вот, ангелы Творца восходят и нисходят по ней»[245]. Толкователи спрашивают: «Надо было бы сказать сначала «нисходят», а потом «восходят»? Чтобы понять это в контексте духовной работы, объясним: лестница – суть человек, который стоит внизу на земле, однако головой достигает небес. Иными словами, когда человек начинает путь наверх, он достигает небес, и ему нечего негодовать из-за того, что лестница стоит на земле.

Однако сначала надо понять, что значит «на земле». Мы видим, что земля – это самый низкий уровень, ниже которого ничего нет. И в то же время мы видим, что все прекрасные построения и добрые плоды происходят именно из земли.

Известно, что слово *земля* указывает на получающее желание. Оно является основой: всё творение и всё зло в мире происходит из этого желания. Как известно, оно является корнем всех войн, убийств и тому подобного. Об этом и сказано: «лестница

---

245 Тора, Берешит, 28:12.

стоит на земле». Иными словами, человек при вступлении в мир стоит на *земле* (а́рца – אַרְצָה) – от слова *захочу* (эрцэ – אֶרְצֶה), т.е. «я хочу получать». Это самое низкое состояние, ниже которого ничего нет. Однако «главой достигает небес» – именно благодаря тому, что лестница стоит на земле.

Итак, у слова ארצה есть два значения:

1. Я хочу.

2. Земля – самое низкое состояние.

Как известно, сущность творения – одно лишь желание получать. В начале творения произошло только это желание. А затем производились исправления под названием «уподобление свойств». Их смысл в том, что низший, называющийся «земля», достигает подобия с «небесами» – с высшим, который зовется Дающим. Объяснить это можно так: хотя человек стоит на земных желаниях, у него все же есть возможность исправиться, так чтобы его голова, достигающая небес – что называется, «конец лестницы», – пребывала в подобии свойств с небесами, что является получением ради отдачи.

Подобно тому, как в начале творения сперва произошло желание получать, а затем оно было исправлено намерением ради отдачи, – так и в случае с лестницей, которая символизирует человека, стоящего на земле: сначала он пребывает в земных желаниях, а затем достигает небес. Иными словами, человеку не стоит унывать, когда он видит, что полон земных желаний без единой искры отдачи, и когда он не может поверить в то, что тело его однажды согласится работать бескорыстно. Напротив, пускай верит, что таков путь и порядок работы: Творец желает, чтобы всё было именно так – чтобы лестница стояла на земле, а глава ее достигала небес.

Отсюда понятны слова: «ангелы Творца восходят и нисходят по ней». Спросили толкователи: если ангелы на небесах, то следовало бы написать сначала «нисходят», а потом «восходят»? Суть в том, что речь идет о человеке, являющемся посланником Творца. Ведь «ангел» – это посланник. Люди, идущие путем Творца, зовутся Его ангелами. Они сначала восходят, поскольку лестница стоит на земле, и достигают конца лестницы – что называется: «главой достигают небес» – а затем нисходят.

Следовательно, все подъемы и падения происходят по той причине, что у лестницы два конца:

1. «Стоит на земле» – самое низкое состояние.
2. «Главой достигает небес».

Иными словами, насколько человек ценит «главу, достигающую небес», настолько он может ощущать низость того конца, который «стоит на земле», и сожалеть о том, что пребывает в земных желаниях. С другой стороны, если у него нет подлинного представления о «главе, достигающей небес», он не может ужаснуться падению, в котором находится.

Таким образом, смысл в следующем: насколько человек поднимается к «главе, которая достигает небес», настолько он может оценить глубину своего падения. Вот почему сначала написано: «восходят», а затем: «нисходят» – человек чувствует падение лишь в мере того, насколько придает важность небесам.

Это и называется «восходят», а потом «нисходят». Ведь подъем, необходимый человеку, чтобы выполнить свою миссию, с которой он послан в этот мир Творцом, начинается со ступеней «лестницы, которая стоит на земле, а главой достигает небес». Иными словами, начиная с самого низкого состояния – желания получать, являющегося природой человека. А во «главе», т.е. в конце лестницы, он должен достичь небес – чистой отдачи. Это и называется небесами. Земля – суть получающий, а небеса – дающий.

Следует дать еще одно объяснение словам «восходят и нисходят». Когда человек испытывает период падения – к примеру, занимаясь торговлей, или работая на заводе, или просто идя по улице и т.п., он внезапно пробуждается от сна и видит себя в падении – тогда он должен знать, что это знание о низком состоянии пришло со стороны подъема. Потому и сказано сначала «восходят», а затем «нисходят» – ведь если бы не подъем на новую ступень благодаря пробуждению свыше, человек не испытал бы этого ощущения. Тем самым его зовут свыше.

Следовательно, вся наша работа ведется на «лестнице, которая стоит на земле, а главой достигает небес». Иными словами, у лестницы человека есть два свойства, с которыми он поднимается по ступеням жизни:

1. «Лестница стоит на земле»: получающее желание в глазах человека стоит на уровне земли – самого низкого состояния. Земля – это получающий, женское начало. Она получает от небес, т.е. от мужского начала, которое является дающим. «Главой достигает небес» – это значит, что отдача, зовущаяся небесами, представляется человеку «головой» – важна в его глазах. Когда человек ставит отдачу во главу, в той же мере земля, т.е. получающее желание, оказывается в его глазах на самом низком уровне.

2. «Земля» представляется человеку головой, а «небеса» – самым низким состоянием.

«Ангелы Творца»: имеется в виду человек, производящий расчет на то, что он пришел в этот мир с миссией от Творца – совершать исправления. Тогда он относится к категории «ангелов Творца», которые «восходят и нисходят» по лестнице. Иными словами, они видят, что лестница жизни стоит на земле – что получающее желание является самым низким состоянием.

«А глава ее достигает небес»: небеса для человека – это свойство отдачи. Иными словами, такие люди ждут того, чтобы достичь отдачи, потому что главное в их работе – доставить удовольствие Творцу. Это для них во главе. Когда они получают желание, посредством которого смогут отдавать, – это для них возвышение, и этого они ожидают. Когда же они находятся под властью земли – ощущают самое низкое состояние. И они ждут лишь того, чтобы совершать отдачу Творцу.

Спор Яакова с Лаваном
Статья 11, 1985

Как мы видим, спор между Яаковом и Лаваном отличался от спора между Яаковом и Эсавом.

О споре Яакова с Лаваном сказано[246]: «И отвечал Лаван, и сказал Яакову: "Дочери – мои дочери, сыновья – мои сыновья, скот – мой скот, и всё, что ты видишь, – это мое"».

А о споре Якова с Эсавом сказано[247]: «И сказал Эсав: "Есть у меня много, брат мой. Пусть у тебя будет то, что твое"».

Следует понять, почему Лаван утверждал, что всё его, а Эсав, наоборот, сказал: «Пусть у тебя будет то, что твое»?

Бааль Сулам объяснил это так: известно, что есть зацепка для клипо́т, и есть присасывание для клипот. Он сказал, что зацепка – это когда клипа́ держит человека и не позволяет сделать что-либо на отдачу.

Например, когда человек должен встать под утро и пойти заниматься наукой каббала, приходит клипа и говорит ему: «Зачем себя мучить? Ведь ты устал, а на улице холодно...» – и приводит другие подобные доводы злого начала о том, что не стоит вставать и заниматься духовной работой. А человек отвечает: «Всё как ты говоришь, однако стоит потрудиться в этом мире, чтобы заслужить мир грядущий». Тогда злое начало отвечает: «Ты полагаешь, что обретешь будущий мир за свои усилия в этом мире, – но это возможно, если человек действует ради отдачи. Я же знаю, что все твои дела направлены не на отдачу. Так на кого ты работаешь? Только на меня». Из этого примера понятны слова Бааль Сулама. Так клипа держит человека, не позволяя ему совершать действия отдачи.

---

246   Тора, Берешит, 31:43.
247   Тора, Берешит, 33:9.

В этом и заключалось утверждение Лавана: «Дочери – мои дочери, и всё, что ты видишь, – это мое». Иными словами: «Ты работаешь для меня, а не для Творца. А раз так, нет смысла надеяться на будущий мир. И зачем же тебе утруждать себя понапрасну?» Этой силой клипа держит человека, и он не может выйти из-под ее влияния, чтобы сделать нечто иное, против ее воли. Таково было утверждение Лавана, который думал, что тем самым он будет в силах зацепиться за Яакова и тот не сможет реализовывать действия отдачи.

А Яаков преодолел утверждение Лавана, сказав: «Неправильно, я действую ради отдачи, но я должен верить, что ты послан ко мне со всеми справедливыми доводами лишь затем, чтобы отвратить меня от отдачи. Я же хочу служить Творцу просто, и у тебя нет никакой зацепки в моей работе на отдачу. Поэтому я беру над тобой верх и работаю на отдачу, и ты никак не можешь придраться ко мне».

Тогда клипа заходит с другой стороны и выступает против него со следующим аргументом: «Взгляни, есть ли еще люди, способные, как ты, преодолеть злое начало? Посмотри на низость остальных людей, лишенных всякой силы преодоления. Ты же, слава Богу, – герой из героев. И, конечно же, тебе не стоит знаться с ними». В таком случае вся работа человека над действиями отдачи уходит в клипу, поскольку она погружает его в гордыню и т.п.

Тогда человек должен возобладать и сказать клипе: «Неправильно, я не лучше остальных людей. Всё, что я делал, занимаясь духовной работой, было не ради отдачи, но всё было для тебя. Выходит, я сейчас нахожусь в состоянии, о котором сказали мудрецы: "Кто занимается с эгоистическим намерением ло-лишма – лучше бы не рождался". А значит, сейчас я хуже остальных людей». В этом состоял довод Яакова, когда он сказал Эсаву: «"Возьми мой дар"[248], я же хочу заново начать духовную работу, как будто до сих пор еще не сделал ничего ради отдачи».

Однако же «сказал Эсав: "Есть у меня много, брат мой. Пусть у тебя будет то, что твое"». И не хотел ничего принимать от Яакова,

---

248   Тора, Берешит, 33:10.

пока тот не приложил старания и большие усилия. И тогда «взял у него», как сказано: «И упросил его, и он взял»[249].

Таким образом, здесь, после действия, всё перевернулось. Лаван утверждал: «Всё, что ты видишь, – это мое» – т.е. всё принадлежит клипе. Здесь же Яаков посылает Эсаву всё в дар, т.е. говорит, что это достояние клипы. С другой стороны, в споре с Лаваном, перед действием, Яаков утверждал, что всё принадлежит Святости, а не клипе, – и то же говорит теперь Эсав: «Пусть у тебя будет то, что твое».

«Оставшийся стан будет спасен»[250]. РАШИ объяснил это так: «Он подготовил себя к трем вещам: к подарку, к молитве и к войне». Две вещи относятся к Эсаву: подарок и война; и одна вещь относится к Творцу – молитва.

В контексте духовной работы следует объяснить это так: все три эти вещи относятся к Творцу. Сказано: «вот место со Мной, стань на этой скале»[251]. Бааль Сулам объяснил, что когда Моше сказал Творцу: «Покажи мне славу Твою»[252], на это пришел ответ: «Сказал Творец "Вот место со Мной"» – где слово *со Мной* (**אתי**) представляет аббревиатуру слов *вера* (**אמונה**), *молитва* (**תפילה**) и *усилие* (**יגיעה**).

И сказал Бааль Сулам: чтобы заслужить славу Творца, надо **верить в Него**. А затем надо **молиться Ему**, чтобы приблизил человека к Себе. А затем надо приложить **усилия**, дабы подчинить свое начало, так чтобы человек захотел отменить себя на благо Творца. И после трех этих действий он заслуживает славы Творца. Такой ответ дал Творец Моше, когда тот сказал Ему: «Покажи мне славу Твою».

Аналогичным образом следует трактовать объяснение РАШИ на слова: «он подготовил себя к трем вещам: к подарку, к молитве и к войне». Война – со злым началом. Молитва – о том, чтобы

---

249 Тора, Берешит, 33:11.
250 Тора, Берешит, 32:9. «И сказал: "Если нападет Эсав на один стан и побьет его, то оставшийся стан будет спасен"».
251 Тора, Шмот, 33:21.
252 Тора, Шмот, 33:18.

Творец приблизил человека, дабы прийти к совершенству – к ступени, которой он должен достичь. Подарок же – это вера. Когда кто-то доверяет кому-то, это называется дарованием, как сказано об Аврааме: «И поверил он Творцу, и Он вменил ему это в праведность»[253]. А РАШИ объяснил: Творец засчитал это Аврааму как заслугу и праведность – за веру, которой он верил в Него.

Таким образом, подарок, молитва и война – это три вещи, посредством которых он победит Эсава. И все они действуют в отношениях между человеком и Творцом. Нельзя сказать, что только молитва относится к отношениям между человеком и Творцом, тогда как подарок и война относятся к отношениям с Эсавом. Нет, он всё относит к Творцу.

Главное же, что следует знать, – что такое категория Эсава, которую нам надо исправить. Известно, что духовному противостоит скверна, клипа. И, в целом, она зовется «клипой Эсава», однако подразделяется на множество ступеней, и у каждой – свое собственное имя. Так же и в духовном есть множество категорий, и у каждой – свое собственное имя.

В целом, «духовным» называются сфирот, парцуфим и миры. А также, в целом, духовное – это намерение ради отдачи. Скверной же зовется намерение ради получения, представляющее собой эгоизм.

Когда человек реализует принципы отдачи, чтобы получить взамен этот мир или мир грядущий, обе эти категории называются «ло-лишма». И только если человек работает на отдачу потому, что «Творец велик и властен»[254], т.е. по причине Его величия и важности, – это является альтруистическим намерением «лишма»[255]. И это называется: «ради того, чтобы отдавать, не получая ничего взамен за свою работу». И это – чистая работа.

Работа ради отдачи может вестись лишь в той мере, насколько человек ценит Того, кто принимает его работу. Тогда у него есть топливо. С другой стороны, если человек неспособен повысить

---

253 Тора, Берешит, 15:6.
254 Предисловие Книги Зоар с комментарием «Сулам», п. 191.
255 Предисловие Книги Зоар с комментарием «Сулам», п. 190.

важность Того, для кого он работает, то у него нет сил на эту работу. Такова природа вещей: малый отменяется перед большим, «как свеча перед факелом»²⁵⁶. Вся цель больших стараний – в том, чтобы возвеличить Принимающего работу, т.е. осознать Его важность. И если не за что ценить Его в знании, то наша работа описана Бааль Суламом, объяснившим строфу «вот место со Мной»: буква алеф (א) в слове *со Мной* (אתי) указывает на веру (אמונה) выше знания.

Таким образом, главное в работе человека – работать выше знания и ценить Творца. Ведь в целом, все творения ощущают духовное как Шхину во прахе. Поэтому сказано во всех книгах, что каждый человек, перед реализацией принципов отдачи должен выстроить намерение на то, чтобы поднять Шхину из праха. Малый отменяет себя перед большим, и нет смысла работать над этим, поскольку это заложено в природе. А вся работа человека лишь в том, чтобы осознать величие и важность Творца.

Фактически, человек полагает, что работать стоит над всем, в чем он испытывает недостаток, – за исключением величия и важности Творца. Мы не понимаем, что лишь этого нам недостает. Объяснить это можно с помощью строфы: «потерян праведник – и никто не принимает это к сердцу»²⁵⁷. «Праведником» зовется Творец, как сказано: «Творец праведен»²⁵⁸. Он потерял Свою важность, и никто не принимает к сердцу, что надо работать, чтобы достичь Его важности.

Ведь когда человек чувствует себя немного на подъеме, он понимает, что работать стоит только ради духовного. Суть в следующем: духовное для человека настолько важно, что предпочтительнее вкладывать усилия в него, а не в материальное, так как материальное в это время теряет свое значение в его глазах, а значение духовного растет. И потому человек решает тогда, что трудиться стоит только над духовным, а не над материальным.

---

256   Трактат «Псахим», 8:1.
257   Пророки, Йешаяу, 57:1.
258   Тора, Шмот, 9:27.

Таким образом, все подъемы и падения относятся не к самому человеку, а к духовному: иногда его значение повышается, и оно становится для человека важнее, а иногда его значение падает до такой степени, что о нем не стоит и думать.

Касательно того, что малый отменяется перед большим: сказано, что после того как Творец прославил Авраама, поскольку все увидели его величие, Фараон дал Саре девушку – свою дочь, – чтобы она была служанкой в доме Авраама. И хотя служанка – очень малая ступень, поскольку у рабов и слуг тогда не было никаких человеческих прав и они были подобны животным, – все равно Фараон отдал свою дочь Саре в служанки, смиряя ее: «Дочь моя, тебе лучше быть служанкой в доме благословенного Авраама, чем царицей в моем доме».

Человек может работать над отдачей ради награды или потому, что хочет служить Царю в силу Его важности и величия. Разница в том, что если человек работает в материальном мире ради материального вознаграждения – очевидно, что, узнав о том, как получить оплату, не отрабатывая все часы, он, конечно же, сразу предпочтет такую возможность. Ведь человек любит покой и отказывается от этого удовольствия, чтобы получить оплату. А потому, если он найдет способ, который не требует усилий, – для него это счастье.

С другой стороны, если человек работает в силу важности Царя и испытывает удовольствие от этой великой прерогативы – служить Царю – тогда не может случиться, что он получит награду, не отработав ее. Ведь **его награда – служение Царю**. И это – явный знак того, что человек видит истину – в чем цель его работы: работает ли он в силу награды или в силу величия Творца.

И поселился Яаков
Статья 12, 1985

«И поселился Яаков в земле, где жил отец его, в земле Ханаанской»[259]. Сказано в Книге Зоар[260]: «Рабби Хия открыл речь: "Многочисленны беды праведника, и от всех их спасает его Творец. Однако праведник, пребывающий в трепете перед своим Господином, – сколько же он терпит бед в этом мире, чтобы не верить злому началу и не быть с ним заодно. А Творец спасает его от всех их. Об этом и сказано: "Многочисленны беды праведника, и от всех их спасает его Творец"[261]. Не сказано: "многочисленны беды у праведника", а сказано: "многочисленны беды праведника". Это значит, что терпящий многочисленные беды является праведником, так как Творец желает его, ибо беды, которые он терпит, отдаляют его от злого начала. И потому Творец желает этого человека и спасает его от всех их"».

Следует понять эти слова:

1. Получается, кто терпит «многочисленные беды», тот праведник, а кто не терпит «многочисленных бед», тот не праведник?
2. Почему если человек хочет, чтобы злое начало не было с ним заодно, он обязан терпеть «многочисленные беды»?
3. Сказано: «и потому Творец желает этого человека и спасает его от всех их». Значит, другого человека Творец не спасает? Возможно ли такое?
4. Еще более трудный вопрос: с одной стороны, сказано, что беды, которые терпит человек, отдаляют его от злого начала, а с другой стороны, сказано, что Творец спасает его от всех их. То есть спасает его от «многочисленных бед». Но в таком

---

259 Тора, Берешит, 37:1.
260 Книга Зоар с комментарием «Сулам», гл. «Ваешев», п. 11.
261 Писания, Псалмы, 34:20.

случае человек снова сблизится со злым началом, поскольку исчезла причина, отдалявшая от него?

Объясним же слова рабби Хии. Сказано об этом[262]: «Сказал рабби Шимон Бен-Леви: злое начало берет верх над человеком каждый день, желая погубить его[263], как сказано: «Грешник наблюдает за праведником, желая погубить его, и если бы Творец не помогал ему, сам бы не справился. Сказано об этом: Творец не оставит его в руках *злого начала*»[264]».

В трактате «Сукка»[265] говорится о том же: «Семь имен есть у злого начала. Царь Шломо называл его ненавистником, как сказано[266]: «Если голоден ненавистник твой, накорми его хлебом. Если он жаждет, напои его водой. Ибо горящие угли собираешь ты на голову его, и Творец воздаст тебе». Читай не *воздаст* (ישלים), а *восполнит его* (ישלימנו)».

РАШИ объяснил: «Если твое злое начало голодно и алчет нарушения, накорми его хлебом – обремени его войной Торы, как сказано: «Идите, ешьте мой хлеб»[267]. Напои его водой Торы, как сказано: «Все жаждущие, идите к водам»[268]. И восполнит тебе – твое злое начало будет восполнено тобою, полюбит тебя и не подтолкнет тебя к тому, чтобы прегрешить и исчезнуть из мира».

Чтобы понять вышесказанное, следует знать, что суть злого начала, а иными словами, суть творения, созданного Творцом как сущее из ничего, – это **получающее желание**. Оно представляет собой нечто новое, чего не было до того, как Творец создал творение[269]. А вся работа человека заключается лишь в одном – обратить свою природу, так чтобы всё его желание было устремлено только на отдачу. Но это против его естества, поскольку

---

262 Трактат «Кидушин», 30:2.
263 Писания, Псалмы, 37:32.
264 Писания, Псалмы, 37:33: «Творец не оставит его (праведника) в руке его (нечестивого) и не (даст) обвинить его на суде его».
265 Трактат «Сукка», 52:1.
266 Писания, Мишлэй, 25:21.
267 Писания, Мишлэй, 9:5.
268 Пророки, Йешаяу, 55:1.
269 Предисловия.

человек, по природе своей, должен заботиться лишь о запросах себялюбия и у него нет никакого желания действовать на благо ближних.

И хотя порой мы видим, что человек все-таки делает что-то для других, это возможно лишь, если он видит, что получит оплату за свою работу и его получающее желание будет удовлетворено этим. Иными словами, оплата удовлетворит его себялюбие. А иначе он, по природе, не в силах выйти из сосуда получения.

Однако же чтобы человек был способен совершать действия ради отдачи, не получая никакой оплаты, – это противоестественно. И хотя мы видим, что бывают люди, готовые отдать жизнь за родину, не желая ничего взамен, – причина в том, что родина для них очень важна, и эта важность согласуется также с природой.

Сказали об этом мудрецы: «место очаровывает живущих в нем»[270]. Разумеется, степень очарования бывает разная и не все чувствуют его одинаково. Поэтому есть много добровольцев, идущих в армию, поскольку родина им важна, и в то же время не усматривающих в этом большой опасности, от которой зависит вся жизнь, так как они видят, что многие возвращаются с войны целыми и невредимыми.

Если же иногда появляется неотвратимая смертельная угроза, то они уже не готовы идти на верную смерть, за исключением одиночек, для которых родина важна. Но и здесь замешана оплата: человек думает, что после его смерти все узнают, что он был выдающейся личностью, преданной общему делу и заботившейся об общем благе.

Однако в том, что касается духовной работы, когда человек идет путем истины, он обязан работать скромно, так чтобы не было зацепки для внешних сил. В служении Творцу у человека не должно быть таких зацепок, когда он работает для внешних сил – иными словами, когда окружающие люди знают о его работе. Ведь в таком случае он преданно выполняет свою работу, чтобы окружающие видели в нем выдающегося человека. К тому же,

---

270 Мидраш «Раба», Берешит, 34:15.

это помогает ему, позволяя работать без оплаты, так чтобы окружающие считали, что он бескорыстно служит Творцу. Сам Творец дал эту силу Своим созданиям, потому что «от эгоистического намерения ло-лишма человек приходит к альтруистическому намерению лишма» – и тогда у него не будет никакой помощи извне. Этого он может достичь, если вначале у него было намерение ло-лишма. Однако не следует оставаться в этом намерении.

Сказали об этом мудрецы[271]: «Каждый, кто сочетает работу на отдачу с чем-то другим, искореняется из мира, поскольку сказано: "Только ради Творца"[272]». Иными словами, не должно быть абсолютно никакого вмешательства себялюбия – одно лишь намерение ради Творца. В этом смысл слова *только*.

Однако, в любом случае, здесь следует понять изначальную вещь. Надо проводить различие: предан ли человек делу, чтобы достичь чего-то, пускай даже он получает оплату для всех. Безусловно, это очень ценно, поскольку награду он получает не для себялюбия, а из любви к ближним. Он любит ближних и ради них отдает себя на смерть, чтобы принести благо всем.

Однако если бы у человека был способ достичь того же без самопожертвования – разумеется, он выбрал бы второй вариант. Ведь главное для него – получить награду для всех, и целью является не работа, но то благо, которое он может принести отчизне, – вот что придает ему силы для работы. Поэтому человек не смотрит на средства, позволяющие достичь этого для родины. И если видит, что именно самопожертвованием ради отчизны *он принесет ей благо*, то готов и на это.

С другой стороны, в духовной работе, как мы сказали, человек должен работать «только ради Творца» – иными словами, «без всякой оплаты». Смысл в том, что он готов на самопожертвование без всякой награды, без какого бы то ни было вознаграждения, которое это самопожертвование могло бы породить. Напротив, всё дело в том, что такова цель человека – он хочет отменить

---

271 Трактат «Сукка», 45:2.
272 РАМБАМ, «Книга заповедей», запретительное предписание 1 на основе слов: «Да не будет у тебя иных богов, кроме Меня» (Тора, Шмот, 20:2).

свою сущность перед Творцом, т.е. **отменить** свое желание получать, являющееся реальностью творения, – вот что он хочет отменить перед Творцом, и в этом его цель. Иными словами, **его цель – предать душу Творцу**.

С другой стороны, что касается любви к ближним в материальном мире, хотя это высокая ступень и не все люди способны действовать ради общего блага, однако, в любом случае, самопожертвование – это только **средство**, а не цель. Человек испытал бы большее удовлетворение, если бы мог спасти всех, не жертвуя собой.

Давайте зададим вопрос всем тем, кто добровольно вызывается пойти на войну во благо родины. Что если бы кто-нибудь посоветовал им, как спасти родину, не жертвуя собой? Разумеется, они были бы счастливы. Однако, за неимением иного выхода, они готовы пойти ради всех, чтобы награда досталась общности. В результате человек делает всё возможное, и хотя это создает большую силу, но не имеет никакого отношения к самопожертвованию ради Творца. Ведь там **самопожертвование – это цель**, а то, что возникнет из этого после, целью не является, поскольку человек имел в виду другое. Таким образом, духовное самопожертвование не имеет никакой ценности в сравнении с материальным. Ведь для людей, живущих в материальном мире, самопожертвование – это средство, а не цель. В духовном же всё наоборот: самопожертвование – это цель.

Отсюда понятно, что значит «получать ради отдачи». Вся цель человека – одна лишь отдача Творцу, поскольку это является подобием свойств, по принципу: «как Он милосерден, так и ты милосерден»[273]. Когда человек достигает ступени самопожертвования ради Творца, поскольку хочет отменить себя, чтобы доставить Ему удовольствие, – тогда он видит цель Творца, которая была заложена в замысле творения, – доставить благо Его созданиям. И тогда человек хочет получить благо и наслаждение, заложенные в цели творения – доставить благо Его созданиям.

---

273 Трактат «Шаббат», 133:2.

Это называется «получать ради отдачи». В противном же случае, человек, возможно, хочет получить благо и наслаждение и потому совершает отдачу всем – чтобы иметь возможность насладиться. Это значит «отдавать ради получения». Если же его цель – отдача и он не испытывает ни малейшего желания получить что-либо себе на пользу, но действует «только ради Творца», тогда он может достичь ступени получения ради отдачи.

Касательно самопожертвования, я слышал от Бааль Сулама, что человек должен представлять его себе так, как описано рабби Акивой, который сказал ученикам[274]: «Все дни свои я сожалел об этой строфе: «Всей душой своей[275] – даже если Он забирает твою душу». Когда, – вопрошал я, – мне выпадет выполнить это? И теперь, когда выпало, разве я это не исполню?»

Безусловно, с таким желанием отдачи, когда человек говорит, что хочет получать благо и наслаждение, поскольку такова цель творения, – само собой, его намерение устремлено лишь на получение ради отдачи.

Отсюда мы поймем четыре вышеприведенных вопроса:

Вопрос 1. Из слов Зоара следует, что лишь тот, кто терпит «многочисленные беды», является праведником, а кто не терпит бед, не может быть праведником. Возможно ли такое? Дело в том, что понятие *беды* (רעות) указывает на злое начало (יצר הרע). Иными словами, именно человек, ощущающий злое начало, которое причиняет ему многочисленные беды, не позволяя приближаться к Творцу, – он-то и зовется «праведником». С другой стороны, если человек не чувствует, как злое начало отдаляет его от Творца и причиняет ему беды в этом смысле, то он не считается праведником, поскольку еще не достиг осознания зла – так чтобы ему было больно от этого.

Вопрос 2. Почему если человек хочет, чтобы злое начало не было с ним заодно, он обязан терпеть «многочисленные беды»? Следовательно, нет других вариантов, и он вынужден терпеть беды?

---

274   Трактат «Брахот», 61:2.
275   Тора, Дварим, 6:5. «Люби Творца своего всем сердцем своим, и всей душой своей, и всем существом своим».

Исходя из вышесказанного, это объясняется очень просто: беды подразумевают злое начало. Если человек не чувствует, что злое начало причиняет ему многочисленные беды, то в его глазах оно не считается злым началом, с которым он не хотел бы быть заодно. Напротив, оно представляется человеку добрым началом, несущим ему только благо. Так почему бы не быть заодно с ним? Если же человек видит беды, причиняемые ему злым началом, тогда он не заодно с ним.

Вопрос 3. О терпящем «многочисленные беды» Зоар говорит, что Творец желает этого человека. Значит, кто не терпит бед, того Творец не желает? Возможно ли такое? Ответ в том, что если человек ощущает злое начало, причиняющее ему многочисленные беды, и взывает к Творцу о помощи – такого человека Творец желает. С другой стороны, если человек не чувствует, что злое начало причиняет ему беды, Творец не желает его, так как у него нет никакого сосуда – т.е. желания, чтобы Творец его спас.

Вопрос 4. Если Творец спасает человека от бед, в таком случае человек снова соединится со злым началом? Ответ: спасение, приходящее от Творца, отличается от спасения в материальном смысле. Дело в том, что зло действует в период обратной стороны – в период скрытия лика, когда человек видит, что он под сокрытием. Ведь известно, что малый отменяется перед большим. И, конечно же, здесь, в служении Творцу, человек должен отменять себя перед Творцом, «как свеча перед факелом»[276]. Однако он видит, что его тело не упраздняется, и ему трудно принуждать его, принимая веру выше знания. Тогда человек видит, что тело причиняет ему беды тем, что не желает принимать на себя бремя духовной работы, в результате чего он отдаляется от всего духовного.

Как следствие, вместо того чтобы верить, что Творец создал мир как Добрый и Творящий добро[277], а зло в его теле отдаляет его от всего блага – приходя на учебу, человек не находит в ней никакого вкуса. Аналогично, пытаясь выполнить какое-либо действие

---

276 Трактат «Псахим», 8:1.
277 Трактат «Брахот», 44:1.

отдачи, он не чувствует в этом никакого вкуса, поскольку кроющееся в его теле злое начало, силой не позволяя ему верить в Творца выше знания, тем самым лишает его всякого вкуса. Каждый раз, обращаясь к чему-либо духовному, человек чувствует, что всё сухо и не пропитано даже росинкой жизни.

Однако же когда человек приступал к работе, ему сказали – и он верит в это, – что наука каббала – суть учение жизни, как сказано: «Это жизнь ваша и продление дней ваших»[278], а также: «Вожделенней золота они и множества чистого золота, слаще меда и медовых сот»[279].

Вглядываясь в это, человек видит, что во всем виновно злое начало и что он ощущает как благо то зло, которое оно причиняет ему. И тогда он на себе чувствует то о чем сказано: «многочисленны беды праведника». На себе – иными словами, это сказано о нем.

А затем человек смотрит на то, что эта строфа говорит далее: «…И от всех их спасает его Творец». И тогда начинает взывать к Творцу о помощи. Ведь всё, о чем мог помыслить, он уже сделал – и ничто не помогло. Человек уже думает, что о нем сказано: «всё, что в твоих силах сделать, – делай»[280]. И тогда приходит время спасения – **спасения, когда Творец спасает его от злого начала**, до такой степени, что отныне и далее злое начало уже подчинено ему и не может спровоцировать его на какое-либо нарушение.

Сказано в «Предисловии к Учению десяти сфирот»[281]: «Однако, после того как Творец видит, что человек завершил меру своих усилий и закончил всё, что ему полагалось сделать, силой своего выбора и укрепления веры в Творца, тогда помогает ему Творец, и человек заслуживает постижения явного управления, т.е. раскрытия лика. И тогда заслуживает полного возвращения

---

278 Тора, Дварим, 30:20: «…Чтобы любить Творца твоего, слушать глас Его и сливаться с Ним, ибо Он жизнь твоя и продление дней твоих».

279 Писания, Псалмы, 19:11.

280 Писания, Коэлет, 9:10.

281 Бааль Сулам, «Предисловие к Учению десяти сфирот», п. 54.

(раскаяния), означающего, что он снова сливается с Творцом всем сердцем, всей душою и всем существом, как само собой следует из постижения явного управления».

Там же[282] сказано: «"Что значит **возвращение**? – Пока не засвидетельствует о человеке Знающий тайны, что не вернется больше к глупости своей"[283]... "Что значит возвращение" – иными словами, когда человек будет уверен, что заслужил совершенное возвращение? Для этого дали ему ясный знак: "когда засвидетельствует о нем Знающий тайны, что не вернется больше к глупости своей". То есть когда заслужил раскрытие лика. И тогда избавление человека самим Творцом свидетельствует о нем, что не вернется больше к глупости своей».

В этом ответ на четвертый вопрос: что, если Творец спасает человека от злого начала, чтобы оно не причиняло ему бед? Зоар говорит, что праведник терпит беды для того, чтобы не быть заодно со злым началом. Следовательно, если Творец спасает его, и он видит, что ему не причинят бед, в таком случае он снова будет заодно со злым началом? Ведь причина, по которой злое начало причиняет ему беды, – лишь в том, чтобы он не был заодно с ним. И раз причина отпала, человек вернется в свое прежнее состояние? Однако из того, что мы объяснили, следует: **спасение со стороны Творца – это раскрытие лика**, пока Творец не засвидетельствует, что человек не согрешит. А беды, которые терпит праведник, призваны к тому, чтобы у него была возможность просить Творца. Сказано об этом: «если нет обратной стороны, то нет и лика». Таким образом, когда есть раскрытие лика Творца, всё выстраивается как дóлжно.

---

282 Бааль Сулам, «Предисловие к Учению десяти сфирот», п. 56.
283 РАМБАМ, «Мишне Тора», «Законы возвращения», 2:3.

Оплот спасения моего
Статья 13, 1985

В праздник Ханука мы поем:

«Твердыня, оплот спасения моего,
Тебя подобает восхвалять.
Восстанови дом молитвы моей,
И там мы принесем жертву благодарения».

Песня начинается с восхваления: «Тебя подобает восхвалять»; затем переходит к молитве: «восстанови дом молитвы моей»; а затем снова следуют слова благодарности и хвалы: «там мы принесем жертву благодарения».

Таким образом, здесь имеются три части, подобно порядку молитвы:

1. Три первых благословения молитвы «Амидá» – это хвала и благодарность.
2. Три срединные – просьбы.
3. Три последние – снова хвала и благодарность.

Мы начинаем в настоящем времени: «Тебя подобает восхвалять» – иными словами, благодарим и восхваляем Творца за те блага, которые получили от Него. Сказали об этом мудрецы[284]: «Пускай всегда будет человек воздавать славу Творцу, а потом будет молиться».

Это значит: только если человек верит, что Творец добр и милосерден и желает насладить творения, – у него есть возможность для молитвы. Поэтому сначала необходимо воздать хвалу Творцу. Иными словами, человек сам должен воздать Ему хвалу. Смысл не в том, чтобы Творец увидел, как человек славит Его. Ведь Творец не нуждается в творениях. Напротив, человек сам

---

[284] Трактат «Брахот», 32:1.

должен увидеть славу Творца. А потом он сможет попросить у Него помощи и для себя, поскольку Творцу присуще доставлять благо Своим творениям.

Вот почему после слов «Тебя подобает восхвалять» следует молитва: «восстанови дом молитвы моей». Что такое «дом молитвы»? Сказано об этом: «даже их приведу Я на Мою святую гору и обрадую их в Моем доме молитвы»[285]. *Гора* (һар – הר) означает *раздумья* (һирһурим – ההרהורים). Иными словами, Он даст им помыслы отдачи, и все их раздумья будут только о ней.

«И обрадую их в Моем доме молитвы» – это сердце человека, где будет место для водворения Шхины. Ведь Шхина зовется молитвой, поскольку Малхут, как известно, зовется молитвой, как сказано: «Весь я – молитва»[286].

А после того, как Творец «восстановит дом молитвы моей», тогда – «там мы принесем жертву благодарения». Таким образом, сначала идет хвала, затем молитва, а затем снова благодарность и хвала, подобно порядку молитвы, которую мы завершаем в конце хвалой и благодарностью.

Но что делать человеку, если он хочет начать с восхваления, однако сердце его заперто и, чувствуя себя полным недостатков, он не в силах открыть рот для песни и хвалы? Тогда ему следует пойти выше знания и сказать, что всё – суть скрытое милосердие. Иными словами, всё – милосердие, но скрытое от него, потому что он еще не готов увидеть благо и наслаждение, уготованные Творцом для Своих созданий.

А после того, как человек воздал хвалу Творцу, т.е. верит выше знания, что всё есть благо и милосердие, тогда он должен молиться, чтобы Творец исправил его сердце и оно стало «домом молитвы». Иными словами, чтобы в нем раскрылось милосердие Творца, зовущееся «явным милосердием». И тогда «там мы принесем жертву благодарения». То есть человек воздаст благодарность за то, что заслужил принести в жертву сосуды получения. Это и значит: «там мы принесем жертву благодарения» – за то,

---

285 Пророки, Йешаяу, 56:7.
286 Писания, Псалмы, 109:4.

что заслужили принести в жертву свое получающее желание. А вместо него приходит желание отдачи – «место Храма».

Главное же в том, что, прежде всего, человек должен захотеть принести в жертву получающее желание. А поскольку желание это составляет саму сущность творения, постольку творение любит его, и с большим трудом способно осознать, что следует отменить его, так как иначе невозможно достичь ничего духовного.

В материальном мире мы видим, что у человека есть желания и потребности, которые касаются его самого и произрастают из внутренней сути тела; а также есть желания, которые человек приобретает снаружи, извне собственной сущности. Другими словами, если бы вокруг не было людей, порождающих для него эти нужды, он никогда не почувствовал бы, что ему этого недостает. Только окружающие порождают для него эти потребности.

Например, даже если вокруг нет других людей, человек, со своей стороны, все равно хочет есть, пить, спать и т.п. Если же его окружают другие люди, возникает ощущение стыда, связанное с тем, к чему они его обязывают. Человек обязан есть и пить то, к чему его обязывают окружающие. Особенно это заметно в одежде: дома человек ходит в том, что ему удобно, но, выходя на люди, обязан одеваться так, как среди них принято. Выбора у него нет, поскольку стыд обязывает соответствовать их нравам.

Так же и в духовном. У человека есть собственное глубинное желание, обращенное к духовному. Иными словами, даже в одиночестве, когда вокруг не от кого воодушевиться и почерпнуть какое-либо желание, человек изнутри получает позыв и хочет служить Творцу. Однако это собственное желание, разумеется, не столь велико, чтобы не требовалось усилить его до такой степени, когда оно подвигнет его на дело ради достижения духовной цели. Для этого есть способ, такой же, как и в материальном, – усиливать изначальное желание с помощью окружающих людей, которые обязывают человека следовать их нравам и их духу.

Человек реализует это, присоединяясь к людям, у которых, как он видит, тоже есть духовное устремление. Тогда желания окружающих порождают желание и в нем, благодаря чему он получает сильное устремление к духовному. Иными словами, кроме собственного желания, человек получает и то стремление к духовному, которое порождают в нем окружающие. И тогда обретает большое желание, посредством которого сможет достичь цели.

В этом сущность **товарищеской любви**: каждый из группы, помимо собственного желания, приобретает желание у товарищей. И это – большое достояние, достичь которого можно только посредством товарищеской любви. Однако следует проявлять большую осторожность, чтобы не оказаться среди товарищей, у которых нет желания проверять себя самих, основу своей работы: базируется ли она на отдаче или на получении. Надо видеть, действуют ли они с тем, чтобы встать на истинный путь – путь чистой отдачи.

Только такая группа способна привносить в товарищей желание отдачи. Тем самым каждый получает от товарищей потребность – ему недостает силы отдачи. И где бы он ни был, он жадно ищет: возможно, где-то кто-то даст ему силу отдачи. Поэтому, попав в группу, где все жаждут силы отдачи, каждый получает от других эту силу – что называется, получает силу извне вдобавок к своей собственной малой силе.

А противостоит этому **другая** внешняя сила, от которой нельзя получать никакого содействия, хотя сила эта, которую человек может получить извне, даст ему топливо для работы. Этой силы надо очень остерегаться – чтобы не принять ее. Здесь требуется особая осторожность, потому что тело как раз склонно к тому, чтобы получать для работы силы от людей извне. Это случается с человеком, когда он слышит, как о нем говорят, к примеру, что он добродетелен, или прилежен в учении, или добропорядочен. Или же говорят, что он стремится к правде. Когда человек слышит такие речи с признанием его заслуг, это придает ему силы для работы, поскольку он получает за нее уважение.

Тогда он не нуждается в вере выше знания, силе отдачи и помощи Творца, чтобы это было его топливом. Напротив, он получает топливо от внешних людей – именно они обязывают его вести духовную работу.

В таком случае необходима скромность, одна из причин которой – как раз в том, чтобы не позволять присосаться внешним силам. Поэтому человек должен сохранять скромность, как сказано: «скромно ходить пред Творцом твоим»[287].

«Внешние силы» – это люди, которые вне человека. Они кормятся его работой, поскольку, услышав, что его уважают, человек после этого учится уже для внешних людей, а не для Творца. Он уже не нуждается в том, чтобы Творец приблизил его к служению Себе, – теперь он ведет работу потому, что внешние люди дают ему топливо, чтобы он учился и работал для них. Иными словами, это они обязывают его к работе. Не Творец обязует его служить Себе, а другие обязуют человека работать для них – чтобы они оказывали ему уважение и т.п.

Это все равно что работать для **«чужого бога»**[288]. Иными словами, они предписывают человеку работать за уважение и т.п. оплату, которую они ему дадут взамен духовной работы. Следовательно, если они не знают о его работе и человек не видит, что кто-то смотрит на него, занимаясь тем же, – тогда некому обязать его к работе. Это называется «зацепкой внешних сил». И потому человек должен работать, сохраняя скромность.

Однако скромности в работе недостаточно. Пускай верно, что теперь только Творец обязывает его к духовной работе, но требуется еще кое-что – человек должен работать не ради награды. Это условие носит совершенно иной характер, поскольку оно противоречит нашей природе. Ведь человек создан с естеством, которое представляет собой «желание получать», – а теперь должен работать только ради отдачи, ничего не получая для себя.

Для этого следует искать группу, в которой каждый считает, что надо работать на отдачу. Сила эта в человеке мала, и потому

---

287 Пророки, Миха, 6:8.
288 Писания, Псалмы, 81:10. «Не будет в тебе чужого бога».

человек должен искать людей, которые тоже нуждаются в этих силах. Тогда, благодаря их объединению, каждый может получать силы от других – и только этого ему недостает. А Творец пошлет помощь свыше, чтобы мы смогли идти путем отдачи, что кроется в Его чистом имени.

Я первый и Я последний
Статья 14, 1985

Сказано: «Я первый и Я последний, и кроме Меня – нет Творца»[289]. Известно, что форма работы на пути к цели – слиянию с Творцом – это работа ради отдачи. Однако человек воспитан так, чтобы работать как раз с эгоистическим намерением ло-лишма. Сказал об этом РАМБАМ[290]: «Сказали мудрецы: пускай человек всегда выполняет Тору, даже в эгоистическом намерении ло-лишма – и от него придет к альтруистическому намерению лишма[291]. Поэтому, когда обучают детей, женщин и необразованных людей в целом, то обучают их работать лишь из трепета и ради получения награды. Пока они не наберутся разума и мудрости, раскрывают им эту тайну постепенно и приучают их к этому понемногу, пока не постигнут Творца, не узнают Его и не станут служить Ему из любви».

Поэтому если человек хочет идти к цели – слиянию с Творцом – иными словами, устремлять всё ради отдачи, то сначала он должен ощущать недостаток, т.е. не находить удовлетворения в работе с намерением ло-лишма.

Тогда он начинает искать другую форму работы. Ведь до сих пор он привык выполнять принципы отдачи на базе получающего желания, что и называется «ло-лишма». Теперь же, когда человек должен сменить саму свою основу, на которой выстраивал распорядок всей жизни, – это зависит от того, насколько состояние ло-лишма, в котором он видит неверный путь, не дает ему покоя, так что он не успокоится до тех пор, пока не выйдет из него в состояние лишма.

---

289   Пророки, Йешаяу, 44:6.
290   РАМБАМ, «Мишне Тора», «Законы возвращения», 10:5.
291   Трактат «Псахим», 30:2.

Однако кто в период состояния ло-лишма дает человеку почувствовать, что это всё еще не правильный путь, и что он еще далек от слияния с Творцом? Ведь в то же время, глядя на других, он видит, что все идут этим путем. Почему же он должен быть исключением?

Другая трудность состоит в том, что, глядя на других, человек видит людей более одаренных и более способных к работе, чем он. И эти люди удовлетворяются той формой работы, которую им привили в детстве, когда наставники учили их работать только в намерении ло-лишма, как сказал выше РАМБАМ. Тогда человек видит по себе: хотя «общая беда – наполовину утешение», но он не в силах примириться с состоянием ло-лишма. Как следствие, у него возникает вопрос: действительно ли он менее одарен и менее способен к работе? И почему состояние ло-лишма не дает ему покоя?

Ответ на это таков: «Я первый». Иными словами, Творец дал ему ощущение недостатка, так чтобы человек был не в силах продолжать этот путь. И пусть не думает, что достиг этого собственной мудростью. Напротив, Творец говорит: «Я первый». То есть «это Я дал тебе первый импульс, чтобы ты встал на путь истины. Я вызвал в тебе ощущение недостатка, чтобы ты почувствовал, что тебе недостает истины».

Тогда начинается работа: человек теперь ждет того состояния, в котором он отвергнет себялюбие и все его действия будут только ради отдачи. Этому он должен отдавать все мысли и средства, имеющиеся в его распоряжении, по принципу «всё, что в твоих силах сделать, – делай»[292].

А затем, заслужив слияния с Творцом, человек приписывает это своим усилиям на пути отдачи и преодоления своего себялюбия. Он думает, что заслужил этого лишь собственной работой, проявив большое упорство, и только он был в силах до конца использовать предоставляющиеся возможности, – что и привело его к этому достижению, к успеху, которого он добился.

---

292 Писания, Коэлет, 9:10.

Об этом сказано: «Я последний». Иными словами, «Я был первым, дав тебе ощущение недостатка, – и точно так же Я последний, т.е. Я дал тебе наполнение этого недостатка». Ведь недостаток называется «сосудом», а наполнение – «светом». И поскольку нет света без сосуда – сначала создают сосуд, а потом наполняют его изобилием. Поэтому Творец, прежде всего, дал сосуд – что называется, «Я первый»; а затем дал изобилие – что называется, «Я последний».

Отсюда понятно различие между тем, кто работает на какой-нибудь фабрике в материальном мире, и тем, кто выполняет духовную работу. В мире заведено так, что если работник не трудится, он не получает оплату. Однако наказания за это он тоже не получает. С другой стороны, кто не выполняет духовную работу, т.е. не реализует принципы отдачи, тот получает наказание. Сказали об этом мудрецы[293]: «Десятью речениями был создан мир. Что из этого следует? Разве нельзя было создать его одним речением? Однако же *так сделано*, чтобы взыскать с нечестивцев, которые губят мир, созданный десятью речениями, и щедро вознаградить праведников, которые поддерживают мир, созданный десятью речениями».

Поскольку это уже разъяснено в предыдущих статьях, изложим суть вкратце. «Взыскать с нечестивцев» – здесь имеются в виду их страдания при жизни. Иными словами, когда человек смотрит на нечестивцев в себе – на свое эгоистическое желание – и видит, что сколько бы он ни работал на это желание, такая жизнь не доставляет ему удовлетворения. Насколько он видит и чувствует весь дискомфорт от такой жизни, в той же мере он получает сосуд и потребность в духовном. Ведь дискомфорт, ощущаемый человеком в своей жизни, побуждает его искать место, где он сможет обрести жизнь.

Таким образом, **наказание**, получаемое человеком за то, что он не шел верным путем, не считается возмездием и отмщением за то, что он не желает идти путем Творца, требующим работать

---

293 Трактат «Авот», 5:1.

на отдачу. Наоборот, **это помощь** – его подталкивают к счастью и благу.

Отсюда следует, что при виде наказания нечестивцев, человек сам должен испытать их страдания. Сказано об этом[294]: «Счастлив человек, которого наказываешь Ты». Иными словами, страдания, испытываемые человеком, когда он идет неверным путем, означают, что Творец дал ему сосуд, – что называется, «Я первый».

Однако не всем Он дает ощутить страдания, когда они идут путем ло-лишма. Лишь «кого любит Творец, того наказывает»[295]. Это значит, что человек ощущает в себе вкус нечестивцев, погруженных в себялюбие, и это подталкивает его с пути лжи на путь истины.

Итак, в материальном мире, когда работник не работает, он не получает оплаты, но его не наказывают за то, что он не желает работать. С другой стороны, в духовном, поленившись в работе, человек получает наказание, как сказано: «взыскать с нечестивцев». Однако, по сути, его не наказывают, а поднимают, чтобы он шел верным путем. Это считается не наказанием, а исправлением.

Таким образом, есть два вида исправлений:

1. Путь Торы.
2. Путь страданий.

Однако это называется не «наказанием», а «исправлением», которое приходит к человеку через страдания.

А потом, когда у него уже есть сосуд, называющийся «сосудом отдачи», вместо желания получать для себя, которое было у него ранее, он получает теперь *другое* желание – ждет, чтобы Творец дал ему сосуд, называющийся «желанием отдавать». И когда у человека есть сосуд желания отдачи, тогда он заслуживает того блага и счастья, что заложены в замысле творения – насладить создания Творца. Об этом сказано: «Я последний». Имеется в

---

294 Писания, Псалмы, 94:12.
295 Писания, Мишлэй, 3:12.

виду наполнение: чего недоставало человеку ранее – теперь Творец наполняет все его недостатки.

Однако это относится только к частному Управлению. Иными словами, человек, со своей стороны, должен сказать, что всё зависит от него, поскольку только в мере его преодоления в работе он сможет заслужить цель, для которой создан. Это значит: человек должен верить в вознаграждение и наказание, и вместе с тем, по завершении своей работы, должен сказать, что всё подлежит частному Управлению, – согласно тому, как мы разъяснили выше слова «Я первый и Я последний».

А касательно достижения цели человек должен знать, что главное – устремить все свои дела и помыслы к намерению лишма, как сказано[296]: «Каждого названного Моим именем – во славу Мою сотворил, создал и сделал Я его». Следует понять, что значит «**названного Моим именем** сотворил Я». Выходит, кто не «назван Моим именем», того Творец не сотворил во славу Свою? А также следует понять, что значит «названный Моим именем».

«Названный Моим именем» – это тот, кто относится к Творцу, как сказано: «Исраэль, народ Твой» или «народ Его Исраэль»[297]. Суть в том, что человек относится к Творцу и, в таком случае, должен быть подобен Ему по свойствам, о чем сказано: «как Он милосерден, так и ты милосерден»[298]. Его намерение – только отдача Творцу, все его дела – лишь во славу Его, и он не заботится о собственной выгоде.

Отсюда мы поймём слова «каждый названный Моим именем». Это значит – тот, кто относится ко Мне (Творцу). Это люди, которые говорят, что всё творение Он сотворил лишь во славу Свою, а не для личной выгоды. Тогда человек может отнести себя к Творцу и включается в общность, зовущуюся «народ Его Исраэль», или просто «Исраэль». И тогда он может ощутить то, о чем сказано: «Избирающий народ свой, Исраэль, с любовью»[299].

---

296 Пророки, Йешаяу, 43:7.
297 Эти выражения используются в различных благословениях.
298 Трактат «Шаббат», 133:2.
299 Благословение перед молитвой «Слушай, Исраэль».

Отсюда следует, что человек, должен получить ощущение недостатка, почувствовать, что нуждается в помощи Творца, чтобы «все его дела были ради отдачи». Тогда начинается работа в намерении лишма, и тогда он заслуживает того, о чем сказал рабби Меир[300].

---

[300] Трактат «Авот», 6:1. «Каждый, кто занимается Торой с намерением лишма, удостаивается многого. Более того: весь мир приобретает для него смысл, и раскрывают ему тайны Торы».

И обратил Хизкияу лицо к стене
Статья 15, 1985

Сказано в Книге Зоар[301]: «Рабби Йехуда открыл речь: «И обратил Хизкияу лицо свое к стене, и молился Творцу»[302]». Сказано там же, в комментарии «Сулам»: «Человек должен молиться только у стены, так чтобы не было ничего перегораживающего между ним и стеной, как сказано: "И обратил Хизкияу лицо свое к стене"».

Следует понять, что такое «стена», у которой нужно молиться. А также что это за «перегородка», которой не должно быть. Зоар объясняет там же, в комментарии «Сулам»[303]: «стена – это Владыка всей земли, Шхина».

Таким образом, молиться у стены – значит молиться близко к Шхине. Однако еще не ясно, насколько близко к стене надо быть. И здесь нам объясняют: чтобы не было ничего перегораживающего между человеком и стеной.

Таким образом, смысл понятия перегородки между человеком и стеной в следующем. Как Шхина совершает отдачу низшим, так и человек должен устранять силу получения, чтобы желать лишь одного – совершать отдачу Творцу. В таком случае это называется близостью к стене.

Однако прежде всего надо знать – и наш долг постараться понять это хотя бы в малой мере своего разумения – о чем мы должны молиться. Иными словами, какую потребность считать тем главным, чего нам недостает, и при удовлетворении чего мы уже не испытаем недостатка ни в чем.

---

301   Книга Зоар с комментарием «Сулам», гл. «Ваехи», п. 386.
302   Пророки, Йешаяу, 38:2.
303   Книга Зоар с комментарием «Сулам», гл. «Ваехи», п. 392.

Известно, что главная молитва – о Шхине в изгнании. Но и это требует объяснения. Во многих местах сказано, что главное, о чем нам необходимо молиться, – это поднять Шхину из праха. Толкований есть множество, а то немногое, что мы можем понять, – это Высшее управление. Иными словами, то что человек принимает на себя, когда нет в мире ничего иного, что он ставил бы своей целью, кроме служения Царю не ради награды. Благодаря этому он заслужит слияние с Творцом и сможет тогда доставлять Царю удовольствие по принципу «как Он милосерден, так и ты милосерден»[304]. И будет способен тогда осуществить замысел творения – доставить благо Его созданиям.

Однако у творений нет желания доставить удовольствие Творцу. Ведь они родились с желанием получать, и потому понятие отдачи им совершенно непонятно. Оно словно лежит в пыли, и никто не замечает, что его стоит поднять. Это и называется «Шхина во прахе». Сказано о ней[305]: «Вспомню Творца и устремлюсь к Нему, видя, как каждый город стоит на своем, а город Творца низведен на самое дно».

О понятии «город» сказано[306]: «Маленький город, и людей в нем немного». Ибн Эзра объясняет: ранние комментаторы назвали это аллегорией: «маленький город» – это тело человека, «людей в нем немного» – немного тех, кто обладает силой порождения, служителей души.

Поэтому и здесь следует так же трактовать понятие «город Творца». Когда тело хочет, чтобы Творец водворился в нем – в этом теле, – тогда все его органы сопротивляются этому. В таком случае работа на отдачу – работа ради Творца – представляется абсолютно ничтожной и несет вкус праха. Сказано об этом в проклятии змея[307]: «Проклят ты более всякого скота и всякого зверя полевого. На чреве своем будешь ходить и прах будешь есть все дни жизни своей». Иными словами, что бы он ни ел, во всем почувствует вкус праха.

---

304   Трактат «Шаббат», 133:2.
305   Молитва о прощении (Слихо́т) тринадцати атрибутов милости.
306   Писания, Коэлет, 9:14.
307   Тора, Берешит, 3:14.

Так же и здесь: когда человек начинает работать на отдачу и не видит от этого никакого прока себялюбию, такая работа низка в его глазах, и что бы ни делал, чувствует в этой работе вкус праха. Вот что значит: «город Творца низведен на самое дно».

Если есть перегородка между человеком и Шхиной, т.е. если его работа базируется на себялюбии, то ему кажется, что он на вершине совершенства. С другой стороны, когда человек хочет убрать перегородку между ним и стеной, так чтобы его работа базировалась на отдаче, тогда он чувствует себя низведенным на самое дно, потому что не видит в этой работе возможности получить что-то для своего эгоистического желания. И тогда все его органы противятся этой работе.

Теперь понятно, о чем мы должны молиться. Главным образом, молитва должна быть о Шхине, которая лежит во прахе. Иными словами, работа ради отдачи Творцу видится нам низкой и презренной, и мы просим Его пролить свет, открыть нам на глаза и снять тьму, витающую перед нами.

Вот о чем мы просим. Сказано об этом[308]: «Поднимающий из праха бедняка, из сора возвышающий нищего». Известно, что Шхина зовется «бедной и нищей», как сказано в Книге Зоар: она лежит во прахе – из сора возвысит нищего. Имеются в виду те, кто желает слиться с Творцом. Они чувствуют себя униженными и не видят никакой возможности выбраться из этой трясины. И тогда просят Творца, чтобы Он поднял их.

Когда тело людей согласно с работой, базирующейся на эгоистическом желании, а об отдаче у них нет никакого представления, тогда их работа ведется в гордыне: они горды тем, что служат Творцу, тогда как другие низведены на дно. Ведь в других они всегда видят недостатки.

С другой стороны, люди, идущие путем истины, т.е. желающие достичь отдачи, чувствуют себя низкими, поскольку видят: «если Творец не поможет человеку – сам не справится»[309]. Как следствие, они не видят в себе никаких достоинств, возвышающих их

---

308 Писания, Псалмы, 113:7.
309 Трактат «Кидушин», 30:2.

над другими. Такие люди называются «низкими», поскольку они хотят подключиться к отдаче, которая низка. Такова еще одна причина, по которой они зовутся низкими.

И тогда они могут сказать: «Высок Творец, велик и грозен. Принижает гордых до земли и возносит низких до небес»[310]. Тем самым они говорят: что раньше было принижено, то сейчас высоко и возвышенно, велико и грозно. Они чувствуют теперь: что раньше было работой в себялюбии, т.е. в гордыне, когда они кичились такой работой, – теперь стало низким, потому что они стыдятся работать для себялюбия.

Но кто дал им силы ощутить это? Их дал Творец. И потому человек говорит тогда: «Принижает гордых до земли». А работа на отдачу, ранее казавшаяся низкой, – эта работа возвышается теперь в глазах человека над всем остальным. Кто же сделал это для него? Только Творец. И тогда человек говорит: «Возносит низких до небес».

Смысл понятия «Шхина в изгнании»: человек должен почувствовать, что она в изгнании. Человек зовется «маленьким миром»[311], он состоит из «семидесяти народов», а категория «Исраэль» в нем изгнана. Иными словами, народ Исраэля в нем порабощен народами мира и никак не может действовать себе на пользу – но только для них. Народ Исраэля (ישראל) устремлен **прямо к Высшему** (ישר-אל) – хочет совершать отдачу Творцу. Они же хотят работать ради получения, что и называется **народами мира**.

Отсюда объясним слова: «Когда Исраэль в изгнании, Шхина с ними»[312]. Иными словами, если сыновья Исраэля находится в изгнании, т.е. не могут сделать ничего в категории **«прямо к Высшему»**, тогда «Шхина с ними» – она тоже изгнана и как будто не может властвовать над ними, поскольку они как бы властвуют над ней. Об этом сказал царь Давид[313]: «Не нам, Творец, а имени Твоему дай славу – ради милости Твоей, ради истины Твоей.

---

310   См. благословение после молитвы «Слушай, Исраэль».
311   Книга Зоар с комментарием «Сулам», гл. «Берешит», ч. 1, п. 121.
312   Трактат «Мегила», 29:1.
313   Писания, Псалмы, 115:1-3.

Отчего говорить народам: «Где же их Творец?» А Творец наш – на небесах. Всё, чего желает, делает».

Согласно этому, следует объяснить: когда мы просим Творца, чтобы Он помог нам выйти из изгнания, и говорим: «не нам» – имеется в виду наше получающее желание. Иными словами, мы хотим, чтобы наши мысли, желания и дела были не для нашего получающего желания, когда вся важность придается народам мира.

Напротив, «имени Твоему дай славу» – чтобы Шхина не была в изгнании, во прахе, но чтобы была открыта слава Творца – что называется: «Возвеличится и освятится имя Его великое»[314]. В этом смысл слов «отчего говорить народам» – т.е. народам мира в человеке. Они говорят: «Где же их Творец?» – т.е. противятся вере сыновей Исраэля, чья работа ведется в разуме и сердце, тогда как вся работа **народов** ведется внутри знания.

Однако «Творец наш – на небесах». Иными словами, именно выше знания – что называется, «на небесах», выше нашего разума. Почему же **Творец** сделал так, что наша работа ведется выше знания? Мы не говорим, что Он не мог сделать иначе, – однако: «всё, чего желает, делает». Он понимал, что работа выше знания – лучший путь для достижения цели, чтобы мы смогли получать благо и наслаждение, но вместе с тем оставались в намерении ради отдачи, а не ради собственной выгоды.

Теперь объясним слова: «ради милости Твоей, ради истины Твоей» в нашей молитве, когда мы просим: «Имени Твоему дай славу». «Ради милости Твоей» – смысл в том, чтобы на нас пролилось свойство милости и у нас были силы идти в этом свойстве, что представляет собой сосуды отдачи. Достигнув подобия свойств, мы сможем затем получить благо и наслаждение – что называется свойством истины, как объясняет «Учение десяти сфирот»[315]: «Поэтому раскрытие Его управления называется "истиной", так как это Его подлинное желание. А всевозможные скрытия призваны лишь раскрыть эту истинность в Его управлении – желание

---

314 Слова молитвы Кадиш.
315 Бааль Сулам, «Учение десяти сфирот», часть 3, «Внутреннее созерцание», п. 209.

доставить благо Своим созданиям. И потому это исправление в Зеир Анпине называется "истиной"». В этом смысл слов «ради истины Твоей».

Чем более изнуряли его
Статья 16, 1985

Сказано[316]: «По мере того как изнуряли его, он преумножался и разрастался, так что опасались сыновей Исраэля». Объясним смысл этой строфы. «По мере того как изнуряли его», т.е. насколько его изнуряли, настолько «он преумножался и разрастался». Это выглядит условием: преумножение и разрастание в работе невозможно, пока нет предварительной базы из страданий.

Чтобы понять это, следует знать нашу первооснову – иными словами, в чем наша суть. Как разъяснено в Предисловиях, она представляет собой лишь наше получающее желание. И, разумеется, когда оно наполняется желаемым, это наполнение не считается работой, поскольку работа – это то, за что получают вознаграждение.

Говоря иначе, работой называются действия, от которых человек готов отказаться и которые он производит лишь по безвыходности, поскольку стремится получить некую оплату. Таким образом, оплата – это то, к чему он стремится и к чему обращено всё его желание. А настоящее стремление – когда это затрагивает его сердце настолько, что он говорит: «Лучше смерть, чем такая жизнь»[317], если не имеет возможности достичь желаемого. Следовательно, если человек не испытывает мучений и боли в отсутствие того, к чему он стремится, – это не считается стремлением. Его стремление измеряется именно степенью страданий.

Отсюда следует, что если человек хочет получить какое-либо наполнение, сначала ему необходимо ощущение недостатка. Ведь нет света без сосуда, и невозможно наполниться чем-то,

---

316 Тора, Шмот, 1:12.
317 Пророки, Йона, 4:3.

если нет потребности. Например, человек не может есть без аппетита или наслаждаться отдыхом, не устав.

Поэтому человек не испытывает страданий от того, что **египтяне** в его теле удручают его, – а страдает только если не желает слушаться их, предпочитая идти путем, который их не устраивает. Ведь корень получения в человеке, называющийся «себялюбием», – это категория **Египта**. Есть много народов, в целом называющихся «семьюдесятью народами», которые противостоят отдаче. Они представляют семь сфирот, а всякая категория состоит из десяти. Отсюда число семидесяти народов, и у каждого из них – свое особое желание, свойственное его категории.

Клипа́ Египта – это общая клипа, куда упали искры отдачи, которые народ Исраэля, бывший в Египте, должен был исправить. Поэтому сначала нужна боль и мучения от того, что *сыновья Исраэля* не могут выйти из-под власти *египтян*, как сказано: «И застенали сыновья Исраэля от работы, и возопили, и поднялся вопль их от работы к Творцу. И услышал Творец их стенание»[318].

Неслучайно дважды сказано: «от работы». Следует объяснить, что все стенания были от работы – оттого что они не могли работать ради отдачи. Они страдали, не будучи в силах действовать на отдачу из-за клипы Египта. И потому дважды сказано «от работы»:

1. У всех их стенаний была одна причина, и недоставало им лишь одного. Они не желали никаких излишеств и никакой оплаты, а единственный недостаток, из-за которого они испытывали страдания и боль, состоял в том, что они ничего не могли сделать ради отдачи. Говоря иначе, они хотели бы, чтобы у них было желание доставить удовольствие Творцу, а не себе, – и не могли прийти к нему. И об этом сожалели. Таким образом, они хотели хоть немного ухватиться за духовное.

---

318   Тора, Шмот, 2:23-24.

2. Второй раз сказано «от работы» – касательно того, что «поднялся вопль их к Творцу». Он услышал их стенание потому, что они просили лишь работы. Именно на это намекает вторичное употребление слов «от работы».

Таким образом, всё изгнание, которое они ощущали, было вызвано только тем, что они находились под властью клипы Египта и ничего не могли сделать ради одной лишь отдачи.

Сказано в Книге Зоар[319]: «Сказал рабби Йехуда: приди и узри, что это так. Как сказал рабби Йеошуа де-Сахнин, всё то время, пока была дана их правителю власть над Исраэлем, не были услышаны стенания Исраэля. Когда же пал их правитель – как сказано, «умер царь Египта»[320] – сразу же: «застенали сыновья Исраэля от работы и возопили, и поднялся вопль их к Творцу». Но до того часа они не получили ответа на свои стенания».

Это дает основание сказать, что если не пришло время низложить правителя Египта, то нет возможности для выбора, чтобы они раскаялись и смогли выйти из изгнания. Ведь сказано[321]: «"в течение тех многочисленных дней"[322] – которые были многочисленными для пребывания Исраэля в Египте, пока им не настал конец. И когда подошел конец их изгнанию, сказано: "умер царь Египта". Смысл в том, что правитель Египта был низвержен со своей высоты и пал от своей гордыни. И потому сказано о нем: "умер царь Египта", так как падение считается для него смертью. И когда пал царь Египта, т.е. их правитель, вспомнил Творец об Исраэле и услышал их мольбу».

Книга Зоар задает вопрос о строфе: «В невзгодах твоих, когда постигнут тебя все эти предсказания»[323]. Следовательно, пока не сбудутся все эти предсказания, невозможно достичь совершенства? Тем самым мы даем основание и повод к тому, что всё, что они должны пережить, можно пройти согласно ощущению

---

319   Книга Зоар с комментарием «Сулам», гл. «Шмот», п. 341.
320   Тора, Шмот, 2:23.
321   Книга Зоар с комментарием «Сулам», гл. «Шмот», п. 340.
322   Там же.
323   Тора, Дварим, 4:30.

страданий. Вне зависимости от времени и количества страданий – лишь в степени ощущения.

Понять это можно на примере. Допустим, человек должен приложить усилия в 1 кг, что соответствует тысяче грамм страданий. И тогда за это придет оплата, как сказали мудрецы: «по страданию – платеж»[324]. Иными словами, усилия, которые человек должен проявить, прежде чем получит вознаграждение, вызваны тем, что нет света без сосуда, так как нет наполнения без ощущения недостатка. Усилия, прилагаемые человеком, готовят его к ощущению недостатка, чтобы потом он смог получить в него наполнение.

Допустим, человек может выдать тысячу грамм потребности порциями, представляющими количественные и качественные детали восприятия.

Скажем, каждый день по десять минут человек может прилагать усилия – сожалеть о том, что он далек от Творца. Или же он может сожалеть об удаленности от Творца десять минут в неделю. Или десять минут в месяц он помнит, что далек от Творца, и в это время сожалеет.

А кроме того, есть **качество страданий**, вызванных сожалением, когда человек вспоминает, что он далек от Творца. Допустим, хотя ему и больно от этого, но не беда – от устремления к другим вещам ему больнее. То есть надо давать себе отчет также по качеству.

Следовательно, у человека есть выбор, хотя он и должен пройти весь процесс усилий и страданий до конца, пока не придет к состоянию «возвратишься ты к Творцу своему, и будешь слушаться голоса Его»[325].

Итак, у человека есть выбор, чтобы сократить длительность процесса страданий. Он может добавлять время – что называется **количеством**, а также может добавлять **качество** – ощущение страданий от того, что он далек от Творца.

---

324   Трактат «Авот», 5:23.
325   Тора, Дварим, 4:30.

Однако следует знать, что количество и качество различаются по способу реализации. Что касается количества времени, человек может установить расписание: сколько времени он выделяет себе, пускай даже принудительно. Иными словами, пусть тело не желает сидеть на протяжении выделенного человеком времени, когда он должен несколько минут или часов сидеть, сожалея о своей отдалённости от Творца, – если у него есть сильное желание и он не слабохарактерен, то сможет сидеть и реализовывать назначенный себе порядок. Ведь речь идёт о действии, а к действию человек в силах себя принудить.

Что же касается качества, это очень трудно. Ведь человек неспособен принудить себя к тому, чтобы чувствовать не то, что он чувствует. Следовательно, если он проверяет степень своего ощущения – в какой мере он испытывает боль и страдание из-за отдалённости от Творца, – то иногда бывает так, что ему всё равно. В таком случае человек не знает, как быть, поскольку не может изменить ощущение, которое испытывает. И тогда он в смятении.

Отсюда проистекает длительность изгнания – нам трудно выдать требуемое количество и, тем более, качество. Когда человек приступает к самоотчёту, измеряя качество своей потребности, и видит, что ему не больно и что, напротив, он находится в бессознательном состоянии, без чувств, и хотя в отдалении от Творца у него нет жизни, но ему от этого не больно, тогда есть лишь одно средство – молитва к Творцу: пусть даст ему немного жизни, чтобы почувствовать себя опасно больным, нуждающимся в исцелении души.

А порой человек падает столь глубоко, что у него нет сил даже взмолиться об этом. Напротив, ему всё безразлично. Это означает, что он оказался в **неживом** состоянии, – иными словами, в нём нет никакого движения.

В таком состоянии помочь ему может только окружение. Иными словами, человек вступает в группу товарищей, не подвергая их никакой критике, не проверяя, есть ли и у них такие же помехи и мысли, которые они преодолевают.

Если человек сомневается: может быть, они просто-напросто не заинтересованы в самоотчете и потому способны реализовывать принципы отдачи? «Разве можно уподобляться им?» В таком случае человек не может получить от группы никакой помощи – ведь он никак не соединен с другими, поскольку они слишком малы, чтобы быть его товарищами. И, само собой, они не оказывают на него никакого влияния.

С другой стороны, человек может вступить в группу не с гордо поднятой головой, считая себя умным, а товарищей глупыми, но отбросить свою гордыню по принципу «бедность следует за бедным»[326]. Ведь мало того, что он в падении и не испытывает недостатка в духовном, – вдобавок к нему приходят горделивые мысли, как будто он умнее всей своей группы.

Теперь вернемся к первому вопросу. Сказано в Книге Зоар: «Когда подошел конец их изгнанию – умер царь Египта, так как падение считается для него смертью. И когда пал царь Египта, т.е. их правитель, вспомнил Творец об Исраэле и услышал их мольбу». Следовательно, есть основание полагать, что никакая молитва не поможет, пока не настанет время. А раз так, ничего не поделаешь, ведь Творец не услышит их мольбу?

Из вышесказанного поймем эти вещи как есть. Тот же вопрос подняли мудрецы, трактуя строфу «Я, Творец, в свой срок ускорю это»[327]. И пояснили: «удостоятся – ускорю, не удостоятся – в свой срок»[328]. Иными словами, когда наступит время, тогда от Творца придет пробуждение, благодаря которому сыновья Исраэля раскаются (*букв.* вернутся). Таким образом, выбор относится к времени, как сказано в «Предисловии к Книге Зоар»[329].

Из вышесказанного следует, что человеку не следует рассуждать о сроке избавления. Сказано, что до тех пор их мольба не была принята, – и речь идет о сроке, зависящем от количества

---

326 Трактат «Бава кама», 92:1.
327 Пророки, Йешаяу, 60:22.
328 Трактат «Санэдрин», 98:1.
329 Бааль Сулам, «Предисловие к Книге Зоар», п. 16.

и от качества страданий. Есть определенное время, за которое страдания завершатся, однако мы можем сократить это время. Это значит: страдания раскроются во всем своем количестве и качестве, – а мы можем сократить их, так что все они придут за короткое время, но раскроются полностью.

Узнай и прими сердцем
Статья 17, 1985

Сказано в Книге Зоар[330]: «Рабби Эльазар открыл речь: "Знай же отныне и возложи на сердце свое, что Творец – Всесильный"[331]. И спросил: следовало бы сказать в этом изречении: "Знай же отныне, что Творец – Всесильный", а в конце: "и возложи на сердце свое". Ибо знание того, что Творец – Всесильный, приводит человека к возможности возложить это на сердце. И ответил: однако же Моше сказал этим: если ты хочешь быть настойчивым и познать, что "Творец – Всесильный", **тогда** «возложи на сердце свое». Ведь узнать, что "Творец – Всесильный", можно только возложив это на сердце. Поэтому и сказано сначала: "возложи на сердце свое" – чтобы познать благодаря этому, что "Творец – Всесильный"».

Следует объяснить это в контексте духовной работы. Ее порядок не таков, как обязывает разум, согласно подходу народов мира: сначала «услышим» – потом «сделаем». Наоборот: сначала «сделаем» – потом «услышим». Так сказал народ Исраэля: «Сделаем и услышим»[332]. И сказали мудрецы[333]: «Когда сыновья Исраэля решили сначала сделать, а потом услышать, раздался голос и сказал им: "Кто открыл моим сыновьям эту тайну, которой пользуются ангелы служения?"» Следовательно, сказав «сделаем и услышим», они уподобились ангелам-служителям, а не людям. Следует понять, в чем тут смысл.

«Ангелом» называется посланник. Есть два вида ангелов:

1. Те, которым неважно, чтó именно отправитель поручил им сделать. Их не интересует, в чем суть дела. Например, кто-то дает кому-то пакет, чтобы передать другому. Неважно, чтó

---

[330] Книга Зоар с комментарием «Сулам», гл. «Ваэра», пп. 89-90.
[331] Тора, Дварим, 4:39.
[332] Тора, Шмот, 24:7.
[333] Трактат «Шаббат», 88:1.

находится в пакете, и какова связь между отправителем и посыльным. Если он хочет выполнить распоряжение отправителя, то охотно делает это. И, разумеется, посыльный получает какую-то оплату за свое действие. Тем самым он обслуживает заказчика ради вознаграждения.

2. Иногда, если отправитель – важная персона, то вознаграждение посыльного заключается в том, что он удостоился обслужить большого человека. Тогда ему не нужно взамен никакой награды. В этом случае посыльный не заинтересован и не нуждается в том, чтобы знать о связи между отправителем посылки и ее получателем. А также у него нет нужды знать, что́ это за посылка, т.е. что находится в пакете, который он получает от отправителя, чтобы доставить адресату.

Это и значит **«сделаем»** – как посыльный. Ничто нас не интересует, потому что мы хотим услужить Царю, чтобы Ему было приятно. А удовольствие наше состоит в том, что Он предоставляет нам возможность услужить Ему. Это и есть категория «ангела», т.е. посланника.

А понятие **«услышим»** означает, что человек уже слышит и понимает всё дело, во всех отношениях. Иными словами, в этом случае он не зовется ангелом-посланником, а сам становится получателем подарка от отправителя. Это уже отношения не «посланника и отправителя», а «получающего и дающего». Ведь человек сам знает, что́ находится в пакете, – поскольку дающий хочет, чтобы он получил этот пакет и увидел важность подарка, который он вручает ему.

Отсюда можно объяснить слова «возложи на сердце свое». Они означают: «сделаем» – веру выше знания. А затем можно заслужить категорию «Творец – Всесильный», что значит: «услышим».

Категория дела означает действие в потенциале, когда у человека нет никакого ответа на то, о чем спрашивает тело. Он видит, что тело задает правильный вопрос, на который нечего ответить. И тогда нет места для дискуссии – ведь оно задает правильные вопросы. В таком случае есть лишь один ответ – выше знания. Иными словами, хотя тело противится всем действиям, которые человек хочет совершать ради отдачи, все равно он должен сказать: «Одно доброе дело влечет за собой другое»[334].

Лишь одно доброе дело остается за человеком постоянно – обрезание, которому, **по выполнении**, тело уже не может сопротивляться. Поэтому, если человек способен радоваться хотя бы одному, выполняя веление Творца, и если он думает о реализации этого веления, о чем у тела нет никакого суждения, – тем самым он может сам вновь пробудить в себе категорию действия и вновь работать с той же энергией, как до падения.

Однако следует знать, что всякий подъем – это нечто новое. Иными словами, поднимаясь, человек не попадает в прежнее состояние, но всегда оказывается в новом, как известно из слов АРИ: «Ни один день не похож на другой, ни одно мгновение не похоже на другое, и человек не может исправить то, что исправит другой»[335].

Отсюда объясним слова мудрецов[336]: «Когда Давид вошел в купальню и увидел себя стоящим нагим, он сказал: «Горе мне, что стою нагим без добрых дел». Когда же вспомнил об обрезании на его плоти, успокоился. И после того, как вышел, воспел его в псалме для восьмиструнной лиры[337] – в честь обрезания, сделанного на восьмой день».

Объясним, что такое «купальня». Когда человек приходит очиститься, состояние очищения называется «купальней». Тогда он смотрит на себя: насколько он преуспел на духовном пути в реализации намерения ради отдачи. И видит себя нагим – в том, что касается прошлого. А потом, глядя на настоящее, видит, что и сейчас он не желает ничего делать для отдачи. Об этом и сказано: «Горе мне, что стою нагим без добрых дел».

«Когда же вспомнил об обрезании на его плоти, успокоился». Ведь при обрезании у него не было никаких чуждых мыслей, поскольку младенческий разум не участвовал в этом. На основе

---

334 Трактат «Авот», 4:2.
335 Хаим Виталь, «Древо жизни», 3:2.
336 Трактат «Минхот», 43:2.
337 Писания, Псалмы, псалом 12.

обрезания он и начинает сейчас выстраивать весь порядок своей работы – так чтобы она тоже велась выше знания.

«И после того, как вышел, воспел его». Иными словами, после того как вышел из своего состояния – во время подъема, означающего выход из купальни, – уже очистившись, «воспел его в псалме». То есть на этой основе, лежащей выше знания, он выстраивал всё здание отныне и далее, поскольку первое его доброе дело было выше его знания.

Отсюда следует объяснить, что значит «увидел себя стоящим нагим». Смысл в том, что у него нет никакого желания действовать на отдачу. А раз так, он лишен сейчас всякой связи с духовным, поскольку тело сейчас противится всему духовному. «Когда же вспомнил об обрезании на его плоти» – этому тело уже не может противиться. Даже те, кто обрезал себя, хотя и обладали свободой выбора во время обрезания, но тогда они были на подъеме и иначе не сделали бы этого, а потом, во время падения, у них уже нет свободы выбора в обрезании.

Однако же к женщинам обрезание не относится – как же им совершать преодоление? Это возможно благодаря поручительству, как сказано: «Исраэль – поручители друг другу»[338].

Это веление Творца отпечаталось, буквально, на его плоти, т.е. в теле, и не относится к практическим указаниям, которые выполняются вне тела. И Давид «успокоился» – поскольку даже в состоянии такого падения он всё еще связан с велениями Творца. Это предоставляет ему возможность выстроить свое здание отдачи и сказать телу: «Ты не можешь довести меня до полного отчаяния».

«Но разве ты не видишь: ты совершенно оторван от принципов отдачи, у тебя нет ни малейшего желания. И после этого ты еще мечтаешь о том, что Творец действительно приблизит тебя больше, чем других? Ты же видишь, что ты хуже других. Откуда ты набрался такой наглости – думать, что Он приблизит тебя к пути истины – к отдаче без всякого получения, – в то время как

---

338 Мидраш «Сифра», 26:37.

ты видишь, что твое тело не согласно реализовывать принципы отдачи даже с намерением ло-лишма».

Ответ на это таков: Творец преднамеренно оставил знак на твоем теле, дабы ты мог показать: еще есть то, что связывает тебя с Ним, – обрезание, которое ты не можешь отменить. Сказано об этом: «не будет отторгнут от Него отверженный»[339] – но все приблизятся к Творцу.

Поэтому Давид успокоился, начав выстраивать всё свое знание на обрезании в своей плоти. Это и есть обрезание, данное в восьмой день, ибо Бина зовется «восьмой», что означает покрытые света́ хасадим – выше знания.

---

[339] Пророки, Шмуэль, II, 14:14.

Обвинители
Статья 18, 1985

Сказано в Книге Зоар[340]: «Рабби Йехуда открыл речь: «"Счастлив народ, умеющий трубить"[341]. Насколько нужно людям держаться путей Творца и соблюдать принципы Торы, чтобы удостоиться с ее помощью будущего мира, и чтобы спасти их от всех обвинителей наверху и внизу. Ведь как есть в мире обвинители внизу, так же находятся обвинители и наверху, готовые возводить вину на людей»».

Следует понять, что́ представляют собой обвинители внизу. Касательно тех, которые наверху, мы понимаем: если хотят что-то дать человеку, то выступают обвинители и возводят на него вину, говоря, что не стоит давать ему этого. Однако касательно тех, которые внизу, возникает вопрос: перед кем они обвиняют человека?

Следует объяснить, что обвинители выступают перед самим человеком. Если человек хочет идти путем, поднимающимся к отдаче Творцу, тогда приходят обвинители и говорят ему: «Путь отдачи – это не для тебя. Он подходит только для избранных людей с особыми задатками, одаренных, смелых, сильных, способных на преодоление и т.п. Но не для тебя, потому что ты лишен выдающихся качеств. А раз так, лучше тебе следовать принципу «в народе своем я живу»[342] – идти общим путем, не пытаясь быть исключительным».

В ответ на это рабби Йехуда приводит нам строфу: «счастлив народ, умеющий трубить». Как объяснил РАШИ, это значит: умеющий угождать своему Создателю. Чем же они угождают Ему?

---

340 Книга Зоар с комментарием «Сулам», гл. «Бо», п. 1.
341 Писания, Псалмы, 89:16.
342 Пророки, Мелахим, II, 4:13.

Тем, что Он дает им изобилие. Рабби Йехуда объясняет это: «нужно держаться путей Творца и соблюдать принципы Торы».

Следует понять, что такое «пути Творца». Об этом сказано: «мысли Мои – не ваши мысли, и пути Мои – не ваши пути»[343]. Иными словами, только поднявшись выше знания человек может идти путями Творца. Если же идти в знании, то само тело обвиняет и порицает человека, давая ему понять, что путь отдачи Творцу – не для него.

Отсюда мы поймем слова[344]: «Подкупа не принимай, ибо подкуп ослепляет зрячих и извращает слова правых». Мы видим, что когда человек анализирует порядок своей работы и видит предъявляемые ему условия, то приходит к выводу, что не в его силах принять этот путь работы на отдачу – по двум причинам:

1. Он не уверен на сто процентов в оплате за работу, так как не видит тех, кто уже получил награду, ради которой прилагал усилия. Оценивая людей, человек видит, что они взвалили на себя условия работы и действительно прикладывают много сил. Однако он не замечает по ним, что они уже получили вознаграждение за свою работу. И если он спрашивает себя, почему, на самом деле, они не получили оплату, то находит отличное оправдание: кто выполняет условия работы, тот, разумеется, получает оплату, – а они хотя и приложили большие усилия, но не сто процентов того, что от них требуется. Поэтому они находятся в таком состоянии, когда Творец, по их мнению, отстраняет их (от работы, поскольку они считают себя правыми в том, что работа на отдачу не для них).

2. Тогда у человека возникает второй вопрос: кто знает, окажется ли он способнее их и сможет ли на все сто процентов выполнить требуемые условия, чтобы его приблизили к слиянию с Творцом?

По обеим этим причинам, человек приходит к заключению о том, что он стопроцентно прав, не желая принимать этот путь, строящийся на вере выше знания и на базе отдачи. Он настолько

---

343   Пророки, Йешаяу, 55:8.
344   Тора, Шмот, 23:8.

убежден в своей правоте, что уверен: никто не может подвергнуть его критике за то, что он не хочет идти этим путем.

Как следствие, появляется вопрос: люди, вставшие на эту стезю и принявшие на себя обязанность идти путем отдачи, – как они преодолели все эти вопросы? Ведь, само собой, когда человеку говорят: «Иди, старайся, но не ради награды» – все эти вопросы сразу же поднимаются в нем и не дают покоя. А раз так, откуда взять силы, чтобы выйти из вопрошающего состояния, которое называется «преступными водами»[345]?

Есть лишь один способ – пойти выше знания и сказать: пускай я вижу, что прав и что должен идти путем, которым идут все, – но истина не в том, что мне видится. Лишь тот, чьи глаза открыты, может видеть истину. А чьи глаза не открыты, неспособен ее видеть. Поскольку человек, задавая все эти вопросы, подкуплен своим получающим желанием и смотрит, какой прок из этого выйдет для него, постольку он уже неспособен видеть истину. Об этом и сказано: «Подкупа не принимай, ибо подкуп ослепляет зрячих».

Таким образом, не следует человеку считать себя правым согласно тому, что он видит. Ведь он подкуплен получающим желанием, и потому глаза его не открыты, чтобы видеть истину. Напротив, он должен сказать: «Хотя я слышал все твои правильные вопросы, но сейчас я не готов отвечать тебе. После того как я обрету желание отдачи, глаза мои будут открыты, и тогда, если ты обратишься ко мне со всеми своими вопросами, конечно же, я дам тебе верные ответы.

Ну а сейчас у меня есть лишь одно средство – идти выше знания. Ведь всё, что я вижу разумом, предвзято. И я понимаю: пускай все мои расчеты представляются мне верными – следует сказать об этом: «извращает слова правых». Я неспособен видеть, с кем правда, полагая, что работа на отдачу – это не про меня, а я «в народе своем живу», как все, кому достаточно соблюдать принципы Торы. Они говорят: «Что на меня возложено, то я и делаю. Намерения – для тех, кому их недостает. Я же не чувствую,

---

345 Писания, Псалмы, 124:5.

что должен быть умнее всех. Наоборот, я тоже довольствуюсь малым». Об этом и сказано: «извращает слова правых» – но я иду выше знания».

Здесь дело в том, насколько важна «чистота», о которой говорится во всех книгах. Человек должен быть чист, перед тем как выполнять любой принцип отдачи. О чистоте Бааль Сулам сказал: человек должен быть осторожен, чтобы всё оставалось на стороне истины и никакая ложь не примешивалась бы к ней.

И еще сказал: в материальном люди по-разному соблюдают чистоту. Некоторые тщательно следят, чтобы на их одежде не было никакой грязи. Другие же следят за этим не столь тщательно и удаляют грязь лишь тогда, когда она становится заметна. Иными словами, это зависит от степени отвращения, которое человек испытывает к грязи.

Так же и в духовном: каждый отличается от других, и дело зависит от того, в какой мере человеку отвратительна ложь. **Насколько она нестерпима для него, настолько он приближается к пути истины.**

И еще сказал: следует знать, что для души эта грязь несет настоящий вред. Поскольку душа вечна, постольку человек должен очень остерегаться лжи, а его истина должна быть чиста от любой грязи обмана.

Отсюда понятны слова мудрецов[346]: «Сказал рабби Хия Бар-Аба от имени рабби Йоханана: всякий ученик мудреца, запятнавший свою одежду, подлежит смерти, как сказано (от имени Торы): «все из ненавидящих меня любят смерть»[347]. Читай не *ненавидящих меня* (משנאי), а **вызывающих ненависть ко мне** (משניאי)». РАШИ объясняет: «вызывающие ненависть ко мне» делают себя отвратительными в глазах созданий, и те говорят: «Горе изучающим Тору, которые отвратительны и презренны». Тем самым они вызывают ненависть к Торе.

---

346   Трактат «Шаббат», 114:1.
347   Писания, Мишлэй, 8:36.

На первый взгляд, трудно дать этому простое объяснение. Если у человека запятнана одежда, он сразу же заслуживает смерти? А доказательством приводится строфа: «все из ненавидящих меня любят смерть». Это тоже надо понять: если человек относится к категории «ненавидящих меня», значит он любит смерть?

Выше мы объяснили понятие «чистоты»: человек должен быть чистым – так чтобы в нем не было примеси лжи, когда он хочет идти путем истины. Ведь истиной зовется намерение ради отдачи, «лишма». Сказал об этом РАМБАМ[348]: «Кто работает из любви, тот выполняет принципы Торы и следует путями мудрости не из-за чего-либо мирского, не из страха перед невзгодами и не для того чтобы унаследовать благо. Напротив, **он претворяет истину, потому что это истина**, и благо в итоге приходит благодаря ей».

Следовательно, «запятнанная одежда» указывает на следующее: те облачения, в которые мы получаем благо и жизнь, должны быть чисты от всякой примеси себялюбия – целиком лишь ради отдачи.

Отсюда объясним слова «все из ненавидящих меня любят смерть». Мы спросили: почему сказано «все из ненавидящих меня»? Выходит, причина ненависти в том, что они любят смерть?

Исходя из вышесказанного, понятие смерти объясняется просто. Кто слит с Источником жизни – именно тот и жив. И наоборот, кто отделен от Него, тот отделен от жизни.

Поэтому сказано: «все из ненавидящих меня». Иными словами, человек не любит Творца, так чтобы работать только ради Него, а вместо этого примешивает сюда немного себялюбия. Себялюбие же – это смерть, так как оно отделяет от Источника жизни. Как следствие, поскольку человек любит смерть, себялюбие, постольку становится ненавистником Творца.

А РАШИ объясняет, что «ненавидящие меня» – это те, кто делает себя отвратительными в глазах созданий, и те говорят: «Горе изучающим Тору, которые отвратительны и презренны». Тем

---

348 РАМБАМ, «Мишне Тора», «Законы возвращения», 10:3.

самым они вызывают ненависть к Торе. Это трудно понять: если у человека есть какое-то пятно на одежде, то он уже отвратителен в глазах людей? А Тора побуждает вызывать ненависть к ней – настолько, что в наказание за это человек сразу же заслуживает смерти? Ведь сказали мудрецы: «всякий ученик мудреца, запятнавший свою одежду, подлежит смерти».

В контексте духовной работы следует объяснить это так. «Делают себя отвратительными в глазах созданий» – т.е. собственных органов, желаний и мыслей. Ведь, как известно, тело человека, само по себе, называется «миром». И его органы говорят: «Горе изучающим Тору, которые отвратительны». Ведь сказано: «Это жизнь ваша и продление дней ваших»[349], «вожделенней золота они и множества чистого золота, слаще меда и медовых сот»[350] – но мы не видим этого по тем среди нас, кто изучает Тору.

Все эти дорогие вещи не видны среди изучающих Тору по причине «запятнанной одежды». Иными словами, к тем среди нас, кто изучает Тору, во время работы примешивается себялюбие. И пятно это приводит к тому, что благо и жизнь, кроющиеся в Торе, не могут облачиться в эти одеяния, так как они не чисты, чтобы всё было ради отдачи. Тогда «создания в теле человека» приходят в отчаяние. Тем самым он и вызывает ненависть к Торе.

Изучающие Тору должны были проявить ее ценность, как сказано: «Это мудрость ваша и разум ваш пред глазами народов»[351]. Здесь же вместо этого они видят обратное. Из-за кого же всё это? Всё потому, что они не следят за чистотой – что и «пятнает» их.

Отсюда понятно, почему «запятнавший свою одежду подлежит смерти». Смысл в том, что это пятно, посаженное человеком на свою одежду, отделяет его от Источника жизни. Как следствие, тем самым он обрекает себя на смерть. И всё потому, что он не следит за чистотой. Напротив, к его работе примешана также ложь – эгоистическое намерение ло-лишма, – тогда как всё должно быть ради отдачи.

---

349 Тора, Дварим, 30:20.
350 Писания, Псалмы, 19:11.
351 Тора, Дварим, 4:6.

Пойдем к Фараону, 1
Статья 19, 1985

Сказано в Торе: «Пойдем к Фараону»[352]. Разве не следовало сказать: «Иди к Фараону»? Книга Зоар объясняет[353]: «Однако Он ввел Моше во внутренние комнаты, к одному сильному высшему чудовищу. Когда же увидел Творец, что Моше боится, сказал: «Вот Я против тебя, Фараон, царь египетский, большое чудовище, лежащее среди рек своих»[354]. То есть Творец должен был вести с ним войну, а не кто иной, как сказано: «Я, Творец». И пояснили это мудрецы: «Я, а не посланник»[355]». Таким образом, **«пойдем»** – значит: мы оба вместе.

Объясним это в контексте духовной работы. Прежде всего, следует знать, чего мы требуем за реализацию принципов отдачи. Какую оплату мы требуем за это? Оплата должна быть ясна, чтобы мы понимали: нам стоит поступиться телесными наслаждениями, если мы видим, что они мешают нам достичь цели, которая и является нашей оплатой. Реализуя принципы отдачи, мы обретем эту возвышенную цель, представляющую собой оплату за отказ от материальных удовольствий.

Поэтому надо знать, что сущность награды, которую мы желаем получить за реализацию принципов Торы, – это **слияние с Творцом, т.е. уподобление Ему по свойствам**, что называется: «слиться с Ним»[356]. Сказали об этом мудрецы[357]: «Творец создал

---

352 Тора, Шмот, 7:26.
353 Книга Зоар с комментарием «Сулам», гл. «Бо», пп. 36, 38.
354 Пророки, Йехезкель, 29:3.
355 См. Пасхальную агаду: «Я пройду по земле египетской в ту ночь – Я, а не ангел. И поражу всякого первенца в земле египетской от человека до скота – Я, а не серафим. И над всеми богами египтян совершу суды – Я, а не посланник. Я, Творец, – Я это, а не другой».
356 Тора, Дварим, 11:22.
357 Трактат «Бава батра», 16:1.

злое начало и создал Тору ему в приправу». Она тот сосуд, в который мы можем принять цель творения – «доставить благо созданиям Творца», что называется «раскрытием Творца Его творениям в этом мире».

Известно, что основная работа – это создание сосуда. В отличие от этого, наполнение – дающееся сосуду изобилие – приходит от Высшего, представляющего желание Творца доставить благо Своим созданиям. С Его стороны, разумеется, нет никаких помех, препятствующих совершать нам отдачу. А все недостатки, которые мы ощущаем, вызваны тем, что у нас нет сосудов для получения изобилия. Ведь наши сосуды происходят от разбиения. По причине разбиения сосудов, происшедшего в мире Некудим, появились клипо́т – эгоистические желания получать ради получения. «Разбиение» в духовном подобно тому, как разбивают сосуд в материальном: если в разбитый материальный сосуд налить какой-нибудь напиток, то он прольется. Так же и в духовном: если в сосуд попадает мысль, относящаяся к эгоистическому желанию, то изобилие исходит к внешним силам, которые вне духовного.

«Духовным» называется намерение «ради отдачи». А то, что вне этого намерения, называется «ситра а́хра» – иными словами, обратная сторона духовного. Поэтому мы говорим, что духовное – это «отдача», а скверна – это «получение». И поскольку мы, родившиеся после разбиения, в любом случае, желаем только получать, постольку нам не могут дать изобилие – ведь всё, конечно же, уйдет к другой стороне.

В этом вся причина, по которой мы далеки от получения блага и наслаждения, приготовленных для нас Творцом. Ведь всё, что Он нам даст, не останется у нас, а будет утрачено. Сказали об этом мудрецы[358]: «Кто глупец? Кто теряет то, что ему дают». Следовательно, причина его потерь проистекает из того, что он «глупец». Почему же «глупец» обречен на потери, а «мудрый» сохраняет и не теряет то, что ему дали?

---

[358] Трактат «Хагига», 4:1.

Следует объяснить, что человек зовется «глупцом», если он остается со своей природой – себялюбием – и не прибегает к средствам, которые позволят ему выйти из получающего желания. Хотя есть множество способов и средств, чтобы выйти из своей природы, он остается нагим, как в день появления на свет, без другого одеяния, которое зовется «желанием отдавать». Между тем, в это одеяние отдачи он смог бы облачать то благо и наслаждение, которое должен получать.

С другой стороны, бывает так, что человек начинает работу на отдачу и объясняет телу, что вся цель этой работы – получить сосуд отдачи, однако, после всех споров с телом, оно говорит ему: «Ты не можешь изменить природу, какой ее создал Творец. Ведь творение создано как «сущее из ничего» – только в получающем желании. Как же ты осмеливаешься утверждать, что можешь изменить природу, какой ее создал Творец?»

Об этом и сказано: «Пойдем к Фараону». Иными словами, **пойдем вместе**, Я тоже иду с тобой, чтобы изменить твою природу. И Я хочу лишь, чтобы ты попросил Меня помочь тебе изменить природу – обратить ее из получающего желания в дающее. Сказали об этом мудрецы[359]: «Злое начало берет верх над человеком каждый день, и если бы не помощь Творца, сам бы не справился».

Однако и это надо понять: для чего Творцу нужно, чтобы Его просили? Такое свойственно человеку из плоти и крови, который желает почета: пускай его попросят, и тогда будут знать, что он помог. Но как можно сказать подобное о Творце? Однако же существует правило: «нет света без сосуда». Иными словами, невозможно дать кому-то наполнение, если у него нет потребности. Ведь пока человек не испытывает недостатка в чем-то, если дать ему эту вещь, она будет для него безвкусной. Как следствие, он не сможет ее ценить и не убережет от воровства, когда другие люди, понимающие важность этой вещи, заберут ее у него.

Вот почему человек должен просить помощи у Творца. Тогда, если ему дадут какую-то подсветку свыше, он сможет сохранить ее, чтобы ее не забрали внешние силы, которые как раз знают

---

359   Трактат «Сукка», 52:2.

цену духовной подсветки. Поэтому, в то время как человек просит помощи у Творца, настоящая просьба возникает, когда он видит, что сам не в силах справиться. Тогда он абсолютно точно знает, что есть лишь один способ – попросить Творца о помощи. Иначе он останется в отрыве от духовного, без всякой возможности выйти из себялюбия. В таком случае, когда Творец помогает ему, человек уже сознаёт, что это важное достояние, которое надо хранить, чтобы его не забрали внешние силы.

Сказал об этом АРИ[360]: «В этом смысл преследований со стороны злого начала и другой стороны – сбить праведных с пути и присосаться к духовному. Ведь без этого они лишены жизненных сил, а с преумножением блага и духовности преумножается и их жизнь. Не удивляйся теперь, почему злое начало преследует человека, сбивая его с пути. И пойми это».

Поэтому, чтобы человек умел остерегаться потери того, что ему дают, ему необходимо сначала приложить большие усилия. Ведь то, что дается человеку с усилиями, заставляет его проявлять осторожность, чтобы не потерять это. Однако по ходу дела, когда человек видит, что работа еще далека от завершения, иногда он сбегает с поля боя и приходит в отчаяние. И тогда нуждается в дополнительном укреплении – поверить в Творца, в то, что Творец поможет ему.

А если помощь еще не пришла, это потому, что он еще не приложил того количества и качества усилий, которое требуется, чтобы подготовить потребность и получить наполнение. Сказано об этом[361]: «Если кто-либо работал над отдачей и не смог удалить от себя злое начало, это потому, что он по небрежности не приложил необходимых усилий и труда, как сказано: «Не трудился и нашел – не верь»[362]. Или, возможно, набрал требуемое **количество** усилий, но был небрежен в **качестве**».

Поэтому принцип «пойдем к Фараону» требует, чтобы мы отдавали этому сердце, верили в это во всех состояниях, самых

---

360   Бааль Сулам, «Учение десяти сфирот», часть 7, п. 18.
361   Бааль Сулам, «Предисловие к Учению десяти сфирот», п. 18.
362   Трактат «Мегила», 6:2.

плохих, какие только могут быть, и не сбегали от работы, но всегда полагались на Творца, который может помочь человеку и дать ему *необходимое*, нуждается ли он в малой помощи или в большой. А по правде говоря, кто понимает, что ему нужна большая помощь от Творца, поскольку он хуже остальных людей, тот более заслуживает, чтобы молитва его была принята. Сказано об этом[363]: «близок Творец к сокрушенным сердцем и угнетенных духом спасает».

Поэтому у человека нет основания признать себя негодным к тому, чтобы Творец приблизил его. А причина в том, что он ленится в своей работе. Человек всегда должен идти на преодолении, не позволяя проникать в свой разум мыслям отчаяния. Сказано об этом: «Даже если острый меч занесен над шеей человека, пускай не разуверяется в милосердии»[364], «Пускай Он сразит меня – на Него надеюсь»[365].

Под «занесенным над шеей мечом» имеется в виду следующее. Хотя зло человека, т.е. себялюбие, занесено над его шеей и хочет отделить его от духовного, показывая ему картину, согласно которой нет никакой возможности избавиться от этой власти, – он должен сказать, что предстающая перед ним картина верна, но он «не разуверится в милосердии». Тогда он должен верить, что Творец может дать ему милосердие – «свойство отдачи». Верно, своими силами человек неспособен выйти из-под власти эгоизма, однако если Творец поможет ему, то, конечно же, сможет вызволить его. Сказано об этом: «Я Творец ваш, который вывел вас из земли египетской, чтобы быть вам Всесильным»[366].

Об этом мы говорим, читая молитву Шма, – о принятии бремени власти Творца. Мы должны знать, что именно Творец выводит человека из-под власти эгоизма, означающей разобщение, и вводит его в духовное. И тогда осуществятся слова «быть вам Всесильным». Ведь тогда человек относится к категории «народа Исраэля», а к не категории «народа земли».

---

363   Писания, Псалмы, 34:19.
364   Трактат «Брахот», 10:1.
365   Писания, Иов, 13:15.
366   Тора, Бемидбар, 15:41.

Сказали об этом мудрецы[367]: «Сказал рабби Йеошуа Бен Леви: когда Творец сказал Адаму: «терние и волчец произрастит она тебе»[368], – глаза его наполнились слезами. И сказал он Ему: «Владыка мира, неужели я и мой осел будем есть из одной кормушки?» Когда же Творец сказал ему: «в поте лица своего ешь хлеб»[369], – сразу успокоился».

Следует понять довод Адама, задавшегося вопросом о действии Творца: за что ему полагается есть с ослом из одной кормушки? Претензия была справедливой, и в подтверждение тому Творец дал ему совет есть хлеб. Если бы претензия не была справедливой, Творец не принял бы ее.

Однако трудно понять этот довод: «Неужели я и мой осел будем есть из одной кормушки?» К чему он относится? Ведь сказали мудрецы[370]: «Человек был сотворен в вечер субботы, и если возгордится, скажут ему: "Даже комар предшествовал тебе в действии сотворения"».

Таким образом, если даже комар предшествовал ему, в чем суть претензии о том, что «я и мой осел будем есть из одной кормушки»? Здесь следует объяснить, что после прегрешения Адам пал в себялюбие и потому стал подобен ослу, не понимающему ничего, кроме эгоизма. Вот почему «глаза его наполнились слезами, и он сказал: "Неужели я и мой осел будем есть из одной кормушки?"» Иными словами, из одного свойства – себялюбия? И потому Творец дал ему совет: «В поте лица своего ешь хлеб». А хлеб – это человеческая пища. Таким образом, благодаря усилиям по принципу «в поте лица своего ешь хлеб» – пищу человека – он выходит из категории «народа земли» и зовется тогда «народом Исраэля» (ישראל), устремленным **прямо к Высшему** (יש ר-אל).

Иначе обстояло дело, когда народ Исраэля был в египетском изгнании. Египтяне зовутся «народом, подобным ослу» – т.е.

---

367 Трактат «Псахим», 118:1.
368 Тора, Берешит, 3:18.
369 Тора, Берешит, 3:19.
370 Трактат Санэдрин, 38:1.

обращенным только к себялюбию. Поэтому спасение Исраэля тогда состояло в том, что Творец вывел их из Египта. На это мы должны строить намерение, принимая бремя Его власти: «Я Творец ваш, который вывел вас из земли египетской, чтобы быть вам Всесильным». Именно силой Творца мы можем «выйти из Египта» и заслужить того, чтобы Он «был для нас Всесильным».

Кто ожесточил свое сердце
Статья 20, 1985

Сказано в Книге Зоар[371]: «Сказал рабби Ицхак: "Не было никого, кто ожесточил свое сердце против Творца так, как Фараон". Сказал рабби Йоси: "Ведь Сихон и Ог[372] тоже ожесточили свое сердце". Ответил ему: "Это не так. Они ожесточили сердце против Исраэля, но против Творца не ожесточили сердца так, как Фараон ожесточал дух свой против Него, когда видел могущество Его и не раскаивался"».

Следует понять, в чем разница, ожесточили ли они сердце против Творца или против Исраэля? Ведь вся ненависть народов к Исраэлю вызвана лишь тем, что он является народом Творца. Сказали об этом мудрецы[373]: «Что такое гора Синай? Это ненависть (синá), сошедшая на язычников».

Рассмотрим суть дела. Касательно ненависти к Исраэлю: Фараон ненавидел народ Исраэля и хотел поработить его. Когда Моше пришел с миссией от Творца, он не захотел слушать и сказал: «Кто такой Творец, чтобы я послушался Его?»[374] Сихон и Ог также ненавидели Исраэль. В чем же разница для Исраэля касательно причины, по которой его ненавидят? Сихон и Ог ожесточили сердце из-за того, что народ Исраэля не важен и потому ненавистен, или **Фараон** ожесточил сердце против Творца, который не был важен в его глазах, и потому он ненавидел народ Исраэля, – в чем тут разница для самого Исраэля?

Следует объяснить вышеприведенное высказывание из Зоара в контексте духовной работы. Мы должны знать, что есть два

---

371   Книга Зоар с комментарием «Сулам», гл. «Бешалах», п. 186.
372   Сихон и Ог – цари, выступившие против народа Исраэля на его пути в землю Исраэля. См. Тора, Бемидбар, 21:21-35.
373   Трактат «Шаббат», 89:1.
374   Тора, Шмот, 5:2.

«саботажника», стоящих перед человеком и не позволяющих перейти махсом, чтобы достичь любви к Творцу. Человек рождается с желанием получать для себя и неспособен сделать что-либо без выгоды. Он может отказаться от получения для себя, чтобы дать кому-либо что-либо, если это доставляет ему удовлетворение.

Например, человек способен работать на важную персону. Допустим, знаменитость прибывает в аэропорт и дает поднести чемодан одному из своих поклонников, вручая ему 100 долларов за труды. Разумеется, поклонник не желает брать оплату и возвращает деньги. Тогда знаменитость спрашивает: «Почему вы отказываетесь? Может быть, я заплатил за труды слишком мало? Но ведь если бы я дал простому носильщику десять долларов, он, конечно же, был бы доволен. Так почему же вы не хотите получить оплату?» На это поклонник отвечает: «Сама возможность оказать вам услугу стоит дороже всех богатств мира, которые вы мне дадите».

Отсюда мы видим, что для важной персоны человек способен работать без всякой оплаты. И потому, начав реализовывать принципы Торы ради отдачи, человек, разумеется, может отказаться от себялюбия на благо Творца.

Что же делает тогда саботажник духовной работы, чтобы человек не смог идти путем Творца? Он производит одно действие – не позволяет человеку представить себе величие и важность Творца. Таким образом, вся сила другой стороны, направлена против Творца. Он говорит человеку: «Я знаю, что ты силен и можешь преодолеть свои вожделения. В отличие от людей слабохарактерных и мягкосердечных, ты отважнейший из героев. А путем истины ты не идешь потому, что цель для тебя не настолько важна, чтобы ради нее отменять себя». В силу этого он и мешает человеку достичь цели.

Вот о чем говорит Книга Зоар от имени рабби Ицхака: «не было никого, кто ожесточил свое сердце против Творца так, как Фараон». Иными словами, он не придавал важности Творцу и сказал: «Кто такой Творец, чтобы я послушался Его?» Это первый саботажник.

А второй саботажник проявляется, когда видит, что человек преодолел утверждения первого и идет выше знания, невзирая на его слова. Тогда он выдвигает претензию против Исраэля. Ведь кто желает идти путем Творца, тот зовется **Исраэль** (ישראל), что значит: «прямо к Высшему» (יש־ר אל). Он хочет, чтобы все его дела поднимались прямо к Творцу, и не желает иного намерения.

Как следствие, что делает второй саботажник – умаляет категорию Исраэль в человеке и говорит ему: «Свойство Исраэль в тебе очень слабо – и по способностям, и по силе преодоления. Ведь ты слабохарактерен. На пути, которым ты хочешь идти, все твои дела должны совершаться только ради отдачи. А такое можно требовать от того, в ком свойство Исраэль обладает всеми необходимыми данными. Иными словами, от того, кто получил хорошее воспитание, одарен, смел, способен бороться со своим злым началом. Такой человек может идти этим путем – но не ты».

Итак, чем же он мешает человеку? Он уже не говорит с ним о важности цели, как делал Фараон, в своих претензиях оспаривавший важность цели. Нет, он говорит: «Цель очень важна, но ты не столь важен и не сможешь идти этой высокой стезей. Поэтому иди общей дорогой и не выделяйся из общности. Только этот путь – твой».

Вот что Книга Зоар говорит в этой связи о разведчиках[375]: «"И возвратились они, изведав землю"[376]. "Возвратились" – значит вернулись на сторону зла, отойдя от пути истины. То есть сказали: "Что же мы получили? Доныне мы не видели ничего хорошего в мире, трудились над Торой, а дом пуст. Кто же удостоится грядущего мира, и кто сможет войти в него? Не стоило нам так усердствовать. Ведь мы старались и учились для того, чтобы познать удел того мира, как ты посоветовал нам. Пускай даже «течет она молоком и медом»[377] – хорош он, высший мир, как мы знаем из Торы, – но кто же может удостоиться ее (этой земли)? "Что с того, ведь могуч народ, обитающий в этой земле"[378] – могуч народ,

---

375 Книга Зоар с комментарием «Сулам», гл. «Шлах», пп. 63-64.
376 Тора, Бемидбар, 13:25.
377 Тора, Шмот, 3:8.
378 Тора, Бемидбар, 13:28.

удостоившийся того мира, и вовсе не ценит весь мир, чтобы заниматься им ради огромного богатства. Но кто же может это выполнить, чтобы удостоиться ее? Что с того, ведь могуч народ. «А богатый отвечает с дерзостью»[379]. "И также детей Анака (великанов) мы видели там"[380] – т.е. необходимо тело сильное и мощное, как у льва, потому что Тора ослабляет силы человека».

Таким образом, согласно Книге Зоар, довод разведчиков состоял в том, что Исраэль не важен. Как мы разъяснили, это соответствует утверждению второго саботажника, который ожесточает сердце против Исраэля.

Отсюда можно объяснить разницу между утверждением Фараона, ожесточившего сердце против Творца, и утверждением Сихона и Ога, ожесточивших сердце против Исраэля. Фараон сказал: «Кто такой Творец, чтобы я послушался Его?» Иными словами, все его силы были направлены на снижение важности Творца – и это первый саботажник. Сихон и Ог ожесточили сердце против Исраэля, чтобы снизить его важность, – и это второй саботажник.

На все эти утверждения есть лишь один ответ – идти путем веры выше знания, не обращать внимания на их доводы, но полагаться на Творца, который может помочь всем. Нет никакой силы, способной противостоять силе Творца, и потому следует полагаться на Его помощь.

Сказано об этом в Зоаре[381]: «Сказал рабби Йехуда от имени рабби Ицхака: "Фараон был умнее всех своих колдунов и, со всей их стороны, не видел, что придет спасение Исраэлю. Он не думал, что есть иная связь – связь веры, господствующая над всеми силами другой стороны. И поэтому ожесточал свое сердце"».

Из слов Книги Зоар следует, что свойство Фараона лежит в знании, и разумом нет никакой возможности выйти из-под его власти – но только силой веры выше знания, поскольку эта сила аннулирует все прочие силы в мире.

---

379   Писания, Мишлэй, 18:23.
380   Тора, Бемидбар, 13:28.
381   Книгу Зоар с комментарием «Сулам», гл. «Бешалах», п. 187.

Различие между Торой и работой
Статья 21, 1985

Всегда следует проводить различие между Торой и работой. «Тора» – отдельная категория. В этом контексте, речь не идет о человеке, как будто его вообще нет. Тора, сама по себе, – это имена Творца, и мы должны отдавать себе отчет в ее важности – о ком мы говорим.

Иными словами, мы всегда должны помнить, что говорим о Царе: о том, как Он установил порядок и управление, с тем чтобы Его чистые имена воздействовали на души, а те получали их и могли существовать, раскрывая их. Сказано об этом: «Кто взойдет на гору Творца и кто встанет на месте Его святыни?»[382]

Отдавая себе в этом отчет, человек чувствует, о ком он говорит, – а говорит он о Творце. Однако мы лишены этого понимания, нам недостает некоей связи, так чтобы понимать: речь идет о Нем. И мы должны лишь верить, что вся Тора – это имена Творца.

Однако же Он облачен либо в правила и указания, согласно которым человек должен реализовывать принципы Торы, действующие во взаимоотношениях с Творцом или с другими людьми, либо в рассказы о событиях, либо в язык каббалы и Его имена. И следует помнить: внутренняя суть, облаченная в эти одеяния, – только Творец. Сказано об этом: «вся Тора – это имена Творца»[383].

А потому, изучая Тору, мы должны проявлять к ней уважение – иными словами, помнить, о ком мы говорим. Таким образом мы можем привлекать свет Торы, чувствуя, что «это жизнь наша и продление дней наших»[384]. И, само собой, занимаясь с

---

382 Писания, Псалмы, 24:3.
383 РАМБАН, «Предисловие к книге Берешит».
384 Тора, Дварим, 30:20.

таким намерением, человек может радоваться тому, что слит с Источником жизни – о чем и сказано: «это жизнь наша и продление дней наших». Ведь тогда человек начинает ощущать замысел творения – «доставить благо Его созданиям», – являющийся причиной сотворения миров.

Это благо мы должны извлечь из Торы. И потому мы лишь возносим ей хвалу, совершенно не помышляя о человеке. Таким образом, изучая Тору, человек пребывает в совершенстве, согласно принципу: «Где мысли человека, там и он сам»[385]. С этого времени человек должен получать жизненные силы на весь день. Это называется: «отдельное время Торе, и отдельное время молитве» – поскольку две эти категории противоречат друг другу.

А время работы представляет собой нечто совершенно иное, поскольку здесь речь идет о человеке. Если в контексте Торы речь идет именно о Творце, и она называется «учением Творца», то работа как раз относится к человеку.

Ведь человек должен работать, как сказано: «человек рожден для труда»[386]. Человек – это творение, а творение – это потребность, созданная как **сущее из ничего**. Это **сущее** зовется «желанием получать», и его надо наполнить, так как в этом цель творения. И поскольку для уподобления по свойствам на это желание было произведено сокращение, постольку надо исправить его и снять наложенное на него сокращение, чтобы оно смогло достичь цели, называемой «желание Творца доставить благо».

Чтобы снять сокращение, нам дано особое средство – Тора и ее принципы. Сказано об этом: «Я создал злое начало и создал Тору как приправу»[387]. Здесь, в контексте работы, следует различать, продвигается ли человек к цели – к тому, чтобы снять сокращение. Иными словами, есть ли уже искры отдачи, означающие, что человек получил от особого средства Торы что-то для очистки мыслей и желаний и способен к самоотчету по своей духовной работе.

---

385 Бааль Шем Тов, комментарий на главу «Бехукотай», 2.
386 Писания, Иов, 5:7.
387 Трактат «Кидушин», 30:2.

С другой стороны, в отношении Торы пускай человек не проводит никакого самоотчета, а изучает ее как есть. Надо лишь искать способы, чтобы придавать ей важность. Сама же по себе Тора представляет реальность под названием «имена Творца». Таким образом, когда мы изучаем в Торе какие-либо законы, или наставления, или просто рассказы о событиях, или пути работы – всё это еще не называется Торой. Это то, что мы узнаём из нее. А сама она относится не к творению, а к Творцу, поскольку это Его имена.

Говоря иначе, **«Тора» – суть раскрытие Творца**. Это зовется ее «внутренней сутью». А что открыто наружу – законы, наставления, пути работы, рассказы о событиях – всё это зовется **одеяниями Торы** и представляет ее «внешнюю часть», тогда как имена Творца являются ее «внутренней сутью».

Отсюда возникает вопрос: если Тора, сама по себе, относится к Творцу, то это похоже лишь на трактовку? Что человек может почерпнуть из изучения Торы, если он абсолютно не понимает ее связи с собой? На это сказали мудрецы: «Велико учение, которое приводит к действию»[388].

Ведь, конечно же, человеку нужно лишь действие, как сказано: «Сотворил Творец **для дела**»[389]. А значит, «главное – не учение, а действие»[390]. На это и последовал ответ: «Велико учение, которое приводит к действию». Иными словами, свет Торы, представляющий внутреннюю суть, светит человеку, чтобы у него были силы для добрых дел. Это осуществляется особым средством Торы, дающим человеку силы, чтобы он мог действовать – как сказано: «Сотворил Творец для дела».

Вот о чем сказали мудрецы: «отдельное время Торе, и отдельное время молитве». Эти категории противоречат друг другу: изучая Тору, человек должен думать только о ее важности, а вовсе не о себе, – тогда как во время молитвы человек должен, прежде

---

388   Трактат «Кидушин», 40:2 и трактат «Бава кама», 17:1.
389   Тора, Берешит, 2:3.
390   Трактат «Авот», 1:17.

всего, раскрыть свои потребности, чтобы можно было попросить об их наполнении.

Однако **духовная** потребность не появится без поиска. Только в материальном потребности открыты, поскольку исходят из открытого желания получать. С другой стороны, в духовном всё здание строится на основе желания отдачи, и желание это не относится к творению. Как мы знаем, Малхут – «желание получать» – захотела подобия по свойствам, т.е. «отдачи». Но когда это достигает творений, возникших уже после разбиения сосудов, а также после греха с Древом познания, – эта потребность, заставляющая человека чувствовать, что ему недостает сосуда под названием «желание отдавать», уже не существует.

А потому человек должен прилагать усилия, пока не ощутит потребность в желании отдавать. В мере этого ощущения он сможет взмолиться к Творцу о помощи, чтобы Он дал ему эту силу и чтобы все его заботы обратились лишь на то, что у него нет этой силы под названием «желание отдачи». Насколько человек далек от этого сосуда, в той же мере он должен сожалеть и просить милосердия у Творца, чтобы Он избавил его и дал ему это желание.

Более того, можно сказать, что человек должен просить Творца, чтобы Он дал ему эту потребность, т.е. чтобы он почувствовал, что ему недостает желания отдавать и что лишь это мешает ему достичь духовного, – так как потребность эта не приходит сама по себе.

Таким образом, Творец должен дать человеку и сосуд, и свет. Отсюда объясним слова «сзади и спереди Ты объемлешь меня»[391]. «Сзади» – это «сосуд». «Спереди» – это «лицевая сторона»[392], наполнение. Итак, и свет, и сосуд – всё приходит от Творца.

---

391 Писания, Псалмы, 139:5.

392 Слово פנים, в зависимости от прочтения, имеет два значения: лицевая сторона, и то, что внутри.

Сказали об этом мудрецы[393]: «"Возложите"[394] (самтэм) – означает "полноценное лекарство" (сам там). Тора подобна эликсиру жизни». Так сказал Творец Исраэлю: «Сыновья Мои, Я создал злое начало и создал Тору ему в приправу. И если вы занимаетесь Торой, вас не предают в его руки». Смысл в том, что **заложенный в Торе свет, являющийся ее внутренней сутью, возвращает человека к Источнику**[395]. Однако необходимо намерение получать свет Торы во время учебы, как разъяснено в «Предисловии к Учению десяти сфирот»[396].

---

[393] Трактат «Кидушин», 30:2.
[394] Тора, Дварим, 11:18. «Возложите эти слова Мои на сердце свое и на душу свою».
[395] Мидраш «Раба», Эйха, Введение, 2.
[396] Бааль Сулам, «Предисловие к Учению десяти сфирот», п. 17.

Вся Тора – это одно чистое имя
Статья 22, 1985

Сказано в Книге Зоар[397]: «Рабби Ицхак открыл речь: "Вся Тора – это одно чистое имя Творца". Торою был создан мир, ибо она была инструментом Его мастерства для создания мира. И Торою был создан человек. Сказано об этом: "Сказал Творец: 'Сделаем человека'"[398]. "Сделаем" – во множественном числе. Сказал Он Торе: "Я и ты утвердим его в мире". Рабби Хия: "Письменная Тора, т.е. Зеир Анпин, и устная Тора, т.е. Малхут, утвердили человека"».

Мы видим здесь три вещи:

1. Вся Тора – это одно чистое Имя.
2. Мир создан Торой.
3. Человек создан Торой.

Известно объяснение мудрецов[399] к слову **вначале** (берешит – בראשית)[400]: потому что Тора зовется **началом**[401] (решит – ראשית), и потому что Исраэль зовется **началом**[402]. Ведь миры были созданы для того, чтобы «доставить благо Его творениям», – иными словами, для душ, чтобы они получили благо и наслаждение. Таким образом, со стороны Творца, это означает отдачу. Чего же недостает творениям, чтобы получать? Как мы знаем, чтобы достичь подобия свойств, творения должны обрести сосуд, называющийся «желанием отдавать».

---

397 Книга Зоар с комментарием «Сулам», гл. «Шмини», пп. 1-3.

398 Тора, Берешит, 1:26.

399 Комментарий РАШИ к Торе.

400 Тора, Берешит, 1:1. «Вначале создал Творец небеса и землю».

401 Писания, Мишлэй, 8:22. «Творец создал меня в начале Своего пути, прежде созданий Своих, искони».

402 Пророки, Йермияу, 2:3. «Исраэль – святыня Творца, начало Его урожая».

А поскольку желание отдачи не заложено в нашей природе, мы нуждаемся в том, что даст нам силу, называемую «желанием отдавать». Эту силу, позволяющую отдавать, низший получает посредством Торы, потому что «кроющийся в ней свет возвращает человека к Источнику»[403]. Следовательно, наряду с тем, что «начало» – это «Исраэль», им также нужна «Тора», чтобы они могли получать благо и наслаждение. Поэтому Тора тоже называется «началом» – ведь они не могут обойтись друг без друга.

Известны слова Книги Зоар о том, что «Тора, Исраэль и Творец едины». Это значит: когда сыновья Исраэля прилагают старания в Торе, тем самым они заслуживают категории «Творца» – иными словами, «Его имен».

Таким образом, в Торе следует различать две вещи:

1. Свет Торы, приходящий, чтобы вернуть человека к Источнику. Это исправление сосудов.
2. Обретение света Торы, являющегося «чистыми именами Творца», – что называется «раскрытием Творца творениям в этом мире».

Следовательно, когда мы изучаем Тору, следует различать в ней две вышеуказанные категории.

Привлечение света, чтобы он создавал нам сосуды отдачи. Без света Торы невозможно обрести эти сосуды. Соответственно, чего человек ожидает в оплату за изучение Торы? Он стремится лишь обрести этот сосуд под названием «сосуд отдачи». И происходит это после того, как он приступил к работе на отдачу и приложил большие старания, чтобы действовать только с намерением на отдачу. Лишь тогда человек может осознать, что получающее желание, заложенное в нем природой, отменить невозможно. И тогда он начинает понимать, что нуждается в «милосердии свыше» и что только Творец способен помочь ему в обретении сосуда отдачи. И помощь эта приходит от «света Торы».

Поэтому во время занятий человек всегда должен иметь в виду, какую цель он преследует, изучая науку каббала – иными

---

403 Мидраш «Раба», Эйха, Введение, п. 2.

словами, чего требовать от этого. Здесь ему говорят, что сначала он должен просить о «сосудах» – чтобы у него были сосуды отдачи, означающие подобие свойств. Тем самым уходит сокращение и скрытие, наложенное на творения, и в той же мере человек начинает ощущать духовное, начинает чувствовать вкус в служении Творцу. И тогда он может радоваться, потому что духовное рождает радость – ведь там светит свет желания доставить благо Его творениям.

В противном же случае человек еще не решил, что всегда надо идти путем отдачи, как сказали мудрецы: «да будут все твои дела ради отдачи»[404]. Это называется «подготовкой сосудов», чтобы они стали пригодны для получения высшего изобилия. И человек хочет посредством учебы заслужить сосуды отдачи, как сказали мудрецы: «Кроющийся в Торе свет возвращает человека к Источнику».

2. А после того как уже заслужил сосуды отдачи, тогда приходит к ступени «постижения Торы», являющейся «именами Творца». Зоар называет это: «Тора, Творец и Исраэль едины».

Отсюда разберем слова Книги Зоар: «Торой создан Человек». Следует понять, в чем связь между «Торой» и «Человеком» – чтобы можно было сказать, что «Человек создан от Торы». Предварим это словами мудрецов[405]: «Так говорил рабби Шимон Бар Йохай: "Могилы идолопоклонников не оскверняют в шатре, как сказано: 'А вы стадо Мое, стадо паствы Моей, вы зоветесь Человеком, а идолопоклонники не зовутся Человеком'[406]"».

Мы должны знать, что такое «Человек» (Адам) – иными словами, что это за ступень, раз идолопоклонники не могут зваться этим именем. Сказано: «Послушаем всему заключение: пред Творцом трепещи»[407]. Объяснили мудрецы[408]: «Что значит "в этом

---

404 Трактат «Авот», 2:15.
405 Трактат «Йевамот», 61:1.
406 Пророки, Йехезкель, 34:31.
407 Писания, Коэлет, 12:13. «Послушаем всему заключение: пред Творцом трепещи и предписания Его соблюдай, потому что в этом весь Человек».
408 Трактат «Брахот», 6:2.

весь человек"? Сказал рабби Эльазар: "Сказал Творец: 'Весь мир создан лишь для этого'"».

Итак, Человек – это тот, в ком есть трепет перед Творцом. И раз человек создан со злым началом, которое отдаляет его от трепета перед Творцом, – какое средство позволит ему заслужить этот трепет? На это дан ответ: посредством Торы он сможет победить злое начало, как сказали мудрецы: «Я создал злое начало и создал Тору как приправу[409], так как кроющийся в ней свет возвращает человека к Источнику». Отсюда можно объяснить, что значит «Человек создан Торой». Причина, по которой может возникнуть категория «Человека», заключается именно в посредничестве Торы. В этом смысл слов: «Торой создан Человек».

Таким же образом объясним слова Зоара: «Торой создан мир». Здесь тоже трудно понять, причем тут Тора, духовная категория, называющаяся «именами Творца». Каким образом от нее произошел материальный мир? Исходя из вышесказанного, под словами о создании мира подразумевается целый мир, в котором находятся души. Ведь целью творения было «доставить благо Его созданиям», т.е. душам, так чтобы создания получили благо и наслаждение. Под сотворением мира имеется в виду желание получать. И чтобы достичь «подобия свойств» от ветви к корню, как известно, было произведено сокращение, означающее скрытие до исчезновения, чтобы не был раскрыт высший свет – благо и наслаждение.

В таком случае, как может существовать мир, в котором они смогут получать, не умирая, как это случилось при разбиении сосудов, когда они разбились и умерли, поскольку не смогли выстроить намерение ради отдачи? Однако же посредством Торы, «свет которой возвращает человека к Источнику», они получат сосуды отдачи и в эти сосуды смогут получить изобилие и наслаждение. И **мир** будет существовать, поскольку они смогут получать ради отдачи.

---

409   Трактат «Кидушин», 30:2.

В этом и заключается смысл слов: «Торой создан мир». Сотворение мира с целью «доставить благо Его созданиям» изначально осуществилось с намерением ради отдачи – посредством Торы.

Из всего вышесказанного следует, что мы всегда должны смотреть на цель – «доставить благо Его созданиям». А если злое начало приходит к человеку и задает ему все трудные вопросы Фараона, то вместо отговорок надо сказать: «Теперь с твоими вопросами я могу приступить к работе на отдачу».

Иными словами, не следует воспринимать вопросы злого начала так, словно оно пришло, чтобы опустить человека с его ступени. Наоборот, оно предоставляет ему возможность для работы, благодаря чему теперь он поднимется по ступеням совершенства. Ведь всякое преодоление в работе – это продвижение в служении Творцу, и «каждый грошик добавляется к большому счету»[410] – все преодоления собираются до определенной меры, необходимой, чтобы стать сосудом для получения изобилия.

Преодоление означает, что мы берем часть сосуда получения и вносим ее в сосуды отдачи. Это подобно «экрану» (маса́х), который надо поставить над «толщей желания» (авиют). Соответственно, если у человека нет желания получать, то ему не на что ставить экран. Поэтому, когда злое начало приносит ему чуждые мысли – время взять эти мысли и поднять их «выше знания».

Человек может сделать это со всем, что душе угодно. Пускай не думает, что его сейчас отрывают от работы – напротив, пускай думает, что свыше ему дали эти желания и мысли, чтобы предоставить возможность присоединить их к духовному. Говоря иначе, его, наоборот, приближают свыше – и потому послали ему работу.

Сказано об этом: «Прямы пути Творца, праведники пройдут по ним, а преступники оступятся на них»[411]. Иными словами, если человек *заслуживает*, то получает тем самым подъем, а если не *заслуживает*, то получает тем самым духовное падение. Происходят это падения постепенно, каждое – по своему распорядку. Как правило, человек впадает в забытье – вообще забывает о

---

410 Трактат «Бава батра», 9:2.
411 Пророки, Ошэйа, 14:10.

работе и необходимости устремляться к «слиянию с Творцом». Вместо этого вся энергия, которая у него была, уходит на материальные вещи, поскольку тогда он ощущает в них больше вкуса.

Когда у человека была связь с работой на отдачу, он был немного отстранен от материальных вещей – не придавал им значения настолько, чтобы принимать их к сердцу. С другой стороны, когда он начинает отдаляться от работы, всякая материальная вещь, не представлявшаяся ему важной, обретает важность в его глазах – до такой степени, что даже самая малость становится для человека большой помехой и создает преграду у него на пути. И он не в силах идти вперед.

Иногда во время полученного падения он все же вспоминает о духовной работе. И, вспомнив об этом, впадает в грусть, из-за которой ему хочется лишь спать. Иными словами, человек хочет выйти из своего состояния и думает, что сон поможет ему забыть обо всем. А порой он, вообще, приходит в отчаяние и говорит: «Я не вижу для себя никакого продвижения. Казалось бы, наоборот, каждый раз, вкладывая силы, я должен был немного продвигаться – в мере усилий, приложенных, чтобы достичь чего-то духовного. Но я вижу, что с каждым разом откатываюсь назад. Наверняка такая работа – работа на отдачу – не для меня, потому что я не гожусь для этого».

Обычно человек говорит: «Поскольку я слабохарактерен, у меня нет сил, чтобы преодолеть свои желания». Иногда он становится умнее: «Да и вообще, я не вижу никого, кто достиг чего-то в духовном». В итоге, после всех споров с телом, оно дает человеку понять, что он стопроцентно прав. Тогда наступает состояние, когда он хочет сбежать с поля боя, вернуться в материальный мир, как все, и не быть умнее всех, но идти общепринятым путем. А главное, он уверен, что решил и другого быть не может.

Что же делает Творец? После того как **человек** уже забыл всё, внезапно он получает некий импульс от Творца, и сердце его вновь начинает охватывать устремление к духовному, и он вновь начинает усердно работать, и в нем крепнет уверенность, как будто он точно заслужит сближения с Творцом, и он забывает свои решения, принятые ясным умом, с расчетом настолько точным, что он уже «разуверялся в основах». Иными словами, сердцем он сожалел о том, что, вообще, зашел в эту трясину под названием «работа на отдачу». Он был уверен, что его расчет стопроцентно верен, однако «пробуждение свыше», полученное сейчас, заставляет его забыть обо всем.

Причина в том, что таков порядок истинной работы: свыше хотят показать, что человек – «ничто» со всем своим разумом, если не попросит у Творца помощи, так чтобы просьба была настоящей – когда он точно знает, что нет никаких шансов выйти из-под власти себялюбия, называющегося «египетским рабством», которое действует и в разуме, и в сердце.

Однако если человек только говорит, но не чувствует на сто процентов, что неспособен ничего поделать, тогда свыше не приходит подлинное сближение. Хуже того, тогда он может снова откатиться вспять – снова к нему приходят мысли и желания тела, и он снова вступает в прежние споры, и снова приходит к тому же состоянию, и снова решает сбежать с поля боя, и снова приходит к прежнему решению. А затем вновь свыше к нему приходит некий импульс – что называется, «призыв»: его зовут и хотят вновь приблизить к Творцу. И если тогда, получив шанс, он опять не прикладывает стараний – повторяется тот же порядок, что и раньше.

Сказано об этом в Книге Зоар[412]: "Выше жемчугов цена ее"[413]. Следовало бы сказать: "ценность ее", так как купить ее труднее, чем купить жемчуга́. Почему же сказано "цена"? "Цена ее" – это значит, что всех тех, кто не сливается с ней в совершенстве и не совершенны с ней, она продает и предает в руки других народов, как сказано: "И оставили сыновья Исраэля Творца, и Он предал их в руки Сисры"[414]. И тогда все далеки от высших чистых жемчугов, представляющих тайны и внутреннюю суть Торы, и не будет у них доли в них. Об этом и сказано: "Выше жемчугов цена ее"».

---

412   Книга Зоар с комментарием «Сулам», гл. «Тазриа», п. 6.
413   Писания, Мишлэй, 31:10. «Кто найдет жену доблестную? Выше жемчугов цена ее».
414   Пророки, Шмуэль I, 12:9.

Таким образом, не следует пугаться того, что тело порой показывает темные тона. Напротив, всегда надо укрепляться выше знания и не слушать советов тела, которое рассказывает нам об отходе от отдачи, а преодолевать его подлинной молитвой. Тогда, конечно же, мы будем спасены, выйдем из рабства под властью Египта и заслужим избавления.

На ложе ночном
Статья 23, 1985

Книга Зоар[415] задает вопрос по строфе «на ложе моем»[416]: «Рабби Эльазар открыл речь: «На ложе моем по ночам искала я того, кого любит душа моя». И спросил: здесь сказано «на ложе», а надо было бы сказать «в ложе». Что значит «на ложе моем»?» И ответил: собрание Исраэля говорило пред Творцом и спрашивало с Него за изгнание, так как оно живет среди прочих народов с сыновьями своими и лежит во прахе. И о том, что лежит оно в другой, нечистой земле, сказало: «На ложе моем прошу я, ибо лежу в изгнании». А изгнание зовется «ночами». И потому «искала я того, кого любит душа моя», – чтобы он вывел меня оттуда».

Известно, что собрание Исраэля – это Малхут, которая включает в себя все души. Известно также, что каждый человек – это маленький мир, как сказано в Книге Зоар[417]. Иными словами, человек включает в себя семьдесят народов мира, что соответствует семи сфирот, каждая из которых состоит из десяти, – всего семьдесят категорий. Они противоположны духовному, поскольку есть семь духовных сфирот и семьдесят народов, из которых состоит человек. Это значит, что у каждого народа свое особое желание, относящееся к его категории, – и человек включает в себя все семьдесят желаний, имеющихся, в целом, в народах мира.

А также в человеке есть свойство «Исраэль», представляющее его самого. Однако оно называется **«точкой в сердце»**, причем под «точкой» подразумевается тьма, поскольку свойство Исраэль в ней не светит, и она относится к обратной стороне. Причина

---

415 Книга Зоар с комментарием «Сулам», гл. «Тазриа», п. 1.
416 Писания, Песнь песней, 3:1. «На ложе моем по ночам искала я того, кого любит душа моя, искала его, но не нашла».
417 Книга Зоар с комментарием «Сулам», гл. «Берешит», ч. 1, п. 121.

в том, что она находится в изгнании – под властью «семидесяти народов» в человеке.

Посредством чего у них есть силы, чтобы властвовать над «свойством Исраэля»? Посредством вопросов, которые задают свойству Исраэля (ישראל), когда он хочет сделать что-то для Творца – что называется **«прямо к Высшему»** (ישר-אל). Тогда «народы» дают понять, что стоит работать только ради себялюбия. Что же касается работы ради отдачи, они спрашивают: «Что для вас эта работа?»[418] А это, как мы знаем, «вопрос нечестивца». Если же человек хочет преодолеть его довод, тогда к нему приходит «вопрос Фараона»: «Кто такой Творец, чтобы я послушался Его?»[419]

Если эти вопросы не действуют на человека с первого раза, то возвращаются и повторяются весь день. Сказано об этом: «Сокрушая кости мои, позорят меня враги мои, говоря мне весь день: "Где Творец твой?"»[420]. И не в силах человек выйти из-под их власти, и они унижают «свойство Исраэля» в нем до праха, как сказано: «Ибо унижена до праха душа наша, прильнула к земле утроба наша»[421]. Следует объяснить: когда «унижена до праха душа наша», это приводит нас к тому, что «льнет к земле утроба наша». «Утроба» – получающий сосуд человека. Таким образом, «точка в сердце» пребывает «во прахе», из-за чего наши сосуды льнут лишь к земному – к «себялюбию».

И наоборот, если бы духовное почиталось, то, конечно же, для нас была бы почетна возможность чем-то послужить Творцу, и даже самую малую службу мы расценивали бы как великое достояние. Ради этой почести стоило бы отказаться от всех наслаждений, доставляемых себялюбием. Об этом мы говорим в молитве на три паломнических праздника: «Отец наш, Царь наш, яви славу царства Твоего на нас без промедления». Иными словами, мы обращаемся к Творцу с просьбой, поскольку духовное унижено и представляет «Шхину во прахе», и потому мы хотим, чтобы Он

---

418 Тора, Шмот, 12:26.
419 Тора, Шмот, 5:2.
420 Писания, Псалмы, 42:11.
421 Писания, Псалмы, 44:26.

проявил нам его важность и славу. Тогда мы посчитаем великой заслугой полученную благодаря этому возможность выйти из себялюбия и обрести любовь к Творцу.

Это и объясняет Зоар: «И потому «искала я того, кого любит душа моя», – чтобы он вывел меня оттуда».

Известно, что в человеке есть три души:

1. Чистая душа.
2. Душа клипа́т но́га[422].
3. Душа трех нечистых клипот.

Чистая душа, как сказано выше, светит лишь в качестве точки. Соответственно, душа клипат но́га должна присоединиться к чистой душе, как мы разъяснили в предыдущих статьях от имени Бааль Сулама. При этом основное действие происходит в душе клипат но́га, так как душу трех нечистых клипот исправить невозможно, а чистую душу – не нужно, поскольку она и так чиста. В итоге, вся работа ведется с душой клипат но́га.

Когда человек совершает действия на отдачу, клипат но́га присоединяется к духовному. Если же он совершает нарушения, душа клипат но́га присоединяется к душе трех нечистых клипот, а чистая душа остается в обратной стороне и не светит, будучи униженной. Как следствие, мы не хотим прилагать старания для добрых дел, чтобы клипат но́га присоединилась к духовному.

Поэтому «на ложе моем по ночам искала я того, кого любит душа моя, – чтобы он вывел меня оттуда». Чистая душа, относящаяся к собранию Исраэля, находится «в другой, нечистой земле» и просит «того, кого любит душа моя, чтобы он вывел меня оттуда» – из нечистой земли. Иными словами, поскольку чистая душа унижена, постольку душа клипат но́га производит те деяния, которые желанны трем нечистым клипот. Таким образом, чистая душа вынуждена терпеть власть нечистых клипот,

---

422 Клипа́т но́га – свойство искр света, в которых перемешано добро и зло. Когда но́га получает свет в хорошую часть, то светит также и в свою плохую часть.

которые господствуют в это время. И потому чистая душа просит, чтобы ее вывели из этого изгнания под названием «но́чи».

Сказано в Книге Зоар[423]: «Рабби Аха сказал: как мы знаем, Творец постановляет о капле *семени*, мальчик это или девочка. Ты же говоришь: «Женщина, зачавшая первой, родит мальчика». В таком случае не требуется постановление Творца? Сказал рабби Йоси: разумеется, Творец различает между мужской каплей и женской, а различив, постановляет о ней, будет ли это мальчик или девочка».

Это объяснение непонятно. Что значит «различив, что капля мужская», постановляет? Почему Он должен постановлять? Разве и без того это не будет мальчик либо девочка?

Объясняется в комментарии «Сулам»[424]: «Трое участвуют в *рождении* человека: Творец, отец и мать. Отец дает белизну, мать дает румянец, а Творец дает душу. Если капля мужская, Творец дает мужскую душу, а если женская, Творец дает женскую душу. Таким образом, когда женщина зачала первой, капля в итоге еще не была мужской, если Творец не послал в нее мужскую душу. И это различие, которое Творец проводит в отношении капли – достойна ли она мужской души или женской, – считается Его постановлением. Если бы Он не различил этого и не послал бы мужскую душу, капля не стала бы в итоге мужской. Таким образом, два этих утверждения не противоречат друг другу».

Чтобы понять это в контексте духовной работы, поясним, что трое участвуют в **рождении одного человека**. «Отец и мать» приводят к рождению сына. «Отец» – это мужское свойство, «мужчина», «совершенство», поскольку мужское свойство представляет собой совершенство. Отец дает белизну, поскольку «белизна» – это «совершенство», где нет никакой нечистоты. А «мать» – это женское свойство (нэкева́), женщина, недостаток, поскольку отверстие (нэкев) – это ощущение недостатка, «румянец». Там словно горит «красный свет», и нельзя пройти – это зовется барьером, из-за которого невозможно идти вперед. А Творец дает

---

423 Книга Зоар с комментарием «Сулам», гл. «Тазриа», п. 9.
424 Книга Зоар с комментарием «Сулам», гл. «Тазриа», п. 9.

душу, ибо на всё способен человек, но дух жизни относится к Творцу.

И порядок работы таков, что человек должен делить рабочий день две категории: день и ночь. «День» – это совершенство, а «ночь» – недостаток. Чтобы родился сын, у которого будет «долгоденствие», он должен быть рожден отцом и матерью. Отец дает ему белизну, т.е. совершенство, мужское свойство, а мать дает ему недостаток, женское свойство. Совершенство и недостаток нужны, поскольку человек должен получать пищу для пропитания – и тогда он может работать. Так же и в работе на Творца: человек должен получать духовное пропитание – а потом сможет увидеть, чтó требуется исправить. В противном случае, у него нет сил для работы без пропитания. А пропитание мы получаем только от совершенства.

Поэтому нам дана возможность достигать совершенства, выполняя принципы отдачи. В таком случае нам не нужно проверять, сколько стараний мы прилагаем, чтобы действовать наилучшим образом, без всякого недостатка. Говоря иначе, не нужно поверять себя – поступаем ли мы как должно или нет. Напротив, тогда надо смотреть на сами принципы Торы – **чьи** принципы мы выполняем. То есть мы должны думать о Дающем Тору, как в благословении: «Благословен Ты, Творец, дающий Тору...» А о ее принципах мы говорим: «...который освятил нас заповедями Своими» – дабы знать, что мы выполняем веления Творца.

Поэтому мы должны придавать важность **Дающему**, получая жизнь и радость от того, что заслужили выполнить заповеданное Им, хотя бы самую малость. И должны сказать тогда, что хотя это действие – еще не подлинная реализация целиком ради отдачи, но все же мы должны верить: есть люди, лишенные желаний и помыслов о том, чтобы выполнять принципы Торы хотя бы в малейшей степени, а нам Творец дал желание и стремление выполнить чуть-чуть – и, пускай в меру нашего малого понимания, но мы, в конце концов, делаем что-то, тогда как другие лишены и такого. Придавая этому важность, мы получаем жизнь и пропитание.

Это и называется: «Отец дает белизну». Ведь, как уже сказано, совершенство – это белизна, где нет никакой нечистоты. Выгода от этого двойная:

1. Благодаря этому человек получает подъем духа, поскольку он слит с Совершенным, с Творцом. Надо верить: то, что Он дает, – это совершенство. И оно восполняет человека, так что он тоже чувствует себя совершенным. Тогда, само собой, он берет от этого пропитание, чтобы жить и обеспечивать себя, и чтобы потом у него были силы работать на отдачу.

2. В мере осознания важности, обретаемого человеком при работе в совершенстве, потом у него появится возможность ощутить недостаток в своей работе, которая не чиста по-настоящему. Иными словами, тогда человек сможет представить себе, сколько он теряет из-за небрежности в работе, и сравнить важность Творца с собственной низостью – что придаст ему силы для работы.

Однако же человек должен также исправлять себя. Иначе он останется во тьме и не увидит истинного света, который светит на подготовленные для этого сосуды, зовущиеся «сосудами отдачи». А исправление сосудов – это женское свойство, недостаток. Иными словами, человек работает, чтобы исправить свои недостатки. Это называется: «мать дает румянец». И тогда человек видит «красный свет» – барьеры, стоящие у него на пути и не позволяющие ему достичь цели.

И тогда настает время молитвы. Ведь человек видит масштабы усилий, требующихся от него в разуме и сердце, видит, что не продвинулся в работе на отдачу. А также видит, что его тело слабо и что у него нет больших сил, чтобы преодолеть свою природу. И потому он видит, что если Творец не поможет ему, он потерян. Сказано об этом[425]: «Если Творец не созидает дом, напрасно трудятся его строители».

Как следствие двух этих состояний совершенства и недостатка, представляющих «отца и мать», Творец помогает человеку – дает

---

425 Писания, Псалмы, 127:1.

ему душу, дух жизни. И тогда появляется на свет новорожденный. Об этом и сказали мудрецы: «Трое участвуют в *рождении* человека». Новорожденный этот жизнеспособен – у него есть долгоденствие. А иначе, если у него нет души, данной Творцом, он оказывается выкидышем – то есть лишен права на существование и падает со своей ступени.

Следует знать: Творец, со Своей стороны, желает давать. В нескольких местах разъясняется, что высший свет не перестает светить, – однако нам нужны подготовленные к получению сосуды.

Как следствие, в том, что зависит от подготовки человека, следует различать две категории, поскольку в человеке имеются два вида сил:

1. Силы получения.

2. Силы отдачи.

И два этих вида сил надо исправить, так чтобы они действовали на отдачу. Сила отдачи в человеке зовется «мужчиной», а сила получения в человеке зовется «женщиной», «женским свойством». А «зачатие» означает, что человек ведет работу, чтобы достичь чего-то. Например, когда ему нужна пшеница, он сеет ее – и благодаря своей работе получает пшеницу. А если ему нужна картошка, он сажает картошку. Иными словами, какой вид ему нужен, такую работу он и ведет – и такой результат получает.

Так же и в духовной работе: если человек хочет исправить сосуды отдачи – «мужское свойство», – сказано об этом: «если мужчина зачнет первым». Говоря иначе, он изначально задумывает исправить сосуды отдачи – и тогда «родит дочь». Известно, что существует обратный порядок между сосудами и светами, и свет женского свойства называется малым состоянием.

«Если же женщина зачнет первой», т.е. если он хочет исправить сосуды получения на намерение ради отдачи, тогда «родит сына» – свет мужского свойства, взрослого состояния.

А «Творец дает душу». И «Творец различает между каплями» – различает работу человека: какого вида было его «зачатие», т.е.

подготовка. Если человек хочет, чтобы сосуды получения действовали на отдачу, то Творец дает ему мужскую душу, зовущуюся душой взрослого состояния. А если человек относится к категории «мужчины» и хочет лишь, чтобы сосуды отдачи действовали на отдачу, тогда он получает от Творца свет малого состояния, относящийся к женскому свойству.

Три времени в работе
Статья 24, 1985

Человек должен различать в своей работе три времени:

1. Прошлое.
2. Настоящее.
3. Будущее.

«Прошлое» означает, что, приступая к духовной работе, человек должен посмотреть назад: по какой причине он хочет сейчас взять на себя это бремя. Иными словами, ему надо проанализировать причину: достаточна ли она для погружения в работу на Творца до такой степени, чтобы «размышлять об этом днем и ночью»[426] и чтобы все думы человека были только о Торе, так как он пришел к решению, что нет ничего, о чем стоило бы думать, кроме нее.

Разумеется, для этого человек должен чувствовать себя в большой беде, когда во всем мире нет того, для чего ему стоило бы жить, и он не находит ничего иного, кроме слияния с Творцом. Но чтобы заслужить слияние с Творцом, необходимо выйти из себялюбия. А для того чтобы выйти из себялюбия, человек верит словам мудрецов: «Я создал злое начало и создал Тору как приправу»[427].

Это и есть та причина, которая обязывает его размышлять о Торе днем и ночью. Ведь иначе он не сможет выйти из себялюбия. Таким образом, **причина Торы – слияние с Творцом.** А причину, обязывающую человека стремиться к этому слиянию, необходимо всегда обновлять, потому что многие противятся ей. Каждый раз тело задает новые вопросы, желая оспорить эту причину. Иногда оно говорит человеку, что это трудно; иногда говорит, что

---

426 Пророки, Йеошуа, 1:8.
427 Трактат «Кидушин», 30:2.

это не для него, и несет ему искры отчаяния; а иногда привносит чуждые мысли в его разум и сердце.

И потому надо всматриваться в прошлое – иными словами, постоянно проверять причину, давшую человеку начальное побуждение к этому. Возможно, были другие причины, которые привели его к духовной работе? То есть первичная причина состояла не в том, чтобы достичь слияния с Творцом, но были прочие причины? А потом сработал принцип «от эгоистического намерения ло-лишма – к альтруистическому намерению лишма», и вторичной причиной стало стремление к слиянию с Творцом? А может быть и наоборот: первой причиной было стремление к слиянию с Творцом, а затем, в силу различных обстоятельств, появились другие причины, заставившие человека взять на себя бремя духовной работы?

Из всего этого следует, что человек всегда должен проверять причину, обязывающую его вести духовную работу. Это и значит учиться на прошлом – на причинах, стоящих за всеми гранями его работы. Таким образом, причина представляет цель. Иными словами, человек способен прикладывать силы в мере величия и важности цели.

Различие же в том, что такое «важность». Ведь от нее зависит, что́ человек ценит. Обычно он ценит те вещи, которые приносят пользу ему самому, – т.е. только то, что связано с себялюбием. Если же цель состоит в отдаче, то для человека неестественно придавать этому важность.

Как следствие, в отсутствие причины – настоящей причины – он не в силах дойти до конца и достичь слияния с Творцом. Ведь когда человек видит, что не получит личной выгоды, он сразу бежит от цели, поскольку причина, по которой он взялся за духовную работу, была не ради отдачи, а ради собственной пользы.

Поэтому, когда человек не чувствует личной выгоды во время работы, он поневоле проявляет халатность. Ведь то, что он видит, не ощущается им как оплата, поскольку вся основа его работы лежит в намерении ло-лишма. Однако «от ло-лишма мы приходим к лишма». И порядок таков: человеку открывают ощущение того, что такое лишма, т.е. «не на благо себе, а на благо Творцу», – и он тотчас сбегает с поля боя.

Поэтому человек должен постоянно выяснять свою цель, т.е. причину. И всегда должен помнить, что цель – в отдаче Творцу. В таком случае, когда ему открывают ощущение того, что значит отдавать, он не путается, но знает, что это трудно, поскольку противно его природе.

И лишь теперь, после того как он увидел, что трудно работать ради отдачи, появляется возможность для молитвы из глубины сердца. Ведь человек видит, что не способен ни на что, кроме молитвы к Творцу о том, чтобы Он дал ему эту силу. Поэтому всегда надо изучать прошлое – чтобы у человека была настоящая причина, которая обяжет его заниматься духовной работой.

«Настоящее» – это деталь восприятия, которую человек ощущает во время работы. Ведь он должен вести духовную работу в нескольких аспектах. Сказали об этом мудрецы[428]: «Мир стоит на трех вещах: на Торе, на работе и на добрых делах».

Мир – это **человек, ибо каждый человек, сам по себе, – это маленький мир, как сказано в Книге Зоар**[429]. И чтобы человек состоялся, то есть мог существовать в мире, чувствуя и постигая Творца как Доброго и творящего Добро[430], ему нужны три эти вещи.

Ведь человек создан со злым началом – с желанием получать только для себя. На это желание было наложено сокращение, означающее скрытие и утаение высшего изобилия. В результате благо и наслаждение не ощущается, пока человек не достигнет подобия по свойствам, так чтобы все его дела были только ради отдачи. Поэтому нужна **Тора,** как сказано: «Я создал злое начало и создал Тору ему в приправу».

Работа же нужна, потому что она представляет молитву. **А молитва – это работа в сердце.** Иными словами, поскольку сердце

---

428   Трактат «Авот», 1:2.
429   Книга Зоар с комментарием «Сулам», гл. «Берешит», ч. 1, п. 121.
430   Трактат «Брахот», 44:1.

человека в корне своем – это получающее желание, которое надо обратить в противоположность, так чтобы только отдавать, а не получать, постольку от человека требуется большая работа для этого преображения.

А так как это против природы, человек должен молить Творца, чтобы Он помог ему выйти из собственного естества и вступить в свойство, лежащее над природой. Это называется «чудом». А чудо может совершить только Творец. Таким образом, появление у человека возможности выйти из себялюбия – это деяние из разряда «чудес».

Добрые дела РАШИ объяснил так: «Одолжить свои деньги бедному – это больше, чем подаяние, потому что тому не стыдно. Более того, добрые дела применимы к богатым и бедным, к мертвым и живым, к телу человека и его деньгам». В отличие от этого, о подаянии сказано: «Добрые дела выше подаяния»[431]. «"Милость Творца во веки веков над трепещущими пред Ним[432]". "Ибо сказал я: мир милостью устроен[433]". Это значит, что благодаря милосердию существует мир».

Таким образом, милосердие – это выход из себялюбия в любовь к Творцу. Сказал об этом рабби Акива[434]: «"Возлюби ближнего, как себя"[435] – великое правило Торы». Поэтому в **настоящем** человек должен видеть, как три вышеуказанные категории действуют в текущем времени. А также он должен тогда присоединять к настоящему прошлое – т.е. цель, представляющую причину, по которой он прилагает все усилия.

Будущее: человек должен видеть будущее – то, чего надо достичь, пока он не придет к совершенству. Ведь известно, что **«внутренний свет»** светит в настоящем, а **«окружающий свет»** – это то, что человек должен получить в будущем.

---

431 Трактат «Сукка», 49:2.
432 Писания, Псалмы, 103:17.
433 Писания, Псалмы, 89:3.
434 Трактат «Недарим», 30:2.
435 Тора, Ваикра, 19:18.

Как правило, если человек, занимаясь торговлей, вкладывает во что-то много денег, то делает это, конечно же, для того чтобы много заработать. Отсюда мы понимаем: если он закупил много товара, это для того, чтобы заработать много денег, сразу же продав этот товар.

Например, торговец купил товар на ярмарке. Когда он привез его, все жители города, увидев, что он привез много добра, поняли, что он сразу же арендует множество лавок, чтобы незамедлительно продать товар. Однако потом они увидели, что торговец отправил свой товар на склады и не желает его продавать. И все увидели, что, хотя он не продал товар, но все же радуется так, словно заработал целое состояние. Знакомые не могли понять торговца и спросили: «Откуда такая радость? Ведь ты ничего не продал и, само собой, ничего не заработал. Отчего же ты так рад?»

Тогда он ответил им: «Я купил много товара задешево, потому что его цена упала, и все торговцы боялись его купить. Я же купил, так как знаю из расчетов, что через два года многие захотят приобрести этот товар, поскольку он будет в дефиците. И тогда я смогу разбогатеть на нем. Поэтому, глядя на свое будущее, я радуюсь, несмотря на то что в настоящем не заработал ничего».

Отсюда мы видим, что если будущее светит в настоящем, пускай сейчас у человека еще ничего нет – это не важно. Ведь он может радоваться будущему, как настоящему. Но это именно в том случае, если будущее светит в настоящем. Говоря языком каббалы, человек наслаждается окружающим светом – т.е. светом, который придет в будущем.

Таким образом, когда человек видит, что есть подлинный путь, ведущий к цели, пускай он еще не достиг совершенства, все равно если уверенность в достижении цели светит ему, он может наслаждаться в настоящем так, словно окружающий свет светит сейчас внутри его сосудов-желаний.

Аналогично этому Бааль Сулам объяснил изречение мудрецов: «праведники воспевают будущее»[436]. Это значит: праведники

---

[436] Мидраш «Раба», Шмот, 23:5.

могут воспевать то, чему назначено прийти к ним позже. Иными словами, они верят, что в конце концов обретут совершенство. И на этом основании они поют славу, хотя пока еще не заслужили совершенства.

Об этом говорится в Зоаре[437]: «Сказал рабби Эльазар: Исраэль воспоют снизу вверх и сверху вниз, создав связь веры, как сказано: "Тогда воспоет Исраэль эту песнь"[438]. Сказано не "воспел", а "воспоет", – т.е. в будущем». Таким образом, человек должен получать подсветку от окружающего света – от будущего, которое после настоящего, – и должен привлекать ее в настоящее.

Поэтому **все три времени – прошлое, настоящее и будущее – включены в настоящее**. Однако злое начало всегда советует наоборот – разделять эти три времени, чтобы они не светили вместе. И потому всегда надо идти против злого начала, понимая: то, что оно говорит, точно не на пользу нам. Ведь это не в его функциях – оказывать нам содействие в работе.

Пример из статьи 11 (1985). Злое начало говорит человеку: «Зачем ты так стараешься в молитве, в реализации принципов отдачи и т.п? Ведь твое намерение не альтруистично? Другие люди прилагают старания в отдаче и молитве, потому что их намерение альтруистично. Но у тебя-то – нет». И тогда следует ответить ему: «Наоборот, я работаю ради отдачи и не желаю тебя слушать». Ведь злое начало хочет помешать человеку в работе, так чтобы он не реализовывал принципы отдачи.

А потом оно выдвигает следующий довод: «Ты праведник, твое намерение полностью альтруистично, и ты не похож на остальных людей». Тогда человек должен сказать ему: «Наоборот, все мои дела не ради отдачи. И я знаю: всё, что ты утверждаешь, – это мне не на пользу».

Дело в том, что злое начало хочет подвести человека нарушением из гордыни, – а это хуже всего, как сказано: «О каждом возгордившемся говорит Творец: "не можем Я и он жить в

---

437 Книга Зоар с комментарием «Сулам», гл. «Ваелех», п. 47.
438 Тора, Бемидбар, 21:17.

одном жилище"»[439]. Поэтому не может человек выбирать себе, каким путем идти: путем принижения или величия. Всё зависит от обстоятельств.

---

[439] Трактат «Сота», 5:1.

Во всем надо проводить различие между светом и сосудом

Статья 25, 1985

Во всем нужно проводить различие между светом и сосудом – иными словами, между Дающим, Творцом, и получающим, творением.

При этом нет света без сосуда. То есть если нет того, кто постигает свет, – кто может говорить о нем? Поэтому мы можем говорить только о свете, который облачен в сосуд, – иными словами, об изобилии, которое Дающий дает телу, т.е. о том, насколько тело впечатлено дающимся ему изобилием.

И нужно верить: всё, что человек получает в тело, приходит от Творца – как материальное, так и духовное. Ведь, как известно, в мире нет иной силы, которая совершала бы отдачу ему.

Поэтому, когда человек приступает к духовной работе, надо поблагодарить и восславить Творца – это и есть начало его вступления в работу. Порядок работы начинается с того, о чем сказали мудрецы[440]: «Пусть всегда будет человек воздавать славу Творцу, а потом будет молиться. Откуда нам это известно? От Моше, как сказано: «Умолял я Творца в то время»[441]. И сказано: «Творец, Ты начал...»[442] А также сказано: «Дай перейду я и посмотрю на эту добрую землю»[443].

---

440   Трактат «Брахот», 32:1.
441   Тора, Дварим, 3:23.
442   Тора, Дварим, 3:24: «Творец, Ты начал показывать рабу Твоему величие Твое и крепкую руку Твою».
443   Тора, Дварим, 3:25.

Поэтому, когда человек начинает благодарить Творца, прежде всего он должен поблагодарить Его за то, что Он создал мир, как мы говорим в молитве[444]: «Благословен Тот, по слову которого возник мир». И тогда начинается работа – в мере того, насколько в силах человека воздать благодарность Творцу за то, что Он создал мир. Таким образом, степень благодарности – в степени наслаждения.

Здесь начинается выявление истины и лжи. И здесь заложено различие между частной и общей работой: является ли изучение Торы (науки каббала) для человека его «ремеслом»[445] или нет. Бааль Сулам объяснил: «Тора как ремесло (оману́т – אומנות)» – это значит, что с помощью Торы человек хочет обрести веру (эмуна́ – אמונה). Иначе он следует людям из общности, которые изучают Тору, чтобы заслужить будущий мир, т.е. ради получения, а не людям, относящимся к частной работе, которые занимаются ради отдачи.

Когда человек начинает восславлять Творца, также следует отделять истину от лжи. Как правило, когда человек должен поблагодарить того, кто ему помог, он благодарен в той мере, насколько ощущает эту помощь. Соответственно, когда человек начинает благодарить Творца за то, что Он ему дал, тело начинает взвешивать полученные блага, и мерой впечатления от них определяется степень благодарности.

Поэтому, когда человек говорит: «Благословен Тот, по слову которого возник мир»[446], это также зависит от того, в какой мере он испытывает удовольствие от мира. Тогда тело начинает показывать человеку, что ему недостает материальных и духовных благ, и не позволяет ему воздать хвалу перед Творцом. И здесь требуется большая работа: надо идти выше знания и верить, что Творец делает ему только добро. А также здесь имеет место анализ истины и лжи.

---

444 Молитва Шахарит.
445 Понятие «Тора как ремесло» берет начало из трактата «Шаббат» (11:1). Оно относится к тем, для кого духовный путь – главное, единственное дело жизни.
446 Из молитвы Шахарит.

Общее имя Творца – Добрый и Творящий добро[447]. И требуются большие усилия, чтобы поверить выше знания, что Творец Добр и Творит добро. Поэтому, когда человек начинает воздавать хвалу Творцу, ему уже есть о чем молиться, чтобы он мог идти выше знания. До тех пор он не испытывал особой потребности верить в Творца выше знания – теперь же он ощущает недостаток веры и потому нуждается в таком изучении Торы, чтобы кроющийся в ней свет вернул его к Источнику[448].

Таким образом, желание воздать хвалу Творцу вызывает в человеке ощущение недостатка. И когда у него есть эта потребность, зовущаяся сосудом, – в мере того, насколько человек чувствует себя далеким от совершенства, у него появляется возможность для работы, а также нужда в молитве и Торе.

Однако есть и иная потребность. Порой, когда человек видит свою низость, он отчаивается и сбегает с поля боя. Тогда все удовольствия он получает, только если забывает о своем состоянии, т.е. не думает о духовном. Либо он может спать – испытывать большое удовольствие от сна, но не потому, что сон доставляет ему особое наслаждение, – просто во время сна он не помнит о духовной работе, и в этом его удовольствие. Ведь когда он вспоминает о работе, тело тотчас вызывает в нем ощущение низости и отчаяния.

Как следствие, человек должен всегда остерегаться, чтобы не впасть в отчаяние, когда к нему приходят страдания и он видит, что не в силах продолжать духовную работу. Поэтому сказал Бааль Сулам, что человек должен быть осторожен и отдавать себе самоотчет только в специально назначенное для этого время, а не когда тело навязывает ему подведение итогов. Пускай скажет телу: «У меня назначено специальное время для самоанализа: держусь ли я данной мне линии или свернул с верного пути. А сейчас я занимаюсь Торой и молитвой. И я уверен, что Творец поможет мне, как помогал всем, кто работает на отдачу, желая

---

447 Трактат «Брахот», 44:1.
448 Мидраш «Раба», Эйха, Введение, 2.

идти верным путем, чтобы достичь цели, ради которой они были созданы».

Как я написал в предыдущей статье, а также в статье 11 (1985), следует занять позицию противоположную тому, что говорит тело.

Отсюда мы поймем вопрос Зоара и ответ на него[449]. «Сказано: «Если будете следовать Моим законам, и соблюдать Мои предписания, и делать их...»[450] Спрашивается: после того как уже сказал: «следовать» и «соблюдать», зачем еще и «делать»? Ответ: тот, кто реализует принципы Торы и следует путям Его, – как будто делает Его наверху. Сказал Творец: «Как будто сделал Меня». И утверждает Его. Поэтому: сделайте их законом и установлением[451]».

На первый взгляд, это очень странный ответ: как можно сказать, что, реализуя Тору и принципы отдачи, мы делаем Творца наверху? Разве не «полна вся земля славой Его»[452] и до того, как создания реализуют Тору и ее принципы? А раз так, в чем смысл слов «как будто вы делаете Меня»?

Однако же, как сказано выше, мы не говорим о свете без сосуда. Ведь относительно кого определяется, что есть свет? Только если есть сосуд, тогда он постигает свет. Поэтому, когда мы говорим, что цель творения – насладить создания Творца, это говорится только относительно самих созданий, когда они получают благо и наслаждение. Говоря иначе, есть сосуд, который постигает Его так, что они получают от Творца только благо и наслаждение. С другой стороны, когда создания не получают от Него блага и наслаждения, возникает вопрос: относительно кого проявляется имя Творца «Добрый и Творящий добро»?

Поэтому, чтобы было раскрыто общее имя Творца «Добрый и Творящий добро», включающее все Его имена, и чтобы, получая благо и наслаждение от Творца, создания получали это благодеяние в

---

449 Книга Зоар с комментарием «Сулам», гл. «Бехукотай», п. 18.
450 Тора, Ваикра, 26:3.
451 Пророки, Шмуэль I, 30:25.
452 Пророки, Йешаяу, 6:3.

совершенстве, а не как подаяние в подарок, – было произведено сокращение и скрытие. В результате создания не могут постичь и ощутить благо, пока не подготовят себя посредством сосудов отдачи, означающих подобие свойств. Как следствие, имя «Добрый и Творящий добро» не раскрыто, и это приводит к тому, что создания не ощущают Творца. Поэтому существуют в мире нечестивцы, не верящие в Него.

Чтобы имя Творца раскрылось в мире перед всеми, недостает лишь сосудов подобия свойств. А обрести сосуды отдачи, которые и являются сосудами подобия свойств, мы можем, только реализуя Тору и ее принципы.

Это значит, что, выполняя Торы и ее принципы, надо держать намерение, чтобы благодаря этому поднялась слава Исраэля. А «Исраэль» (ישראל) означает «прямо к Высшему» (ישר-אל) – так чтобы наши дела были устремлены прямо к Творцу, а не ради собственной выгоды. Это и называется подобием свойств. А на языке Зоара это называется: «поднять Шхину из праха»[453]. Ведь мы не ценим духовное так, чтобы можно было сказать своему телу, что это великое достижение – возможность служить Творцу, – после чего тело покорилось бы и отменило бы себя перед духовным.

В этом смысл слов Зоара о том, что, «следуя Моим законам и соблюдая Мои предписания», тем самым вы «делаете их» – т.е. как будто делаете Меня наверху. Иными словами, тем самым вы делаете так, чтобы раскрылось имя Творца «Добрый и Творящий добро» – т.е. чтобы все ощутили благо, так как вы заслужили подобие свойств.

---

[453] Предисловие Книги Зоар с комментарием «Сулам», п. 54.

Покажи мне славу Свою
Статья 26, 1985

Сказал Моше: «Покажи мне славу Свою»[454]. И сказал Творец: «Когда сниму руку Мою, ты увидишь Меня с обратной стороны, а лицо Мое не будет видимо»[455]. Следует понять, на что указывает нам вопрос Моше и ответ Творца, применительно к нашей работе.

Вступая в работу на отдачу, человек стремится увидеть славу Творца. Это значит: когда Творец светит ему, т.е. когда человек ощущает вкус в духовной работе и стремится к духовному, тогда он может вести работу на отдачу и знает сам, что идет по пути Творца. Тогда человек чувствует себя выше других: все погрязли в материальном, и только он знает и понимает, что такое духовное.

Есть известное изречение мудрецов[456]: «Рабби Левитас из Явне говорит: всячески смиряй свой дух». Как следствие, человеку требуется большая работа, чтобы найти в себе какой-то недостаток, который позволит сказать, что он низок. Но поскольку нам следует выполнять сказанное мудрецами, человек принимает это выше знания и говорит: «Конечно же, я еще не совершенен».

А также бывают периоды обратной стороны, когда человеку не светит желание выполнять принципы отдачи и он не чувствует изъяна в том, что не устремлен к слиянию с Творцом. В состоянии обратной стороны человек может увидеть себя в истинном виде, как есть: считает ли он себя всё еще выше других. В таком случае он должен работать над самопринижением и принять на себя этот принцип верой выше знания, хотя, глядя на других людей, он видит их в духовном падении, а себя – на подъеме. Таким

---

454 Тора, Шмот, 33:18.
455 Тора, Шмот, 33:23.
456 Трактат «Авот», 4:4.

образом, только в состоянии обратной стороны человек может видеть истину, тогда как в лицевой стороне может обманывать себя.

Однако же ступень обратной стороны тоже содержит множество граней. Если человек уже приступил к настоящей работе, т.е. встал на путь работы ради отдачи, лишь тогда он начинает ощущать подлинные состояния обратной стороны. В таком случае иногда к нему приходит картина обратной стороны, и он видит свое падение. И хотя до этого падения в текущее состояние он находился в лицевой стороне, но теперь видит, что у него нет никакого устремления ни к принципам отдачи, ни к молитве и т.п. Он чувствует себя сейчас пустым сосудом без капли духовной работы. А кроме того, он видит себя так, словно никогда не вел духовную работу и вообще не знает сейчас, что это такое.

И порой человек оказывается во тьме: когда он заводит с собой разговор о том, что пора заняться работой и что бессмысленно оставаться без всякой цели в жизни, тогда ему кажется, что он говорит себе нечто новое, как будто он никогда не слышал о духовных вопросах. И тогда человек удивляется себе: как можно испытывать такое ощущение, словно он новичок, никогда не занимавшийся духовной работой? Хотя в памяти у него еще остался слабый след от того периода, когда он постоянно видел себя в первых рядах, – но вдруг всё исчезло из сердца, и он вспоминает об этом лишь как во сне.

Таким образом, **человек видит свое истинное состояние только в период обратной стороны**. Об этом и сказано: «Ты увидишь Меня с обратной стороны, а лицо Мое не будет видимо». Как следствие, у человека уже есть возможность для работы – просить Творца, чтобы Он приблизил его к Себе и раскрыл ему свет Своего лика. И тогда человек приходит к раскаянию, «пока не засвидетельствует о нем Знающий тайны, что не вернется больше к глупости своей»[457].

---

[457] РАМБАМ, «Мишне Тора», «Законы возвращения», 2:2.

Сказано в «Предисловии к Учению десяти сфирот»[458]: «Следует знать, что вся работа по реализации Торы и ее принципов путем выбора, ведется, главным образом, в двух стадиях скрытого управления. Сказано об этом периоде времени: «по страданию – оплата»[459]. Ибо управление Творца не явно, и невозможно видеть Его, иначе как в скрытии лика, т.е. лишь с обратной стороны. Однако, после того как Творец видит, что человек восполнил меру своих усилий и закончил всё, что ему полагалось сделать силой своего выбора и укрепления веры в Него, тогда помогает ему Творец, и человек удостаивается постижения явного управления, т.е. раскрытия лика».

Отсюда следует, что работа на истинном пути начинается в категории обратной стороны – для того, чтобы человек подготовил себе сосуды, в которых водворится свет Творца. А **сосуды – это желания**. Иными словами, пока человек не пройдет состояние обратной стороны, он не знает, что **нуждается в помощи Творца**, но полагает, что своими силами может достичь совершенства и ему не нужна какая-то исключительная помощь Творца.

Однако же при этом, как принято в народе Исраэля, хотя разум зримо обязывает к тому, что человек является действующим лицом, тем не менее, он знает и верит, что Творец помог ему достичь желаемого.

С другой стороны, в работе на отдачу человек видит и разум подсказывает ему, что он не в силах достичь ступени отдачи, – и он сидит и ждет, чтобы Творец помог ему. Лишь в таком случае человек нуждается в Творце. И это называется **сосудом, желанием**.

Путь истины называется «лишма». Это значит, что человек делает всё ради того, чтобы доставить удовольствие Творцу. Тогда он испытывает сопротивление тела, утверждающего свое понимание, согласно которому вся работа человека состоит в том, чтобы наполнять сосуды тела. Это означает себялюбие. Тогда человек начинает понимать, что не в силах идти против тела. И тогда он нуждается в помощи Творца. Это значит, что у него уже есть

---

458 Бааль Сулам, «Предисловие к Учению десяти сфирот», пп. 53-54.
459 Трактат «Авот», 5:23.

сосуд – желание и потребность в том, чтобы Творец наполнил его. И тогда в человеке реализуется то, о чем сказали мудрецы[460]: «Если человек приходит очиститься, ему помогают». Сказано там: «Если человек приходит очиститься, ему помогают чистой душой, очищают и освящают его, и он зовется чистым (дающим)».

Отсюда мы видим: пока у человека нет сосуда, ему не могут дать свет. Но после того как в его сердце утвердится необходимость в помощи Творца, он получает эту помощь. Как сказано, именно когда человек приходит очиститься и видит, что не может, тогда он получает свыше чистую душу – свет, посылаемый ему в помощь, с тем чтобы он мог идти вперед, побеждая свои сосуды получения, так чтобы использовать их ради отдачи Творцу.

Отсюда объясним слова: «Мир, мир дальнему и ближнему»[461]. «Мир» (шало́м – שלום) означает совершенство (шлему́т – שלי-מות) разногласий. О разногласиях сказали мудрецы: «Пускай всегда будет человек ополчать доброе начало на злое начало»[462]. А РАШИ объяснил: пускай ведет с ним войну.

Человек думает, что лишь когда он чувствует себя близким к Творцу, тогда он совершенен. И ему кажется, что он уже заслужил категории лицевой стороны. Когда же он чувствует себя далеким от Творца, то полагает, что сошел с пути к совершенству. На это и сказано: «мир, мир». Имеется в виду категория мира, о которой говорит Творец[463]. Сказано об этом: «Услышу, что скажет Творец, ибо **мир** возвещает Он народу Своему и приверженцам Своим, дабы не вернулись они к глупости».

Следовательно, мы должны верить, что Творец возвещает «мир» и тогда, когда *человек* чувствует себя далеким от Него. Ведь кто дал ему понять, что сейчас он более далек, чем в другое время?

Обычно человек начинает испытывать отдаление, когда прилагает старания в духовной работе, желая еще более следовать пути истины. Тогда он и видит, что оказался еще дальше. Однако

---

460 Книга Зоар с комментарием «Сулам», гл. «Ноах», п. 63.
461 Пророки, Йешаяу, 57:19.
462 Трактат «Брахот», 5:1.
463 Писания, Псалмы, 85:9.

же, согласно принципу «одно доброе дело влечет за собой другое»[464], он должен был почувствовать себя ближе?

Дело в том, что Творец приближает человека, показывая ему истину, – чтобы человек ощутил необходимость в Его помощи. Иными словами, Творец показывает человеку, что тот не в силах победить в войне без Его помощи. Таким образом, когда человек чувствует себя далеким в состоянии обратной стороны – это время сближения с Творцом.

---

464   Трактат «Авот», 4:2.

Возвращение
Статья 27, 1985

Сказано в Книге Зоар: «Это наказ о возвращении[465]. И это Бина. Что же такое Бина (בינה)? Она состоит из букв бен (**בן** – букв. «сын») и йуд-hэй (**יה**). Этот сын – суть вав (**ו**), который слит с ней и получает от нее *света́* мохин йуд-hэй. Каждый совершающий возвращение словно возвращает hэй (ה), Малхут, к вав, сыну йуд-hэй. И восполняется благодаря ему имя АВАЯ (**הויה**)[466].

Буква hэй – это, конечно же, высказанная исповедь. Сказано об этом: «Возьмите с собой речения и возвратитесь к Творцу, скажите Ему: «Восполним быков (жертвоприношения) устами нашими»[467]. Ибо, конечно же, когда человек грешит, он вызывает отдаление буквы hэй от вав. Поэтому был разрушен Храм, и Исраэль отдалились оттуда и оказались в изгнании среди народов. Поэтому каждый совершающий возвращение приводит к возвращению hэй к букве вав[468].

Это возвращение, т.е. Малхут и буква hэй имени АВАЯ, называется жизнью. Сказано об этом: «Ибо от него – итоги жизни»[469], т.е. ду́ши Исраэля, следствия Малхут, называемой жизнью. Она – дыхание, выходящее и входящее в уста человека без труда и усилий, и это свойство буквы hэй в слове **הבראם** (сотворение их)[470], так как буква hэй легче произносится устами, чем все остальные буквы. Сказано о ней: «Всем, что исходит из уст Творца, живет человек»[471] – потому что Малхут называется «исходящей из уст Творца». И она пребывает над головой человека: «Над головой

---

465 На иврите *возвращение* и *раскаяние* – одно слово.
466 Книга Зоар с комментарием «Сулам», гл. «Насо», п. 28.
467 Пророки, Ошэйа, 14:3.
468 Книга Зоар с комментарием «Сулам», гл. «Насо», п. 29.
469 Писания, Мишлэй, 4:23.
470 Тора, Берешит, 2:4. «Вот происхождение неба и земли при сотворении их».
471 Тора, Дварим, 8:3.

моей – Шхина Творца»[472]. И о ней сказано: «Образ Творца видит он»[473] – поскольку Малхут называется образом Творца. А также сказано[474]: «Только в подобии будет ходить человек»[475].

И поскольку она пребывает над головой человека, ему запрещено проходить расстояние в четыре локтя с непокрытой головой. Ведь если она отойдет от головы человека, сразу же отойдет от него жизнь[476].

Сказано о форме буквы һэй: «Добрый дар есть у Меня в сокровищницах Моих, и зовется он субботой»[477]. Потому что суббота – это Малхут, когда она поднимается в Бину. И когда эта Малхут, означающая субботу, царит над Исраэлем, нет у них ни усилий, ни рабства. В этот день трудившаяся и усердствовавшая душа «перестает работать и отдыхает»[478]»[479].

Следует понять все те имена, которыми Зоар называет Малхут:

1. Почему Малхут называется «һэй» (ה), и представляет «дыхание (הבל) без труда и усилий»? Ведь есть правило: «нашел, не приложив усилий, – не верь»[480].

2. Почему Малхут называется «жизнью»? Ведь Зоар в нескольких местах называет ее «свойством суда», из которого происходит категория смерти.

3. На что указывает название «уста Творца»?

4. Как объясняется то, что она пребывает «над головой человека»?

5. Почему Малхут называется «образом Творца», как сказано: «образ Творца видит он»?

---

472 Слова из молитвы «Шма» перед сном.
473 Тора, Бемидбар, 12:8.
474 Писания, Псалмы, 39:7.
475 Книга Зоар с комментарием «Сулам», гл. «Насо», п. 31.
476 Книга Зоар с комментарием «Сулам», гл. «Насо», п. 32.
477 Трактат «Шаббат», 10:2.
478 Тора, Шмот, 31:17.
479 Книга Зоар с комментарием «Сулам», гл. «Насо», п. 34.
480 Трактат «Мегила», 6:2.

6. Почему Малхут называется «подобием» (צלם), как сказано: «только в подобии будет ходить человек»?

Чтобы прояснить это, сначала надо понять всё, что касается цели творения, – иначе говоря, всю ту связь, которой творения должны соединиться с Творцом. На этой первооснове базируются все наши усилия, а также наказания, применяющиеся, если мы не устремляемся исправить это. И в этом вся награда, которую мы получаем, когда творения связуются с Творцом.

Известно, что цель творения – доставить благо Его созданиям. А чтобы не было «хлеба стыда», требуется подобие свойств. Ведь различие свойств в духовном называется «отдалением», а подобие свойств – «сближением». Поэтому, хотя Его желание доставить благо Своим созданиям безгранично, тем не менее, возникла необходимость уподобления свойств. Иными словами, получать благо и наслаждение можно лишь при условии, если это будет ради того, чтобы доставить удовольствие Творцу.

Отсюда для нас проистекает необходимость прилагать усилия. Говоря иначе, мы должны создать экран (масах), чтобы можно было получать благо и наслаждение ради отдачи. В этом корень наших усилий, как сказано в Общем введении в книгу Приветливый лик»[481]: «Знай, что экран в сосуде Малхут – это корень тьмы, из-за действующей в нем силы, которая задерживает высший свет, чтобы он не распространился в четвертую стадию. И в этом также корень усилий ради получения оплаты, поскольку усилие – это действие не по желанию. Ведь работник ощущает комфорт только в состоянии покоя, но поскольку хозяин платит ему зарплату, он отменяет свое желание перед желанием хозяина».

Таким образом, всё, что от нас требуется, – это работа. Только это возложено на нас, как сказано: «Сотворил Творец для дела»[482]. **«Сотворил»** – это то, что относится к Творцу, т.е. к желанию доставить благо Его созданиям. Следствием категории сотворения стало для нас разобщение и различие свойств. Однако посредством **«дела»**, т.е. благодаря нашей работе, которую мы

---

[481] Бааль Сулам, «Общее введение в книгу Приветливый лик», п. 3.
[482] Тора, Берешит, 2:3.

производим, чтобы достичь ступени «ради отдачи», мы снова приближаемся к Творцу в подобии свойств.

В этом состоит партнерство творений с Творцом, как сказано в Зоаре[483]: «"И сказать Циону: ты – народ Мой"[484]. Читай не "**народ Мой**" (ами – עמי), а "**со Мной**" (ими – עמי) – что означает: быть в партнерстве со Мной». Иными словами, Творец дает получающее желание – созданную Им потребность под названием «тьма». Сказано об этом: «творю тьму»[485]. Это приходит в силу Его желания нести благо. А создания должны создать экран, посредством которого у нас появляется подобие свойств. И лишь тогда у нас есть сосуды, пригодные к тому, чтобы получать изобилие, идущее от желания доставлять благо Своим созданиям. Таким образом, категория «**сотворил**» происходит свыше, а категория «**для дела**» происходит от низших.

Что касается усилий, в них мы находим два момента:

1. Когда работа и оплата – это две вещи, и работа ведется не там, где оплата. Иными словами, время работы – отдельно, и время оплаты – отдельно.

2. Когда работа и оплата – в одном месте и в одно время.

Понятие «усилие» означает, что надо сделать какое-то движение. А движение производится тремя способами:

1. Физические усилия.

2. Умственные усилия.

3. Внутренние усилия – самые тяжелые, когда надо работать умом и производить действия, которые против рассудка и разумения. Иными словами, человек должен отменить свой разум. Это значит: разум обязывает его действовать так-то и так-то, а он производит движение и отменяет свой разум. И пускай он понимает рассудком, что это стопроцентная истина, но все же отменяет его. И это – **настоящее усилие**.

---

483 Предисловие Книги Зоар с комментарием «Сулам», п. 67.
484 Пророки, Йешаяу, 51:16.
485 Пророки, Йешаяу, 45:7. «Создаю свет и творю тьму... Я, Творец, свершаю всё это».

Вернемся к сути усилий. Допустим, к примеру, что человек производит какое-то движение, чтобы получить что-то взамен. Иначе он оставался бы в состоянии покоя – ведь человек, по природе своей, стремится к покою. Как разъясняется в «Учении десяти сфирот»[486], «это потому, что нашему корню свойственно не движение, а покой. Движения в нем нет вовсе».

Мы видим: насколько важна и необходима человеку оплата, настолько он способен прикладывать усилия. Однако если бы он нашел какую-либо возможность получить оплату без работы – тотчас отказался бы от усилий. Ведь усилия для него – лишь средство получения оплаты. И потому, если он может получить оплату другим способом, не работая, то задумывается о том, зачем ему работать впустую. Все равно он не получит никакой оплаты за свою работу, поскольку то, что ему дадут за нее, он может обрести и так. Получается, что ему не заплатили. А без вознаграждения работать невозможно. И, как следствие, человек отказывается от работы.

Это означает, что оплата и работа разнесены по месту и времени. По месту: например, человек работает на заводе, а оплата для него – это зарплата, которую он получает в кассе. И по времени: время работы – отдельно, и время получения зарплаты – отдельно. Ведь работа производится на протяжении часов, каждое мгновение, а оплату человек получает только в конце дня, завершив работу. Сказано об этом[487]: «Не притесняй наемного работника, в тот же день отдавай плату его, до захода солнца».

Однако иногда работа и оплата совпадают по месту и времени. Это происходит там, где **сама работа является вознаграждением** и человек не ждет, что ему дадут другую награду за его работу, т.е. за каждое движение тела. Как мы уже сказали, тело не способно ни на какое движение без оплаты. С другой стороны, когда работа для человека – вознаграждение, выходит, что он получает оплату в том же месте, где работает. А также он **получает оплату в то же время, когда работает**. Иными словами, ему не

---

486 Бааль Сулам, «Учение десяти сфирот», ч. 1, «Внутреннее созерцание», п. 19.
487 Тора, Дварим, 24:14.

надо дожидаться другого времени, когда ему дадут оплату, как, например, в конце дня, – но за каждое свое движение он получает оплату тотчас, на месте.

Пример: в страну приезжает некий корифей, и все поклонники, разумеется, едут его встречать. В руке у него небольшой сверток, и он выбирает одного из поклонников, чтобы тот поднес этот сверток до такси. После этого корифей достает купюру в сто долларов и дает поклоннику за доставку свертка к машине. Поклонник, конечно же, не хочет принять деньги. Тогда корифей спрашивает его: «Почему вы не хотите принять деньги? Ведь это лишь малая услуга. Взять простого носильщика, не поклонника, не разбирающегося в моей сфере деятельности и не знающего, что я уважаемый человек, – если бы я дал ему десять долларов, он был бы мне очень благодарен. Вам же я даю в десять раз больше, чем простому носильщику. А вы не хотите это принять?»

Однако же об этом надо сказать следующее: поклонник не хочет принять от него оплату за переноску, поскольку он как раз сознает величие и важность корифея. И когда корифей выбирает его для оказания услуги, для него это большая награда, которая дорогого стоит. Если бы кто-то из других поклонников мог купить у него предоставленную корифеем возможность оказать ему услугу, конечно же, он сказал бы: «Все богатства мира ничего не стоят по сравнению с услугой, которую мне позволили оказать, выбрав из всех одного лишь меня».

Здесь мы видим, что усилия и награда совпадают по месту и времени. Ведь во время работы, когда человек несет на себе ношу и нуждается в оплате, поскольку без оплаты невозможно работать, он не получает ее в другом месте, как в случае, если работа – это сверток, который он несет, а оплату он получит в другом месте, в деньгах, или в другое время – по завершении работы.

Напротив, в данном случае работа и оплата совпадают по месту: работа в том, что человек несет сверток, а награда в том, что он несет сверток корифея. И тому не надо давать ему что-то в награду. Ведь сама работа – доставка свертка – и есть его награда. А также здесь имеется совпадение по времени: работая, человек в то же самое время получает оплату. В этом случае нельзя сказать, что он получает плату по завершении работы. Напротив, он получает награду в то же самое мгновение. Здесь нельзя провести различие между временем работы и временем оплаты, поскольку вся награда человека – та услуга, которую он оказывает корифею. От этой услуги он получает больше удовольствия, чем от всех богатств мира.

Таким образом, здесь мы видим нечто новое. Ведь в действительности не бывает такого, чтобы человек получал оплату в каждый момент своей работы. Оплата всегда приходит после работы, как сказано: «Сегодня сделать, а завтра получить вознаграждение»[488]. Здесь же иначе: работа и оплата составляют одно целое.

Как следствие, такая работа не является усилием, за которое полагается награда. Только когда работа и награда не совпадают по месту и времени, тогда работа требует усилий. В таком случае **работа – это лишь средство, чтобы получить оплату**. И потому, если бы у человека была возможность отбросить средство и сразу достичь цели, то для чего ему это средство? Поскольку цель – и есть вознаграждение, постольку всё внимание человека обращено только на награду. И всегда он высматривает, как бы работать поменьше, а заполучить побольше.

С другой стороны, если работа и оплата единовременны, такая работа не требует усилий, из-за которых человек хотел бы избавиться от нее. Ведь работа и оплата совпадают по месту и времени, поскольку он получает удовольствие, оказывая услугу важной персоне.

Отсюда следует, что усилия по реализации принципов отдачи требуются лишь тогда, когда человек несет на себе это бремя, подобно носильщику, несущему сверток важной персоны и не сознающему ее важности. В таком случае он всегда торгуется, желая в награду больше того, что ему платят за труды, – как в примере с корифеем.

Если же речь идет о поклоннике, берущем сверток у корифея, то поклонник сознаёт его важность и величие, и потому не хочет от

---

488 Трактат «Эрувин», 22:1.

него никакой оплаты. Напротив, **величина награды измеряется тем, насколько он сознаёт величие и важность** корифея, – и так он получает добавку к оплате. Ведь хотя в нашей природе заложено большое удовольствие от услуги важной персоне, однако, само собой, эта важность тоже бывает разной. Если человек оказывает услугу самой важной персоне в городе, то, хотя он и испытывает удовольствие, но не настолько, как если бы знал, что оказывает услугу самой важной персоне в стране. И тем более, наибольшее удовольствие человек испытывает, зная, что оказывает услугу самой важной персоне в мире, – тогда его наслаждение безгранично велико.

Таким образом, усилия в реализации принципов отдачи требуются потому, что нам недостает осознания важности и величия Творца. Говоря языком Зоара, все помыслы человека должны быть направлены лишь на то, чтобы «поднять Шхину из праха». Весь духовный мир скрыт от нас, потому что мы не чувствуем важности своей работы – иными словами, не чувствуем важности Того, для Кого работаем, Кому служим. Поэтому, когда мы работаем на преодолении, такая работа по принуждению требует усилий, поскольку оплата находится не там, где работа.

Говоря иначе, принуждая себя к работе, человек рассчитывает получить оплату по прошествии времени и в другом месте. И поскольку оплата отдалена от времени работы, постольку у него есть время на мысленный расчет: сейчас он работает, а потом получит вознаграждение. В таком случае есть период времени, на протяжении которого ведется работа, – что и называется «усилиями». В отличие от этого, когда человек ощущает важность работы, т.е. чувствует, Кому он служит, тогда оплата находится там же, где работа. И такая работа не требует усилий, поскольку работа и награда за нее совпадают по месту и времени – и усилия не нужны.

Как уже сказано, это можно рассматривать так, что работа и оплата находятся в одном месте. А значит, **сама работа и есть цель**. Поэтому человек не захочет отказаться от этой работы – ведь, как водится, мы отказываемся не от цели, а только от средств. Следовательно, когда оплата и работа совпадают по месту и времени, человек не может отказаться от работы. Ведь если он отказывается от работы, то отказывается и от награды, поскольку они в одном месте.

С другой стороны, если человек работает грузчиком, как в вышеприведенном примере, ему требуются усилия, поскольку работа и оплата находятся в разных местах. Тогда человек склонен отказаться от усилий, являющихся лишь средством получения оплаты, – и хочет самой оплаты. Например: человек работает, чтобы обрести будущий мир, и готов отказаться от работы, если ему дадут будущий мир без нее. Ведь ему нужна только цель, но не средства.

То же самое следует распознавать и в подарке. Когда важный человек дает кому-то подарок, получающий различает в этом подарке две вещи:

1. Дающий любит его – иначе он не подарил бы ему это.
2. Подарок как таковой.

Здесь надо проводить то же различие: в чем цель и в чем средство. И здесь тоже решающее значение имеет значимость дающего: если это важный человек, то любовь становится целью, а подарок – средством, благодаря которому проявляется любовь. Таким образом, и здесь человек готов отказаться от подарка, но не от любви. Если же дающий – простой человек, тогда подарок – это цель, а любовь – средство. И можно отказаться от любви – главное, чтобы дающий дарил подарки.

Таким образом, даем мы или получаем, всегда производится тот же расчет: насколько человек важен.

До сих пор мы говорили об оплате и работе, однако есть еще одна вещь – **наказание**. Если человек не реализует принципы отдачи, то получает за это наказание. Но и здесь следует различать: получает ли он наказание там же, где нарушает законы, или наказание приходит в другом месте и в другое время.

Возьмем, к примеру, вознаграждение и наказание в контексте законов государства. Их нарушитель получает наказание, и это наказание не совпадает с нарушением по месту и времени.

Если человек обокрал другого, и стало известно, что вором был именно он, – тогда он получает наказание: допустим, заключение или денежный штраф. Однако всё это – не в то же время и не в том же месте. Если же не стало известно, что он вор, – он никогда не получит наказания.

То же касается и нарушающих законы Торы. Но все же есть большая разница между теми, кто нарушает законы Торы, и теми, кто нарушает законы государства. Что касается открытой части Торы, т.е. физической реализации ее принципов – каждый может видеть, чтó делает другой. В этой части нарушение и наказание тоже не совпадают по месту и времени. Если человек совершил нарушение и есть свидетели, видевшие это, то он получает наказание за содеянное. Таким образом, нарушение и наказание не совпадают по месту и времени, как и в случае нарушения государственных законов.

Однако, что касается работы человека с внутренней сутью Торы под названием «скрытая часть», она как раз требует скромности. Никто не может видеть внутреннюю работу человека, поскольку не в силах заглянуть в сердце другого.

Например, приходит кто-то и говорит: «Я хочу внести крупное пожертвование для заведения, в котором изучают Тору. Но хочу, чтобы там в мою честь поставили большой обелиск с надписью о том, что я сделал крупный вклад, и чтобы в газетах написали, что это я внес столь большой дар. Пускай меня почитают, куда бы я ни пришел».

В таком случае, разумеется, можно сказать, что он большой филантроп, но нельзя сказать, что намерение его – поддержать изучающих Тору. Ведь к этой поддержке примешано также честолюбие, а иными словами, себялюбие.

Однако истинное намерение человека скрыто от нас. Может быть, он действительно хочет лишь поддержать изучающих Тору, но чтобы люди, которые получат от него деньги, не начали почитать его, он делает перед ними вид, словно на самом деле желает почета и хочет внести денежную сумму на благотворительность для того, чтобы заменить корыстолюбие честолюбием. Тогда, само собой, они не станут его уважать.

Итак, следует проводить различие между явной и скрытой частью в отношениях между людьми, и тем более, в отношениях между человеком и Творцом, где, разумеется, это различие велико. Сказали мудрецы: «Пускай всегда будет выполнять человек принципы Торы хотя бы в эгоистическом намерении ло-лишма, и от него придет к намерению на отдачу лишма»[489]. В реализации принципов отдачи и в изучении Торы есть большое различие между открытой частью, действием, и скрытой частью, намерением. Ведь никто не может видеть намерение. Когда человек производит действие в своих отношениях с Творцом, никто не стоит меж ними, чтобы проконтролировать его намерение. Как правило, каждый занят своими делами, и у него нет времени думать о расчетах другого. В результате лишь сам человек думает о своем намерении.

Когда он действует с намерением ло-лишма, т.е. ждет награды, тогда работа и оплата не совпадают по месту и времени. И в том, что касается наказаний, нарушение и наказание тоже не совпадают по месту и времени. Ведь наказание человек получает позже. Сперва он совершает нарушение, а потом получает наказание – в этом мире или в мире будущем. И это относится только к части ло-лишма.

С другой стороны, для людей, работающих над намерением, с тем чтобы направить все свои дела на отдачу, награда и наказание совпадают по месту и времени. Если человек не может направить свое действие на то, чтобы доставить удовольствие Творцу, – это для него наказание. И не нужно наказывать его иначе, так как нет для него бо́льших страданий, чем видеть, насколько он еще далек от Творца.

Подтверждается это тем, что у человека нет любви к Творцу, чтобы захотеть почитать Его. И всё это потому, что он находится в состоянии «обратной стороны и скрытия» от Творца. Это и причиняет ему боль, и это – его наказание. А награда его – если он

---

[489] Трактат «Псахим, 50:2.

испытывает любовь к Творцу и хочет доставить Ему удовольствие. Однако это, как сказано, относится именно к тем, кто хочет работать только ради отдачи, а не в намерении ло-лишма. Для них наказание и награда действительно совпадают по месту и времени.

В целом же для мира наказание ощущается как раз тогда, когда они находятся в разных местах. Ведь **общепринято считать выполнением Торы и ее принципов открытую часть – только действие**. Эта часть называется «открытой» потому, что всем открыто действие человека – то, что он делает и что говорит. И, как мы разъяснили выше, в этой части оплата и наказание находятся в разных местах.

Теперь разъясним слова Книги Зоар, о которых мы задали шесть вопросов. Известно, что Малхут – это последняя буква hэй (ה) в имени АВАЯ (יהו"ה). Она называется «четвертой стадией прямого света», и ее свойство – получать ради получения. Все исправления, которые мы должны произвести путем реализации принципов Торы, призваны исправить ее, так чтобы свойственная ей категория получения обрела намерение ради отдачи. Это называется «слиянием с Творцом». Если же ее намерение не ради отдачи, она отдаляется от Творца.

Известно также: всё, что мы изучаем о высших мирах, относится к душам. Сказали об этом мудрецы[490]: «Сказал рабби Берахия: небо и земля созданы лишь благодаря Исраэлю. Сказано[491]: **«Вначале** создал Творец» – и нет иного начала, кроме Исраэля, как сказано[492]: "Исраэль – святыня Творца, начало Его урожая"».

Поэтому всё, что мы изучаем о высших мирах, – лишь затем, чтобы души получили высшее изобилие. Ведь, как известно, цель творения – доставить благо Его созданиям. И надо исправить различие свойств, властвующее над Малхут самой по себе, которая «получает ради получения», так как различие свойств вызывает разобщение в духовном. Это кли под названием «Малхут»

---

490 Мидраш «Раба», Ваикра, 36:4.
491 Тора, Берешит, 1:1.
492 Пророки, Йермияу, 2:3.

является сосудом всех душ, из которых был создан человек, и на него возложено исправить это, так чтобы все сосуды получения обрели намерение ради отдачи.

Сказано об этом в «Предисловии к Книге Зоар»[493]: «Чтобы исправить это разобщение, лежащее на сосуде душ, Творец создал все миры и разделил их на две системы, как сказано: "Одно напротив другого сделал Творец"[494]. Это четыре чистых мира АБЕА[495], а напротив них четыре нечистых мира АБЕА. И удалил с них желание получать для себя и придал его системе нечистых миров АБЕА.

И ниспустились миры до реальности этого материального мира – в место, где есть душа и тело, а также время испорченности и исправления. Ведь тело, представляющее желание получать для себя, происходит из корня, заложенного в замысле творения, и проходит через систему нечистых миров, как сказано: "диким осленком рождается человек"[496], и остается порабощенным под этой системой до тринадцатилетия. И это – период испорченности.

А далее путем реализации принципов Торы с тринадцати лет и далее, делая это, чтобы доставить удовольствие своему Создателю, человек начинает очищать отпечатанное в нем эгоистическое получающее желание и постепенно обращает его намерением ради отдачи. Тем самым он привлекает чистую душу из ее корня в замысле творения. Она проходит через систему чистых миров и облачается в тело. А он продолжает обретать и постигать ступени отдачи из замысла творения, что в Бесконечности, пока они не помогут человеку обратить свое эгоистическое получающее желание, так чтобы оно целиком получало ради удовольствия его Создателя».

Из того, что приводится в Предисловии Книги Зоар, мы видим: всё, что мы говорим о высших мирах, касается только душ. Соответственно, когда мы говорим, что Малхут отдалилась от имени

---

493 Бааль Сулам, «Предисловие к Книге Зоар», пп. 10-11.
494 Писания, Коэлет, 7:14.
495 Миры Ацилут, Брия, Ецира и Асия.
496 Писания, Иов, 11:12.

АВАЯ, – это верно относительно душ, которые должны исправить ее, чтобы она соединилась с именем АВАЯ. Ведь отдалилась она в их восприятии.

Однако, когда человек принимает на себя бремя Высшего управления выше знания, пребывая в отдаче, это приводит к тому, что корень человека, Малхут, тоже пребывает в отдаче – что означает подобие свойств. Ранее Малхут была удалена от Дающего из-за различия свойств – теперь же, когда человек действует на отдачу, уподобляясь по свойствам, Малхут приближается к имени АВАЯ (הוי"ה), к Дающему. Это значит «вернуть hэй (ה) к вав (ו)». Ведь буквы юд-hэй-вав (יה"ו) – это девять первых сфирот, категория Дающего, а буква вав совершает отдачу Малхут, поскольку Малхут теперь – дающая, как и вав. Вот почему Зоар называет Малхут **hэй**. Таков ответ на первый вопрос, который мы задали.

С одной стороны, Малхут – это корень всех творений. По своему корню, она называется «получающей ради получения». Из этой категории проистекает категория смерти – ведь вследствие получения мы отделяемся от Источника жизни. Поэтому Малхут называется **древом смерти**, как сказано[497]: «Сказал рабби Йехуда от имени рабби Хии: "Писание свидетельствует, что **благодаря** каждому, кто дает милостыню бедным, пробуждается Древо жизни, Зеир Анпин, чтобы добавить жизнь Древу смерти, Малхут. И тогда есть жизнь и радость наверху, в Малхут"».

Итак, мы видим: с одной стороны, Малхут, по своему корню, называется «древом смерти», но когда души действуют на отдачу, тогда она уподобляется по свойствам и с нее спадают сокращение и скрытие, которые на ней были, – и именно отсюда, из Малхут, проистекает жизнь для мира. В этом качестве Малхут зовется «жизнью».

Этим мы объяснили второй вопрос: почему Малхут зовется «жизнью», если называется «древом смерти»? Ответ таков: ее исправляют по принципу «работа внизу вызывает работу наверху». Иными словами, своими действиями низшие пробуждают высшие

---

497   Книга Зоар с комментарием «Сулам», гл. «Беаалотха», п. 96.

корни, приводя тем самым к единству Творца и Его Шхины. И от этого единства в мир приходит жизнь.

А третий вопрос был: почему Малхут называется «устами Творца»? Как мы знаем из материальной жизни, уста открывают мысли человека. АВАЯ – это свойство милосердия. Иными словами, Творец дает благо и наслаждение творениям. И когда Малхут зовется «жизнью», т.е. когда низшие действуют на отдачу, тогда от Малхут приходит высшая жизнь. А цель творения зовется светом хохма́, светом хая, и когда Малхут раскрывает это, она зовется «устами Творца», поскольку раскрывает замысел творения – доставить благо Его созданиям.

Отсюда можно объяснить четвертый вопрос о значении слов: «Поскольку она пребывает над головой человека, ему запрещено проходить расстояние в четыре локтя с непокрытой головой». Известно, что Малхут называется «верой», а вера всегда выше знания. «Головой» человека называется его **разум**. Следовательно, высшая Малхут[498], которую следует принять на себя, должна быть выше знания и разума. Поэтому сказано, что Малхут пребывает над головой человека. И поэтому запрещено проходить четыре локтя с неприкрытой головой – ведь если она уходит со своего места над головой человека, тотчас уходит от него жизнь. Непокрытая голова означает, что Малхут, категория веры, не царит над разумом и знанием человека. Ведь вера, как сказано, пребывает выше его головы – выше разума. А поскольку у него нет веры, свет Жизни, приходящий из Малхут, непременно покидает его. Малхут зовется «жизнью» только благодаря исправлению сосуда отдачи, тогда как в сосудах получения Малхут называется «древом смерти» – поэтому жизнь и уходит от него.

Пятый вопрос: почему Малхут называется «образом Творца»? Потому что картина, образ – это то, о чем говорят: «Я хочу понять общую картину». Соответственно, когда мы хотим понять общую картину духовного мира, нам говорят: «Образ Творца видит он». Иными словами, возможность увидеть общую картину духовного

---

498 Ивр. «Малхут небес», букв. «Царство небес» – Высшее управление.

зависит от того, в какой мере человек обрел веру в Творца. А вера проявляется в разуме и сердце – и в ее мере он получает образ, картину. Как следствие, поскольку Малхут называется «верой», постольку она называется «образом Творца» – это указывает на то, что согласно своей вере, человек получает общую картину духовного.

Аналогичным образом можно ответить и на шестой вопрос: почему Малхут называется «подобием» (Цэлем – צלם), как сказано: «только в подобии будет ходить человек»? Подобие – это тоже свойство веры. «Солнцем» называется знание, а тень (*ивр.* цель – צל) – это свойство, скрывающее солнце. Это и есть вера, зовущаяся облачением. И если у человека есть это облачение, то в него облачается высший свет. Сказано об этом в Зоаре[499], что если уходит подобие, уходят света́ мохин, а в меру подобия облачаются мохин.

---

[499] Книга Зоар с комментарием «Сулам», гл. «Ваехи», п. 201.

Разведчики
Статья 28, 1985

Книга Зоар объясняет эпизод с разведчиками, которых Моше послал разведать землю Исраэля, имея в виду духовную землю[500]: «Указывает им Творец: "Поднимайтесь здесь, с юга"[501] – т.е. усердствуйте в Торе и благодаря ей познаете грядущий мир. "И осмотрите землю, какова она"[502] – т.е. благодаря ей познаете тот мир, в который Я вас ввожу.

«И народ, что живет на ней»[503] – это праведники в Эденском саду. «Силен он или слаб»[504] – т.е. в ней вы увидите, удостоились ли они всего этого, со всей мощью преодолев свое злое начало и сокрушив его, или же расслабленно, без усилий. Укреплялись ли они в Торе, занимаясь ею денно и нощно, или же, не прилагая стараний в ней, все же удостоились всего этого.

«Малочислен ли он или многочислен»[505] – многочисленны ли те, кто занимается Моей работой и укрепляется в Торе, удостаиваясь всего этого, или нет?

«И какова земля эта: тучна она или тоща»[506] – с помощью Торы узнаете, какова эта земля, т.е. что это за мир, обильно ли там высшее благо для живущих на ней или же недостает чего-то.

«И поднялись с юга и дошли до Хеврона»[507]. «Поднялись с юга» – это значит, что люди поднимаются в ней, в Торе. «С юга»[508] – т.е.

---

500   Книга Зоар с комментарием «Сулам», гл. «Шлах леха», пп. 56-67.
501   Тора, Бемидбар, 13:17.
502   Тора, Бемидбар, 13:18.
503   Там же.
504   Там же.
505   Там же.
506   Тора, Бемидбар, 13:19.
507   Тора, Бемидбар, 13:22.
508   На иврите корень נגב означает юг, а также *иссушение*.

с нерадивым сердцем, подобно старающемуся напрасно, с пересохшим горлом, поскольку человек полагает, что нет в ней награды. Он видит, что богатство этого мира утрачено для этой земли, и думает, что все уже потеряно. «С юга» – значит «иссякла вода»[509].

«Дошли до Хеврона (חברון)» – т.е. человек приходит соединиться (להתחבר) с Торой[510]. «А Хеврон был построен за семь лет»[511] – это семьдесят ликов Торы.

«И дошли до потока Эшколь»[512] – эти слова сказания и толкования зависят от стороны веры.

«И срезали там ветвь»[513] – изучили там основы разделов и основы речений.

Те, кто верит, радуются этим речениям, и речения благословляются в них, и они видят в них единый корень и единую основу, и нет между ними разобщения.

А те, кто лишен веры, не изучают Тору с намерением лишма и отделяют веру, Малхут, от Зеир Анпина, так как не верят, что у них единая основа и корень. Сказано об этом: «несли ее на шесте по двое»[514] – т.е. проводили разделение между письменной Торой и устной.

«И также от гранатов и смоковниц»[515] – они относили эти понятия полностью к другой, нечистой стороне (ситра áхра), к стороне отступничества и к стороне разделения. Ведь гранаты (римоним) означают отступничество (миним), а смоковницы (тээним) означают, что «Творец подвел (инá) ему под руку»[516] – как будто

---

509   Тора, Берешит, 8:13.
510   *Соединиться* (леитхабэр - להתחבר) и *Хеврон* (חברון) - однокоренные слова.
511   Тора, Бемидбар, 13:22.
512   Тора, Бемидбар, 13:23.
513   Там же.
514   Там же.
515   Там же.
516   Тора, Шмот, 21:13.

это случай. Иными словами, они не верят в управление, всё считают случайностью и отделяют Творца от мира.

«И возвратились, изведав землю»[517] – иными словами, вернулись на сторону зла, отойдя от пути истины. То есть сказали: «Что же мы получили? Доныне мы трудились над Торой, а дом пуст. И находились мы среди самых презренных в народе. Кто же удостоится грядущего мира, и кто вступит в него? Не стоило нам так усердствовать». «И рассказали *Моше*, говоря»[518]: «Ведь мы старались и учились для того, чтобы познать удел того мира, как ты посоветовал нам. Пускай даже "течет она молоком и медом"[519] – хорош он, высший мир, как мы и знаем из Торы, но кто же может удостоиться ее (этой земли)? "Что с того, ведь могуч народ, *обитающий в этой земле*"[520]. Могуч народ, удостаивающийся того мира, и вовсе не ценит весь мир, чтобы заниматься им ради огромного богатства. Но кто же может это выполнить, чтобы удостоиться ее? И, конечно же, что с того, ведь могуч народ, обитающий в этой земле. Кто хочет удостоиться ее, тот должен быть могучим в богатстве своем, как сказано: "богатый отвечает с дерзостью"»[521].

«И большие укрепленные города»[522] – т.е. дома, полные всех благ, чтобы ни в чем в них не было недостатка.

И вместе с тем, «также детей Анака (великанов) мы видели там»[523] – то есть необходимо тело сильное и мощное, как у льва, потому что Тора ослабляет силы человека. Кто может удостоиться ее?

К тому же «Амалек живет на юге страны»[524]. Иными словами, если скажет человек, что даже всё это удостоится преодолеть,

---

517 Тора, Бемидбар, 13:25.
518 Тора, Бемидбар, 13:27.
519 Тора, Шмот, 3:8.
520 Тора, Бемидбар, 13:28.
521 Писания, Мишлэй, 18:23.
522 Тора, Бемидбар, 13:28.
523 Там же.
524 Тора, Бемидбар, 13:29.

то Амалек живет на юге страны. То есть злое начало, обвинитель, выступающий против человека, всегда находится в теле.

Этими словами «склонили они сердце сыновей Исраэля *не идти в эту землю*»[525], потому что распустили худую молву о ней.

Что же сказали те, в ком была вера: «Если благоволит к нам Творец, то передаст ее нам»[526]. Иными словами, человек, старающийся в своем сердце устремляться к Творцу, заслужит ее, ибо Творец желает от него одного лишь сердца.

«Только против Творца не восставайте»[527] – нельзя восставать против Торы. Ведь Тора не нуждается ни в богатстве, ни в сосудах из серебра и золота.

«Не страшитесь народа той земли»[528] – ибо если сокрушенное тело будет заниматься Торой, то найдет исцеление во всем, и все обвинители, которые есть у человека, станут ему помощниками».

Так Зоар объясняет эпизод с разведчиками при вступлении человека в духовную работу. В целом, это называется «принять на себя бремя Высшего управления. Тем самым мы удостаиваемся получения Торы, как это произошло у горы Синай, когда сыновья Исраэля сказали: «Сделаем и услышим»[529]. Каждый, кто желает удостоиться Торы, должен пройти через период, называющийся «сделаем», – а затем может удостоиться категории «услышим».

В категории «сделаем» есть множество ступеней, но, в целом, она подразделяется на две части:

1. **Открытая часть.** Человек практически выполняет принципы Торы, учась денно и нощно и тщательно соблюдая их во всех тонкостях и деталях, так что ему нечего больше прибавить в действии. Он подразумевает, что всё делает ради отдачи, чтобы исполнять веления Творца, – за что получит награду

---

525 Тора, Бемидбар, 32:9.
526 Тора, Бемидбар, 14:8.
527 Тора, Бемидбар, 14:9.
528 Там же.
529 Тора, Шмот, 24:7.

в этом мире и в мире будущем. В этой категории он зовется «праведником».

2. **Скрытая часть.** То, что скрыто в Торе, – намерение человека во время действия. Это скрыто от людей, а главное – **скрыто от самого человека**, поскольку работа эта должна вестись выше знания. А потому разум не может подвергать анализу работу человека: идет ли он дорогой, поднимающейся к слиянию с Творцом? То есть идет ли он путем, который называется «ради отдачи», «не ради награды»? Это срыто, поскольку человек работает без оплаты, – а раз так, оплата сокрыта от него.

Объяснение: человек, работающий за вознаграждение, знает, что работает хорошо, потому что получает оплату. Но если человек работает ради того, чтобы доставить удовольствие своему Создателю, насладить Творца, то он не может видеть, получает ли Творец удовольствие от его работы. Напротив, он должен верить, что Творец наслаждается. Выходит, что оплата тоже называется «ради отдачи» и она тоже лежит выше знания.

Есть и другие причины, свойственные скрытой части. И работа эта относится не к общности в целом, а к отдельным людям. Пишет об этом РАМБАМ[530]: «Сказали мудрецы: «Пускай всегда будет выполнять человек принципы Торы хотя бы в эгоистическом намерении ло-лишма, и от него придет к намерению на отдачу лишма»[531]. Поэтому, когда обучают «детей», «женщин» и «простолюдинов» в целом, то учат их работать лишь из трепета и ради награды. Пока не поумнеют и не наберутся мудрости, раскрывают им эту тайну понемногу и приучают их к этому мягко – пока не постигнут Его, не познают Его и не станут служить Ему из любви».

История с разведчиками, как правило, начинается для человека, когда он хочет идти путем слияния, ради отдачи. Тогда приходят разведчики со своими справедливыми, по их логике, аргументами и дают понять, что, здраво рассуждая, они правы.

---

[530] РАМБАМ, «Мишне Тора», «Законы возвращения», 10:9.
[531] Трактат «Псахим, 50:2.

Известны слова Зоара: каждый человек – это маленький мир[532]. Иными словами, он включает в себя семьдесят народов мира и категорию Исраэль. Смысл в следующем: есть семь свойств, представляющие семь сфирот, – а напротив них семь свойств другой, нечистой стороны. Каждое из них состоит из десяти частей – всего получается семьдесят. В итоге у каждого народа свое желание, и он хочет утвердить власть своего желания над всеми. А также у народа Исраэля в человеке есть особое желание – слиться с Творцом.

Существует правило: человек не может бороться с самим собой. Для этого требуется особая сила, которая позволит человеку идти наперекор собственному мнению. С другой стороны, на борьбу с другими у человека есть силы и мощь, если он считает свое мнение истинным. И никогда он не желает уступить чужому мнению.

Таким образом, если семьдесят народов находятся в самом человеке, как он может бороться с собой? Бывает, что над ними берет верх какой-то один народ со своим желанием, – и человек подпадает под власть этого желания. Тогда, размышляя о том, что с ним происходит, он воспринимает это желание как свое и не считает, что один из семидесяти народов хочет властвовать над ним. Напротив, человек думает, что это он сам, – а бороться с самим собой очень трудно.

Поэтому человек должен представить себе, что в его теле есть семьдесят народов, а также народ Исраэля. И должен определиться, к какому народу он относится. Ведь есть правило: каждый человек любит свою родину и готов сражаться ради нее. А раз так, он должен сам решить, относится ли он к народу Исраэля или к одному из семидесяти народов. И если человек решает для себя, что он относится к народу Исраэля, то может сражаться с семьюдесятью народами, когда видит, что они выходят на бой.

Тогда он видит, что семьдесят народов хотят покончить с народом Исраэля. Говорит об этом Пасхальное сказание: «Это поддерживало отцов наших и нас, ибо не один только *Фараон* встал нам на погибель, но в каждом поколении встают нам на погибель – а

---

532   Книга Зоар с комментарием «Сулам», гл. «Берешит», ч. 1, п. 121.

Творец, спасает нас от них». Если сам человек знает, что относится к народу Исраэля, тогда у него есть силы бороться с семьюдесятью народами. Ведь в нашей природе заложены силы, чтобы сражаться за родину, раз человек знает, что он – «Исраэль», а они хотят погубить его. Таким образом, есть как бы два воюющих друг с другом стана – и тогда у человека есть силы для сражения.

Соответственно, здесь, когда речь идет о духовной работе, народом Исраэля (ישראל) называется тот, кто устремлен **прямо к Высшему** (яшар-Эль – ישר-אל). Он желает слиться с Творцом, желает Малхут – иными словами, хочет принять на себя бремя «Высшего царства»[533]. Ведь Малхут называется «Высшим» (Эль – אל), как сказано в Зоаре[534]: «"Бог (Эль) гневится каждый день"[535] – это Малхут». А семьдесят народов в человеке противятся этому и сражаются со свойством Исраэль в нем, желая разными способами отменить и уничтожить это свойство в теле человека.

Здесь, в работе над намерением, когда человек хочет взять курс именно на отдачу, и начинаются доводы разведчиков. Зоар разбирает их утверждения согласно строфам Торы. Они не соглашаются и сражаются с категорией «Исраэль» в человеке, желая стереть ее с лица земли, – так чтобы и не **надеялся достичь задуманного**, столкнувшись со всевозможными аргументами, посредством которых они противоборствуют ему. Ведь основа семидесяти народов – получающее желание, тогда как категория Исраэль как раз стремится отменить себя перед Творцом без всякой награды. Поэтому именно в то время, когда человек хочет идти наперекор их мнению, они выдвигают главные свои аргументы, давая человеку умом понять, что у него нет ни малейшего шанса достичь задуманной цели.

А порой разведчики внушают мысль, которая намного тяжелее всех прочих их доводов. Они говорят: «Знай, что такому низкому человеку, как ты, Творец помочь не может». И это тяжелее всего. Ведь, как правило, всякий раз, когда человек оказывается

---

533   Малхут на иврите – букв. *царство*.
534   Книга Зоар с комментарием «Сулам», гл. «Корах», п. 14.
535   Писания, Псалмы, 7:12.

в беде, у него есть возможность молиться. Однако, когда они уверяют человека, что он напрасно работает, поскольку Творец не может ему помочь, тем самым они лишают его возможности для молитвы. И что ему тогда делать? К кому обратиться за помощью?

Сказано в Книге Зоар[536]: «Сказал рабби Йоси: "Они решили разнести дурную молву обо всем. Что значит 'обо всем'? О земле *Исраэля* и о Творце". Сказал рабби Ицхак: "О земле – это верно. Но откуда известно, что о Творце? Поскольку сказано: 'Что с того, ведь могуч народ'. Иными словами: кто сможет одолеть их? 'Ведь могуч народ' – т.е. даже Творец не сможет их одолеть. И они разнесли дурную молву о Творце"».

Нет никакой возможности логически оспаривать все аргументы разведчиков, которые возникают у человека, или ждать, пока ему будет что ответить им, оставаясь тем временем под их властью. Напротив, человек должен знать, что никогда не сможет ответить на их утверждения внешним разумом. Только когда он обретет внутренний разум, у него появятся слова, чтобы объясняться с ними. Ну а пока он должен идти выше знания, признав, что хотя разум очень важен, вера все же важнее его. Он должен следовать не разуму, а пути веры – верить в то, что сказали нам наши мудрецы: человек должен принять на себя бремя Высшего управления верой выше знания. Тогда нет места никаким доводам разведчиков, поскольку они лежат внутри знания внешнего разума.

Об этом и сказали сыновья Исраэля при подготовке к получению Торы: «сделаем», а потом «услышим». **«Дело» производится без внешнего разума** и относится на счет Творца, который предначертал его и, конечно же, знает, что́ хорошо для человека, а что нет. Однако здесь возникает большой вопрос: зачем Творец дал нам внешний разум, которым мы пользуемся во всем, если в духовной работе мы должны идти наперекор этому врожденному разуму, а не в согласии с ним?

Это так, потому что Творец пожелал, чтобы мы просили Его о помощи. А помощь, которую Он дает, – это свет Торы. А если бы

---

[536] Книга Зоар с комментарием «Сулам», гл. «Шлах леха», п. 82.

они могли обойтись без помощи Творца, то у них бы не было никакой нужды в свете Торы. Сказали об этом мудрецы: «Я создал злое начало и создал Тору как приправу»[537]. Поэтому, чтобы человеку потребовалось привлекать свет Торы, нам дана эта работа со скрытым намерением – дабы человек нуждался во внутреннем разуме. Что же касается внешнего разума, Творец сделал так, чтобы он нисколько не помогал человеку в духовной работе, а наоборот, мешал ему работать на отдачу. Сказано об этом в Зоаре[538]: «Если человек приходит очиститься, помогают ему чистой душой, очищают и освящают его, и он зовется чистым (дающим)».

Благодаря этому у человека появляется потребность получить света́ НаРаНХаЙ, относящиеся к корню его души. Поэтому и было произведено исправление сокрытием, так чтобы знание, т.е. внешний разум человека, противоречило работе на отдачу. Это и называется «внутри знания» внешнего разума, который делает для человека все расчеты о том, что ему не стоит работать ради отдачи. Когда же человек преодолевает себя, не сбегая с поля боя, и молится, чтобы Творец помог ему идти выше знания, так чтобы он не был под властью эгоистического желания, тогда Творец помогает ему, и он обретает внутренний разум, представляющий «внутреннее знание». И тогда благодаря этому знанию тело уже согласно работать ради того, чтобы доставить удовольствие Творцу. Сказано об этом[539]: «Если желанны Творцу пути человека, то и врагов его примирит с ним» – т.е. злое начало.

Когда человек пребывает внутри знания и разум говорит ему, что это сто́ящая работа, – благодаря этому он уже способен прилагать в ней усилия. Таким образом, когда у человека есть внешний разум, знание обязывает его к намерению ради получения. Это и называется «внутри знания». Когда же человек обретает внутренний разум, т.е. внутреннее знание, тогда разум обязывает его к тому, что стоит работать, чтобы доставить удовольствие Творцу.

---

[537] Трактат «Кидушин», 30:2.
[538] Книга Зоар с комментарием «Сулам», гл. «Ноах», п. 63.
[539] Писания, Мишлэй, 16:7.

Близок Творец ко всем призывающим Его

Статья 29, 1985

Сказано в Книге Зоар[540]: «Кто бы ни желал пробудить высшие вещи, будь то в действии или в речи, – если это действие или речь не производится как должно, ничего не пробудится. Все жители мира ходят в дом молитвы, чтобы пробудить высшую вещь, но немногие умеют пробуждать. А Творец близок ко всем, кто знает, как призывать Его и пробуждать вещи должным образом. Если же люди не знают, как призывать Его, Он не близок. Сказано об этом: «Близок Творец ко всем призывающим Его, ко всем, кто взывает к Нему истинно»[541]. «Истинно» – т.е. когда знают, как пробудить истинную вещь должным образом. И так во всем».

Отсюда следует, что если человек не знает, как взывать к Творцу, ему нечего идти в дом молитвы. Ведь он не знает, как призывать Творца, а значит, молитва его не принимается. В таком случае, здесь имеется отговорка, и потому Зоар разъяснил, что недостаточно не ходить в дом молитвы из-за того, что человек не знает, как призывать Творца. Ему следует также знать, что делать, чтобы научиться взывать к Творцу и сблизиться с Ним.

Итак, Зоар объясняет, чтó нам следует знать, – а затем мы увидим *необходимость* и постараемся прийти к этому знанию. И говорит нам: знание – лишь в истине. Кто взывает к Нему истинно, тот близок к Творцу. Но если «знание» означает умение взывать к Нему **истинно** – в чем суть этого дополнения? Выходит, в отношениях с Творцом, по словам Зоара, необходимо особое знание, чтобы воззвать к Нему. При этом сказано: «близок Творец ко всем призывающим Его» – это значит: без исключений. То есть Он близок

---

540 Книга Зоар с комментарием «Сулам», гл. «Хукат», п. 78.
541 Писания, Псалмы, 145:18.

к каждому, без исключений. Однако же затем указывается условие, и, судя по всему, важное условие – взывать **истинно**. И это важное условие предъявляется человеку.

Касательно этого важного условия, предъявляемого человеку и определяющегося как «истина»: обычно, если один человек зовет другого, и тому известно, что этот призыв ложен, – разумеется, он не прислушается к нему, поскольку знает, что это одна только ложь. В таком случае он делает вид, что находится вдалеке и не слышит взывающего, – так как его призыв ложен.

Раз так, что же это за важное условие, предъявляемое человеку? Ведь Творец, конечно же, ставит особые условия, не такие, как в отношениях между людьми. В этом свете, условие о том, чтобы взывать к Нему истинно, кажется наименьшим из всех возможных. Однако же в условии **истинности**, разумеется, заложен особый смысл – намерение, которое названо «истинным».

Чтобы понять, что такое истина, приведем сначала высказывание мудрецов: «О каждом возгордившемся говорит Творец: "Не можем Я и он жить в одном жилище"»[542]. Возникает вопрос: почему Творцу важно, если человек возгордился? Допустим, человек входит в курятник и видит, как один петух чванится перед другим. Разве это производит на человека впечатление? А Бааль Сулам сказал, что Творец любит истину и не может терпеть лжи, как сказано[543]: «изрекающий ложь не утвердится пред глазами моими».

На самом деле Творец создал человека с желанием получать, и это – кроющееся в нем себялюбие. Оно источник всех дурных вожделений в мире: воровства, убийств, войн. Всё проистекает из этого эгоистического желания человека. Таким образом, Творец создал человека в совершенной низости, и тот впадает в гордыню, считая себя непохожим на других. Тем самым он изрекает ложь – а истина не терпит лжи.

Следовательно, если человек пришел в дом молитвы просить Творца, чтобы Он услышал его просьбу, так как ему полагается,

---

542 Трактат «Сота», 5:1.
543 Писания, Псалмы, 101:7.

чтобы Он ее услышал, и чтобы Творец дал ему желаемое, так как ему полагается, чтобы Творец дал ему больше, чем другим, – пускай даже речь идет о духовном, все равно человек далек от Творца, ибо ложь далека от истины. Такой человек не знает, как взывать к Творцу, поскольку он взывает **во лжи**. Вот почему он «далек», а не близок, – согласно действующему в духовном правилу: «близость – это подобие по свойствам, а удаление – различие свойств».

И поскольку нет большего различия свойств, чем между истиной и ложью, это значит, что человек не знает, как взывать к Творцу. Ведь Творец не близок к нему, потому что во время молитвы человек пребывает во лжи – чувствует себя достойнее других, так как видит в них все свои недостатки и потому хочет, чтобы Творец ему помог.

А в действительности, как сказали мудрецы[544]: «Каждый отвергающий отвергнут сам и не возносит хвалу миру. И сказал Шмуэль: отвергнут собственным изъяном». Ведь есть люди, которые всегда смотрят на других: если другой учится согласно их понятиям или молится согласно их понятиям, то он в порядке, а если нет, они тотчас находят у него дефект. Сказал об этом Бааль Сулам: у тех, кого называют «завистниками», заведено так: если кто-то скрупулезнее их **в соблюдении Торы**, то он «чересчур набожен», т.е. впадает в крайности. О таком человеке, само собой, и говорить-то нечего, о нем и думать не стоит. Если же кто-то менее скрупулезен по сравнению с ними, они говорят, что он, безусловно, совсем уж фриволен и потому надо подвергнуть его остракизму, чтобы он, не дай Бог, не испортил других.

Когда такой человек молит, чтобы Творец приблизил его, потому что он благочестив, тогда он далек от Творца – иными словами, отличается от Него по свойствам. Ведь Творец представляет категорию истины, тогда как этот человек целиком погружен в ложь. Вот почему сказано, что Творец далек от него и не прислушивается к нему.

---

544   Трактат «Кидушин», 70:1.

Возникает вопрос: разве не «полна вся земля славой Его»⁵⁴⁵? В таком случае, как понять, что Творец далек от человека? Это как если один человек находится вдалеке от другого – и тогда не слышит его. Поэтому в духовном известно, что мера отдаления и сближения зависит от подобия или различия свойств.

Другое дело если человек молит Творца: «Мне Ты должен помочь больше, чем другим, потому что другие не нуждаются в Твоей помощи до такой степени. Ведь они достойнее, чем я, не настолько погрязли в себялюбии, дисциплинированнее меня. Я вижу, что более прочих нуждаюсь в Твоей помощи, потому что сам чувствую свою низость – я дальше всех от Тебя. И я пришел к такому ощущению, о котором Сказано: «Кроме Тебя, нет у нас царя, избавителя и спасителя»⁵⁴⁶.

Довод этого человека **истинен**, и такие доводы Творец терпит, поскольку они – истина. Сказано об этом: «Я, Творец, находящийся с ними, среди нечистоты их»⁵⁴⁷. Иными словами, хотя они погружены в себялюбие – источник нечистоты, однако, поскольку человек приводит истинный довод, Творец близок к нему, так как истина с истиной находятся в подобии свойств, а подобие свойств означает близость.

Отсюда мы поймем вопрос по словам Зоара: если человек не знает, как взывать к Творцу, ему нечего идти в дом молитвы, потому что Творец не слышит его? Ведь он далек от Творца, раз не знает, как взывать к Нему. И еще вопрос: разве не сказано⁵⁴⁸: «Высок Творец, и униженный увидит»? «Униженный» – тот, кто не знает ничего, т.е. даже не знает, как взывать к Творцу, – и он тоже увидит.

Из вышесказанного хорошо понятно, что человек не должен знать ничего, кроме своего истинного духовного состояния. Он не знает никакой мудрости и никаких нравоучений, которые помогли бы ему, и находится в наихудшем состоянии, какое только

---

545 Пророки, Йешаяу, 6:3.
546 Молитва «Слушай, Исраэль».
547 Тора, Ваикра, 16:16, а также комментарий Малбима на Йермияу, 2:7.
548 Писания, Псалмы, 138:6.

может быть. И если Творец не поможет ему, он пропал. Только это знание ему нужно – то, что он ничего не знает и что он ниже всех. Если же человек не чувствует этого, но полагает, что есть люди хуже его, – то уже пребывает во лжи и далек от Творца.

Отсюда понятен второй вопрос: что делать человеку, чтобы научиться взывать к Творцу и сблизиться с Ним? Какое обучение надо пройти, чтобы узнать это? В ответ ему говорят, что не надо изучать ничего особенного, но только стараться идти **путем истины**. Тогда, естественным образом, ему будет о чем молиться – о необходимом, а не излишнем. Сказано, об этом[549]: «Вот око Творца на трепещущих пред Ним и ожидающих милости Его, чтобы спасти от смерти душу их и оставить их в живых во время голода». Проще говоря, человеку недостает духовной жизни.

Теперь объясним слова: «близок Творец ко всем призывающим Его», без исключений. Условие гласит: «ко всем, кто взывает к Нему истинно». И это не считается «особым условием». Другое дело – между детьми: если один зовет другого, и тот знает, что призыв ложен, то не обратит на него внимания. Здесь же, в отношениях с Творцом, мы должны знать, к чему относится понятие истины. Но разве сам человек может знать, что такое состояние истины и что такое состояние лжи? Ведь он неспособен видеть истину. Поэтому он нуждается в проводнике, который будет наставлять его, объясняя, чего ему недостает и что у него есть, включая даже лишние вещи, мешающие ему достичь истины.

Сказано об этом: «Ищите Творца, когда можно найти Его, призывайте Его, когда Он близко»[550]. Разумеется, «когда Он близко», мы Его находим. Но где же это место под названием «близко»? Об этом и сказано: «ко всем, кто взывает к Нему истинно». Если человек призывает Творца из истинного состояния, то находит Его.

---

549 Писания, Псалмы, 33:18-19.
550 Пророки, Йешаяу, 55:6.

Три молитвы
Статья 30, 1985

Сказано в Книге Зоар[551]: «Есть три *обращения*, называющиеся молитвами: молитва Моше, молитва Давида и молитва бедняка. Из этих трех какая самая важная? Молитва бедняка. Молитва эта предшествует молитве Моше и молитве Давида. Почему? Потому что бедняк – это сокрушенный сердцем. Сказано: «близок Творец к сокрушенным сердцем»[552]. Бедняк всегда ведет спор с Творцом, и Творец слушает и слышит его слова.

«Молитва бедняка, когда обессиливает»[553]. Следовало бы сказать: «когда обессиливается». Что значит: «когда обессиливает»? Это значит, что он создает задержку – задерживает все молитвы в мире, которые не входят до тех пор, пока не войдет его молитва. И Творец уединяется с этими обидами, как сказано: «Пред Творцом изливает душу свою». Все воинства небесные спрашивают друг друга: «Чем занимается Творец, о чем заботится?» Говорят им: «Он уединяется со страстью в Его сосудах» – т.е. с сокрушенными сердцем. Эта молитва задерживает и откладывает все молитвы в мире».

Следует понять, в чем различие между молитвами Моше, Давида и бедняка. Почему бедняк настолько важен, что из-за своих обид на Творца он задерживает все молитвы? А также следует понять, что значит «задерживать все молитвы в мире». Разве не может Творец отвечать на все молитвы одновременно, но должен назначать время, как будто всем надо стоять в очереди друг за другом?

Объясним это в контексте духовной работы. Все три молитвы свойственны одному человеку и представляют три состояния, следующие друг за другом согласно порядку работы.

---

551   Книга Зоар с комментарием «Сулам», гл. «Балак», пп. 187-190.
552   Писания, Псалмы, 34:19.
553   Писания, Псалмы, 102:1.

Существуют три недостатка, потребности, и человек должен просить, чтобы Творец удовлетворил их:

1. Категория Торы, называемая «Моше».
2. Категория Высшего управления.
3. Бедняк, относящийся к категории сокрушенных сердцем, – что называется, «Его сосуды».

Следует понять, что значит «близок Творец к сокрушенным сердцем». «Близость» означает подобие свойств. Но разве может быть подобие свойств с Творцом, если человеке сокрушен сердцем? А кроме того, сказано: «близок Творец ко всем, кто взывает к Нему истинно»[554]. Следовательно, «близость» означает истину, а не разбитое сердце.

К тому же, надо понять, какие обиды есть у бедняка на Творца, который словно бы говорит, что бедняк прав. Ведь мы видим, что вследствие этих обид Он прислушивается к бедняку более, чем к другим, – как утверждает Зоар.

Сказано в Зоаре: «Рабби Шимон открыл речь: "Кто радуется в праздники, но не дает часть Творцу..."»[555] Далее разъясняется, что такое часть Творца: «"Часть Творцу" – это значит радовать бедняков, насколько человек может это делать. Ведь в эти дни, в праздники, Творец приходит осмотреть эти Свои разбитые сосуды»[556].

Там же объясняется, почему часть Творца – это бедняки. Имеется в виду **разбиение сосудов**, происшедшее до сотворения мира. И сказано: «Вследствие разбиения сосудов отдачи и их падения в разобщенные миры БЕА, упали вместе с ними в клипо́т и искры отдачи. От них попадают под власть клипот наслаждение и любовь всевозможных видов, потому что они передают их человеку для

---

554   Писания, Псалмы, 145:18.

555   Предисловие Книги Зоар с комментарием «Сулам», п. 174. «Кто радуется в праздники, но не дает часть Творцу, того преследует недоброжелатель, Сатан, и обвиняет его, и уводит его из мира».

556   Предисловие Книги Зоар с комментарием «Сулам», п. 175.

получения и наслаждения. Тем самым они приводят к различным преступлениям, таким как кража, грабеж и убийство»[557].

Отсюда объясним, кто такой бедняк, высказывающий обиды. Он говорит: «Разве я виноват в том, что Он создал меня из разбитых сосудов? Из-за этого во мне есть дурные вожделения и скверные мысли. И всё это постигло меня только от того, что я происхожу из разбиения сосудов. Там впервые захотели привлечь Высшее изобилие в получающие сосуды – с намерением ради получения, а вовсе не ради отдачи. Поэтому во мне утвердилось себялюбие, и из-за этого я далек от всего духовного, и нет у меня никакой доли в духовном, основа которого – только сосуды с намерением ради отдачи. В итоге я страдаю, не имея ни малейшего доступа к духовному, и вижу, что удален от Тебя из-за различия свойств, причиненного мне себялюбием. Этот ненавистник, кроющийся в моем сердце, – он-то и вызывает все мои дурные состояния. Всё приходит от того, что Ты создал меня таким».

Поэтому он предъявляет претензии и говорит: «Я не в силах изменить природу, с которой Ты меня создал. Но я хочу от Тебя: так же, как Ты создал меня с себялюбием, дай мне другую природу, как дал первую, – дай мне желание отдачи. Ведь я неспособен бороться с природой, которую Ты отпечатал во мне. И у меня есть доказательство Твоей вины – в том, что я лишен сил для преодоления. Сказали мудрецы[558]: «Сказал рабби Шимон Бен Леви: злое начало берет верх над человеком каждый день, желая погубить его[559]. Сказано об этом: грешник наблюдает за праведником, желая его смерти, и если бы Творец не помогал ему, сам бы не справился, как сказано: Творец не оставит его в руках **злого начала**»[560]».

Таким образом, обиды бедняка справедливы. Ведь он не в силах преодолеть **свою природу**, если Творец не поможет ему, как объяснили мудрецы. Поэтому он предъявляет Творцу претензию в

---

557 Там же.
558 Трактат «Кидушин», 30:2.
559 Писания, Псалмы, 37:32.
560 Писания, Псалмы, 37:33: «Творец не оставит его (*праведника*) в руке его (*нечестивого*) и не (*даст*) обвинить его на суде его».

том, что только Он может помочь, и никто другой. Ведь из объяснений мудрецов следует, что Творец сделал так намеренно, чтобы появилась необходимость в молитве, ибо «Творец ждет молитву праведников»[561] – тех, кто молится, желая стать праведниками. Причина этого разъяснена в предыдущих статьях от имени Бааль Сулама.

Таким образом, в своей обиде на Творца, который создал его в такой низости, человек прав. Действительно, сам Творец сделал так, что помощи, кроме Него, ждать не от кого. И потому молитва бедняка исходит от «сокрушенных сердцем» – т.е. из разбиения сосудов. Следовательно, претензия сокрушенных сердцем истинна. А **истина означает «близость» – благодаря подобию свойств с Творцом. Вот почему эта молитва принимается первой – ведь здесь начинается порядок работы**.

Отсюда понятно то, что о чем мы спросили: здесь говорится, что «близость» указывает на сокрушенных сердцем, а в другом месте «близость» означает истину: «близок Творец – (значит) ко всем, кто взывает к Нему истинно». Ответ в том, что претензия сокрушенных сердцем истинна. Выходит, два этих определения означают одно и то же: мы должны знать, что обращаясь с молитвой к Творцу, надо говорить Ему истину.

Как мы разъяснили в предыдущей статье, обращаясь с молитвой к Творцу, человек должен просить Его о помощи: «Мое состояние действительно наихудшее из всего мира, и хотя, возможно, есть люди, находящиеся ниже меня – как в учебе, так и в работе, – но они не чувствуют истину так, как я вижу свое состояние. Поэтому у них пока нет такой потребности, как у меня, и они не так нуждаются в Твоей помощи. Я же вижу свое истинное состояние: у меня нет никакой связи с духовным. После всей проделанной работы, в которую я вложил и время, и силы, все равно я вижу сегодня, что «прежние дни были лучше этих»[562]. И сколько бы я ни старался идти вперед – чувствую, что отступаю назад». Это и есть

---

561 Трактат «Йевамот», 64:1 и трактат «Хулин», 60:2.
562 Писания, Коэлет, 7:10.

«справедливый довод», означающий **подобие свойств с Творцом благодаря предъявлению истинной претензии**.

Отсюда понятен вопрос о том, почему молитва бедняка задерживает все молитвы. Разве не может Творец отвечать на все молитвы одновременно? Дело в том, что мы должны рассматривать все три молитвы в одном человеке. Это значит: ответить на то, что он просит, можно лишь согласно тому уровню, на котором он способен получить ответ. Иными словами, если человек получит что-то, это должно пойти ему на пользу. Если же он получит какое-либо наполнение, о котором просит, и это пойдет ему во вред, тогда, само собой, ему не дадут желаемого, поскольку Творец хочет нести ему благо, а не зло.

Поэтому низший должен получать свыше в соответствии с тем, чего ему действительно недостает. И потому он должен молиться о своей бедности, в обиде на то, что Творец создал его с получающим желанием. Ведь он чувствует, что оно и есть всё то зло в нем, которое вызывает все его страдания. А потом человек может просить, чтобы ему дали Малхут небес. Ведь поскольку ему уже дали сосуды отдачи, то он уже может получить **веру**, которая называется «Малхут небес». Таким образом, человек не может обрести бремя Царства небес[563], зовущееся «верой», пока у него нет сосудов отдачи. Сказано об этом в комментарии «Сулам»[564]: «Закон таков, что творение не может получать от Творца зло в явном виде. Ведь это нанесет ущерб величию Творца, поскольку творение воспримет Его как действующего во зло. А такое не подобает совершенному Действующему. Поэтому, когда человек ощущает зло, в той же мере довлеет над ним отрицание управления Творца, и скрывается от него Действующий».

Поэтому сначала человек должен получить силу свыше, чтобы у него появилась вторая природа – желание отдачи. А затем он сможет попросить вторую ступень – категорию «Давида», т.е. «Царство небес». Вот почему молитва бедняка задерживает все молитвы. Иными словами, пока бедняк не получит желаемое, он

---

563 «Царство» на иврите – Малхут.
564 Предисловие Книги Зоар с комментарием «Сулам», п. 138.

неспособен получить более высокие ступени. И потому сказано: «молитва бедняка, когда обессиливает».

А после этого приходит вторая молитва – «молитва Давида», Малхут небес. Он просит, чтобы у него была вера, дабы ощутить Действующего – как Он воздействует Своим управлением на весь мир. Ведь теперь человек уже может постигать Творца как Действующего во благо, потому что у него уже есть сосуды отдачи. И тогда он уже может видеть, как Творец действует во благо.

Таким образом, невозможно достичь веры, Малхут небес, прежде чем человек достигнет исправления свойств, так чтобы он всегда был готов отдавать и не получать ради получения. Иначе свыше ему не дают обрести веру. Тем самым молитва бедняка задерживает все молитвы. Ведь пока человек не раскроет свой недостаток – то, что он погружен в себялюбие и хочет выйти из него, – бесполезно просить об остальном.

А затем настает время для «молитвы Моше», представляющей категорию «Торы». Невозможно заслужить эту категорию, пока человек не достиг веры, ибо «нельзя обучать Торе идолопоклонников»[565]. Сказано: «вот Учение[566], которое Моше представил сыновьям Исраэля»[567]. И говорит Зоар: «нельзя обучать Торе идолопоклонников»[568]. Кто обрезал себя и не выполняет принципы Торы – как будто не обрезан. Сказано об этом: «Если будешь делать Мне жертвенник из камней, не закладывай их обтесанными. Ибо если нанесешь на него топор свой, осквернишь его»[569]. Хотя ты нанес на него свой топор, т.е. обрезал себя, но осквернишь его – осквернишь обрезание.

Отсюда следует, что даже если человек обрезан и родители его евреи, относительно Торы это еще не значит, что он относится к

---

565 Трактат «Хагига», 13:11. «Сказал рабби Ами: не передают слова Торы идолопоклонникам».
566 На иврите Тора – букв. учение.
567 Тора, Дварим, 4:44.
568 Книга Зоар с комментарием «Сулам», гл. «Ахарей мот», п. 298.
569 Тора, Шмот, 20:21.

«Исраэлю» и что с ним можно изучать Тору, – если он не соблюдает ее принципы. Вот что означают слова Зоара.

Сказано в Книге Зоар[570]: «"Вино, веселящее сердце человека"[571], – это вино Торы, поскольку численное значение[572] слова *вино* (יין) такое же, как у слова *тайна* (סוד). Как вино должно быть закрыто и запечатано, чтобы не вылиться в идолопоклонство, так и тайна Торы должна быть закрыта и запечатана. Все ее тайны изливаются только к трепещущим пред Ним».

Таким образом, молитва с альтруистическим намерением лишма, представляющая категорию Торы, – это ступень, следующая после Малхут небес, и называющаяся трепетом. Вот почему сказано, что Тора передана именно тем, кто трепещет пред Ним[573].

А Бааль Сулам сказал, что Малхут зовется «верой» и потому должна быть скрыта. Смысл в следующем: поскольку Малхут – это вера выше знания, постольку она зовется «скрытой». Поэтому после того, как человек получает **веру** – что называется «Малхут небес», – он может заслужить категорию **Торы**, – что называется Зеир Анпин, – где Тора уже раскрыта.

---

570 Книга Зоар с комментарием «Сулам», гл. «Пинхас», п. 68.
571 Писания, Псалмы, 104:15.
572 На иврите буквы означают также числа.
573 Писания, Псалмы, 25:14. «Тайна Творца – для трепещущих пред Ним».

Не выставлять себя нечестивцем
Статья 31, 1985

О том, что «человек не выставляет себя нечестивцем»[574], сказано в Книге Зоар[575]: «Царь Давид направлял себя четырьмя путями. Причислял себя к бедным. Причислял себя к добродетельным. О том, что причислял себя к добродетельным, сказано: «Сохрани душу мою, ибо я добродетелен»[576]. Ведь человек не должен выставлять себя нечестивцем.

Возникает вопрос: в таком случае он никогда не признается в своих грехах? Это не так. Напротив, когда человек признается в своих грехах, тогда он добродетелен, поскольку желает обрести раскаяние и видит себя с дурной стороны: до сих пор он пребывал в собственной нечистоте, теперь же прилепился к правой руке Высшего – Хеседу (милосердию), – простертой, чтобы принять его. И поскольку прилепился к Хеседу – зовется добродетельным (хасид). И нельзя сказать, что Творец не принимает его до тех пор, пока он не перечислит все свои грехи со дня появления на свет, или даже те, которые скрыты от него. Это не так, поскольку он должен изложить только те грехи, которые помнит. И если стремится к тому, чтобы пожалеть о них во время признания, то все другие грехи потянутся за ними».

Следует понять:

1. Как может человек сказать о себе, что он добродетелен? Ведь это уже значительный уровень. Как же он может восхвалять себя самого?

---

574 Трактат «Йевамот», 25:2, трактат «Ктубот», 18:2, трактат «Санедрин», 9:2, 25:1.
575 Книга Зоар с комментарием «Сулам», гл. «Балак», пп. 193-194.
576 Писания, Псалмы, 86:2.

2. С одной стороны, сказано, что человек не должен выставлять себя нечестивцем, а с другой стороны, сказано, что он должен перечислить свои грехи, но не все со дня появления на свет, а лишь те, которые он помнит. В таком случае, излагая совершённые им грехи, он уже является нечестивцем? Почему же сказано, что человек не должен выставлять себя нечестивцем? Разве есть разница, чтобы признаться в дурных делах, но не назвать себя нечестивцем? Если человек признаётся в дурных делах, разве тем самым он не называет себя автоматически нечестивцем? Сказано об этом[577]: «Сказал рав Йосеф: кого-то подвергли насилию, и он вместе с другим свидетелем подает иск на смертную казнь. Если это случилось по его желанию, то он нечестивец, а Тора говорит: не позволяй нечестивцу стать свидетелем[578]. Однако Раба сказал: «Человек себе не враг и не станет выставлять себя нечестивцем»[579]».

Отсюда следует, что если человек говорит, что согрешил, он не заслуживает доверия в показаниях о себе, поскольку является нечестивцем. Здесь же, когда он сознаётся в своих грехах, в силу одного лишь этого высказывания он уже зовётся «нечестивцем». Как же это согласуется с тем, что человек не выставляет себя нечестивцем? Таким образом, вопрос остается в силе: как человек может перечислять свои грехи во время признания?

Следует знать, почему сказано, что «человек не выставляет себя нечестивцем». Дело в том, что «человек себе не враг». Здесь надо сказать: поскольку «все прегрешения покрывает любовь»[580], постольку в тех, кого любим, мы не видим никаких недостатков. Ведь недостаток – это нечто дурное, а человек не может нести себе зло, поскольку подкуплен себялюбием. Как следствие, «человек не выставляет себя нечестивцем» и не заслуживает доверия в дурных показаниях о себе, подобно близкому, показания которого недействительны.

---

577 Трактат «Санэдрин», 9:2.
578 Тора, Шмот, 23:1.
579 Смысл в том, что такой человек вправе свидетельствовать, а его показания о добровольном участии не принимаются.
580 Писания, Мишлэй, 10:12.

А также надо знать следующее. Когда человек обращается с просьбой к Творцу, желая раскаяния, и просит о помощи в этом, возникает вопрос: если он хочет раскаяться, кто мешает ему это сделать? Разве выбор не в его руках? Зачем же он должен просить Творца о помощи? В молитве Амидá мы говорим: «Верни нас, Отец наш, к Твоему учению, и приблизь нас, Царь наш, к служению Тебе, и возврати нас к полному раскаянию пред Тобой». Следовательно, без Его помощи человек не в состоянии раскаяться. И следует понять, почему реальность такова, что сам человек неспособен прийти к раскаянию.

Как мы объяснили в предыдущих статьях, Творец создал в нас природу желания получать, и желание это изначально возникло с намерением ради получения. Лишь впоследствии было сделано исправление, чтобы получать не ради получения, а ради отдачи. Это исправление называется «сокращением». Иными словами, пока низший не будет подготовлен действовать на отдачу, это место останется пустым и свободным от света. Следствием этого исправления для творений стало то, что пока человек не выйдет из себялюбия, он неспособен ощутить свет Творца. И потому сначала он должен выйти из эгоизма – а иначе над ним довлеет сокращение.

Но человек не в состоянии выйти из этой природы, потому что ее создал Творец. Единственное средство – просить Творца, чтобы Он дал ему другую природу – желание отдавать. И выбор человека лишь в молитве. Иными словами, **человек должен просить Творца, чтобы Он помог ему и дал другое естество**. Поэтому, когда человек желает раскаяния, ему надо лишь попросить Творца, чтобы Он помог ему выйти из себялюбия в любовь к ближним. Вот почему мы просим Творца и произносим в молитве: «Верни нас, Отец наш...»

Но когда же человек просит **истинно**, чтобы Творец вернул его к раскаянию? Это возможно, только когда человек чувствует, что он должен раскаяться. И пока человек не пришел к решению о том, что он нечестивец, нет места для молитвы, чтобы Творец вернул его к Источнику. Ведь человек не столь уж дурен *в своих глазах*, чтобы ему потребовалось милосердие от Творца. Смысл молитв, которые будут приняты, состоит как раз в том, что человек нуждается в милосердии. Об этом мы говорим в молитве Амида́: «Ты слышишь молитву из любых уст (но, когда?), молитву народа Твоего Исраэля в милосердии».

Таким образом, в каком случае Творец слышит молитву любых уст? Если человек чувствует, что нуждается в милосердии. А это случается именно тогда, когда он чувствует себя в большой беде и никто не в силах ему помочь. Тогда-то он и обращается к Творцу с просьбой о милосердии.

Другое дело, когда человек обращается к Творцу с просьбой об излишествах. Иными словами, его состояние еще не столь ужасно, и он видит людей, которые находятся в худшей ситуации. В таком случае человек молит Творца не потому, что нуждается в милосердии свыше, а потому, что желает себе лучшего состояния по сравнению с другими. Тем самым он просит у Творца излишеств, поскольку хочет быть счастливее других.

Таким образом, если человек хочет, чтобы Творец принял его молитву, прежде всего, он должен видеть, что более других нуждается в даровании жизни. Он видит, что все живут в мире, а у него нет никакой жизни, так как он чувствует себя нечестивцем. Он видит, что погряз в себялюбии больше других. И тогда он видит, что нуждается в милосердии свыше не потому, что желает излишеств, а потому, что лишен жизни в отдаче.

В таком случае человек действительно просит милосердия – того, что оживит его душу. Тогда он взывает к Творцу: «Ты «даешь хлеб голодным, вызволяешь узников»[581]». Иными словами, человек просто видит, что ему недостает веры, зовущейся «хлебом». И видит, что сидит в темнице под названием «себялюбие» и не в силах выйти оттуда, ибо только Творец может ему помочь. Это и значит вознести **истинную молитву**.

Следует знать, что молитва основывается на ощущении недостатка. Суть его не в отсутствии чего-либо – **недостаток означает потребность**. Соответственно, большой недостаток означает

---

581 Писания, Псалмы, 146:7.

большую потребность в желаемом. Если же у человека нет большой потребности, то нет и большого недостатка, – и само собой, молитва его не очень-то сильна. Ведь он не так уж нуждается в желаемом, а потому и просьба его не столь велика.

Отсюда следует, что человек не может видеть в себе плохое. Тогда возникает вопрос: что если человек знает, что болен? Ведь болеть – это плохо. Тогда он обращается к врачу, чтобы тот вылечил его недуг. Если врач говорит, что не находит ничего плохого в его организме, – само собой, человек не полагается на него и идет к известному специалисту. Тот говорит, что нашел у него что-то плохое и нужна операция. В таком случае человек наверняка радуется – поскольку врач нашел, что́ в нем плохо. И за это он платит подобающую сумму – ведь врач диагностировал его болезнь и теперь известно, как его вылечить, чтобы он мог и дальше наслаждаться жизнью.

Отсюда мы видим: в случае если обнаружение зла – это позитив, как при болезни, то уже нельзя сказать, что человек не видит в себе плохого. Ведь в подобных обстоятельствах он хочет исправить это зло – и тогда оно оказывается благом. Выходит, в такой ситуации человек способен найти в себе зло.

Теперь мы можем понять слова Книги Зоар и ответить на поставленный вопрос: почему, с одной стороны, человек «не выставляет себя нечестивцем», а с другой стороны, он должен изложить свои грехи? Ведь излагая совершенные им грехи, человек выставляет себя нечестивцем, говоря, что провинился в том-то и том-то. На это можно ответить так: обращаясь с просьбой к Творцу, человек приближает Его. Ведь он погряз во зле – в себялюбии – и если хочет, чтобы его молитва была принята, то знает, что нужно молиться Творцу из глубины сердца. Иными словами, он нуждается в большем милосердии, чем остальные люди, поскольку сам чувствует, что он хуже их.

И тогда он должен сам видеть то зло, которого в нем больше, чем в остальных. Иначе получится, что он лжет, говоря, что он хуже их. Сказано: «близок Творец ко всем, кто взывает к Нему истинно»⁵⁸². Как следствие, если человек находит в себе зло, то сам может видеть тогда, что у него есть большая необходимость в помощи Творца. И это считается для него благом. Поэтому, когда человек излагает свои грехи, это не значит, что он «выставляет себя нечестивцем». Наоборот, теперь он может вознести истинную молитву о том, чтобы Творец приблизил его к Себе.

Таким образом, находя зло в себе, человек обретает большую потребность в Творце. А потребность – это «недостаток». И молитва его должна исходить из глубины сердца. **Глубина** означает, что он молит не о поверхностном недостатке, а о таком, который затрагивает глубинную **точку его сердца** и ощущается во всем теле. Лишь тогда это называется «молитвой».

Отсюда понятен ответ на заданный нами вопрос: как человек может говорить о себе, что он добродетелен? Ведь это уже ступень, свойственная далеко не каждому. Почему же Давид назвал себя «добродетельным»? От Бааль Сулама я слышал следующее. Сказано: «дает мудрость мудрецам»⁵⁸³. Разве не следовало сказать: «дает мудрость глупцам»? На это он сказал, что «мудрецом» человек называется по своему будущему состоянию. Иными словами, кто хочет стать мудрым, тот уже зовется «мудрецом».

Таким образом, когда Давид сказал: «я добродетелен», он имел в виду, что хочет стать добродетельным, – что означает «любовь к ближнему». Сначала он произнес «молитву бедняка» – о том, что пребывает в эгоизме и «хочет стать добродетельным». А завершает Зоар следующими словами: «Тогда он добродетелен, поскольку желает обрести раскаяние и видит себя с дурной стороны: до сих пор он пребывал в собственной нечистоте, теперь же прилепился к правой руке Высшего – Хеседу, – простертой, чтобы принять его. И поскольку прилепился к Хеседу – зовется добродетельным (хасид)».

Отсюда понятны также слова Книги Зоар: «Нельзя сказать, что Творец не принимает его до тех пор, пока он не перечислит все свои грехи со дня появления на свет. Это не так. Если стремится

---

582 Писания, Псалмы, 145:18.
583 Писания, Даниэль, 2:21.

к тому, чтобы пожалеть о них во время признания, то все другие грехи потянутся за ними». Говоря иначе, если человек молится об общем корне, откуда происходят все грехи, – об эгоизме, – тогда, само собой, все грехи тянутся вслед за ним – вслед за себялюбием.

Награда получающим
Статья 32, 1985

Известно, что человек неспособен работать без вознаграждения. Иными словами, если бы ему не выдавали оплату, он не совершал бы никакого движения. Это проистекает из корня творений, которому не свойственно движение. Сказано об этом в «Учении десяти сфирот»[584]: «Мы любим покой и крайне ненавидим движение – до такой степени, что любое движение производим лишь для того, чтобы достичь покоя. Причина этого в том, что нашему корню свойственно не движение, а покой. Движения в нем нет совершенно. Поэтому оно противно нашей природе и ненавистно нам».

Отсюда следует знать, в чем состоит наше вознаграждение, ради которого нам стоит работать. Чтобы прояснить это, нужно взглянуть на то, что нам уже известно: существует цель творения и исправление творения.

Цель творения определена со стороны Творца. О ней мы говорим так: Творец создал творение из желания доставить благо Своим созданиям. В связи с этим возникает известный вопрос: почему же создания не получают благо и наслаждение? Разве кто-либо может пойти против Творца и сказать, что не желает благ и наслаждений, – если внесенная Им в создания природа такова, что каждое хочет получать?

Мы учимся тому, что **только желание получать называется «творением»**. Суть этого творения – нечто новое под названием «сущее из ничего». Но если Творец создал эту природу в творениях, то, само собой, все хотят получать, а Он хочет давать. И кто же препятствует этому?

---

[584] Бааль Сулам, «Учение десяти сфирот», часть 1, «Внутреннее созерцание», п. 19.

Ответ приводится в словах АРИ, в начале книги «Древо жизни»[585]: «Чтобы вывести на свет совершенство Своих действий, Он сократил себя». Там же в разделе «Внутренний свет» объясняется, что́ это значит: различие между Дающим и получающим приводит к отличию по свойствам, т.е. к дискомфорту у получающих. Чтобы исправить это, было произведено исправление, в результате которого изобилие светит лишь там, где есть намерение ради отдачи, – что называется «подобием свойств» и «слиянием с Творцом».

В таком случае, получая благо и наслаждение, *создание* не испытывает дискомфорта, и тогда изобилие может прийти к получающему, поскольку тот не ощутит никакого недостатка при его получении. Иными словами, он не испытает недостатка от того, что является получающим, поскольку намерение его проистекает из желания доставить удовольствие Творцу, а не из желания насладить себя.

Исходя из этого, отдадим себе отчет в том, что мы должны сделать, чтобы получить благо и наслаждение. Нам надо лишь обрести желания, представляющие другую природу и называющиеся «сосудами отдачи». Это и есть «исправление творения». Соответственно, мы должны знать, какую награду нам требовать от Творца за усилия в реализации принципов отдачи, – пускай даст нам сосуды отдачи.

Как сказано у Бааль Сулама[586], корень вознаграждения – это экран и отраженный свет. Поэтому не изобилия и наслаждения мы требуем в награду за работу, а сосудов отдачи. Ведь только этого нам недостает, чтобы получить благо и наслаждение. И пока человек не обретет сосуды отдачи, он терпит страдания в своей жизни, так как у него нет сосудов, способных получить благо и наслаждение.

Согласно порядку работы, мы видим, что в наших действиях можно выделить три категории:

1. Запрещенные вещи.

---

585   АРИ, «Древо жизни», Врата 1, Ветвь 2.
586   Бааль Сулам, Введение в книгу «Приветливый лик».

2. Разрешенные вещи.

3. Реализация правил Торы (заповедей).

В отношении запрещенных вещей нельзя говорить о намерениях ради отдачи: то, что запрещено, невозможно выполнить даже с альтруистическим намерением лишма. Вообще, не приходится говорить об их «выполнении». Словами мудрецов, это называется «заповедью, исполняющейся через нарушение»[587].

Лишь при выполнении разрешенных вещей следует выстраивать намерение ради отдачи. Если человек не может этого сделать, то не выполняет принцип Торы. Только если он способен выстроить намерение ради отдачи, такое действие относится к разряду «принципов Торы».

Что касается реализации таких принципов Торы как, например, трапезничать в шалаше[588] – даже если человек не выстраивает при этом намерения на отдачу, они все равно называются «заповедями», поскольку в этом случае намерение ло-лишма тоже означает заповедь. Когда же человек устремляет такое действие на отдачу, благодаря этому принципу Торы он обретает кроющийся в нем свет.

Ну а пока он еще не может выстроить намерение и действует не ради отдачи, – сказали об этом мудрецы: «Пускай человек всегда выполняет Тору, даже в эгоистическом намерении ло-лишма – и от него придет к альтруистическому намерению лишма»[589]. Таким образом, даже без намерения **на отдачу**, человек выполняет веление Творца. С другой стороны, при выполнении разрешенных вещей это называется «необязательным действием», которое не входит в разряд принципов отдачи.

В отличие от этого, когда человек совершает запрещенную вещь, на его счет записывается нарушение. И тогда он отступает вспять от пути отдачи, отдаляясь от Творца. Когда же он выполняет

---

587 См., например, трактат «Брахот», 47:2, а также комментарий РАМБАМа на Мишну, трактат «Сукка», 3:1.
588 Традиция на праздник Суккот.
589 Трактат «Псахим», 30:2.

принцип Торы с намерением ло-лишма – приближается к Творцу. Но это медленный путь – иными словами, таким способом он приближается к Творцу долгим путем, пока не обретет возможность слиться с Ним.

И наоборот, выполняя принципы Торы с намерением лишма, человек тем самым сливается с Творцом всё больше и больше, пока не удостаивается вкусов Торы и вкусов заповедей.

Удовольствие от шаббата[590] – это также заповедь, и если человек не получает удовольствия от субботней трапезы, он тоже не выполняет того, что на него возложено. Поэтому существует правило, согласно которому, в канун субботы человек не должен есть, пока не стемнеет, – чтобы получить наслаждение от трапезы. Сказали об этом мудрецы[591]: «Пускай не ест человек в канун суббот и праздников, чтобы вступить в шаббат с большим желанием – слова рабби Йехуды».

Но, в любом случае, даже если человек не может выстроить намерение ради отдачи, он все же выполняет заповедь о маце и т.п. Так же бывает и в разрешенных вещах: даже если человек не может выстроить намерение ради отдачи, он все равно не впадает в материальность, съедая разрешенные вещи, в то время когда они являются необходимыми – т.е. если без них он не может обойтись. Такие вещи разрешено принимать в любом случае, даже если при этом человек не может выстроить намерение на отдачу.

С другой стороны, когда человек использует разрешенные вещи, не являющиеся необходимыми, он впадает в материальность, хотя и не совершает никакого нарушения, съедая их. В определенном смысле, можно сказать, что необходимые вещи лежат одной ступенью ниже заповедей, когда их выполняют с намерением ло-лишма.

Таким образом, следует различать в порядке снизу вверх:

1. Запрещенные вещи.

---

590   Шаббат – суббота, день, в который предписано не работать, а отдыхать.
591   Трактат «Псахим», 99:2.

2. Разрешенные вещи, которые человек не может выполнить с намерением ради отдачи.
3. Разрешенные, однако же необходимые вещи.
4. Выполнение принципов Торы без намерения ради отдачи.
5. Необязательные действия, выполняемые с намерением ради отдачи (однако заповедь без намерения и необязательные действия ради отдачи требуют выяснить, какое из них важнее, так как здесь возможна ошибка, и потому я не хочу это разбирать).
6. Выполнение принципов Торы с намерением ради отдачи.

Отсюда следует, что **сущность вознаграждения состоит лишь в том, чтобы обрести сосуды отдачи**. Когда человек обретает эти сосуды, у него уже есть всё.

Преступники Исраэля
Статья 33, 1985

Сказал Реш Лакиш[592]: «Пламя ада не властно над преступниками Исраэля. Это следует по принципу «от легкого к тяжкому» из золотого жертвенника[593]. Преступники Исраэля, полны действий на отдачу, подобно гранату. Сказано об этом: «как дольки граната виски твои»[594]. Читай: не *виски* (רקתך), а *пустые* (ריקנין) в тебе, и подавно, полны действий на отдачу, подобно гранату».

Следует понять, по отношению к чему они зовутся «преступниками Исраэля»:

1. Возможно, по отношению к Торе?
2. Или они рассматриваются как преступники по отношению к общности Исраэля?
3. Или по отношению к самому человеку? Иными словами, это он сам видит и чувствует себя преступником Исраэля? Ведь при поверхностном рассмотрении трудно понять, как можно быть полным действий на отдачу, подобно гранату, и в то же время называться «преступником Исраэля».

Если трактовать это по отношению к человеку, можно дать следующее объяснение. Сказано: «полны действий на отдачу, подобно гранату» – и, тем не менее, человек видит, что всё еще относится к преступникам Исраэля. *Гранат* (римо́н – רימון) означает *обман* (рамау́т – רמאות). Говоря иначе, человек видит, что обманывает себя. Пускай он полон действий на отдачу, т.е. видит, что больше ему нечего добавить количественно и, судя по приложенным усилиям, он, несомненно, уже должен был стать «Исраэлем»

---

592   Трактат «Хагига», 27:1.
593   «Пламя ада не властно над преступниками Исраэля. Это следует по принципу "от легкого к тяжкому" из золотого жертвенника: позолоты на нем толщиной лишь с золотой динар, но годами не властен над ним огонь».
594   Писания, Песнь песней, 4:3.

(ישראל) – устремиться «прямо к Высшему» (ישר-אל), так чтобы всё делать ради отдачи, – однако после самоанализа он видит, что обманывает себя. Ведь главная причина, обязывающая его реализовывать принципы отдачи, – это себялюбие, а не намерение доставить удовольствие своему Создателю, хотя именно это и называется **«прямо к Высшему»**, когда вся его работа идёт **прямо к Творцу**.

И тогда, осознав, что вся его работа ведётся ради получения, человек видит, что он преступник в отношении Исраэля. Иными словами, он не хочет, чтобы его работа была устремлена наверх, «ради отдачи Творцу», – наоборот, она целиком базируется на том, чтобы всё оставалось внизу, в получении. Ведь получающий, по уровню важности, находится «внизу», а дающий – «наверху».

Это проистекает из корня: поскольку Творец является Дающим, постольку Он «наверху», – а творение, получающее от Творца, находится «внизу» по важности. Таким образом, если человек работает ради получения, значит, он хочет, чтобы его работа по реализации принципов отдачи оставалась внизу – в категории получения.

Это и есть «преступники категории Исраэля». Вместо того чтобы служить Творцу, желая работать на отдачу Ему, человек поступает наоборот и хочет, чтобы Творец служил ему. Ведь сказано, что даром ничего не даётся, но вознаграждение платят согласно усилиям, как принято в материальном мире. Вот человек и хочет прилагать усилия, работая на Творца с тем условием, что тот заплатит ему за труды. А иначе у человека нет никаких сил, и без всякой оплаты он неспособен произвести ни малейшего движения.

Но как человеку увидеть истину – увидеть, что он обманывает себя относительно сущности цели и не может вести подлинную работу на отдачу? На это сказали мудрецы: невозможно увидеть истину, пока у тебя нет света. Человек видит, что он много вкладывает в отдачу и полон деяний, – в результате чего он не находит никакой возможности для дополнительных действий, которые помогли бы ему стать категорией «Исраэль» – действовать только ради отдачи, не испытывая ни малейшей нужды в себялюбии. Он не видит, что достигнет этого когда-либо своими силами, без помощи свыше. Невозможно, чтобы подобное было под силу человеку.

Таким образом, реализация принципов Торы позволила ему увидеть истину: до сих пор он обманывал себя, полагая, что способен самостоятельно приобрести силу, обязывающую работать на отдачу. Теперь же он пришел к четкому знанию, что это не так.

Отсюда можно объяснить слова: «Даже пустые в тебе полны действий на отдачу, подобно гранату». Смысл в том, что даже те, кто «полон действий на отдачу», чувствуют себя пустыми, так как видят, что они подобны гранату (רמון), как сказано: «Звал я друзей своих – они обманули меня (רמוני)»[595]. Обман в том, вся их работа по реализации принципов отдачи велась лишь для собственной пользы, а не для пользы Творца.

Что же привело человека к этому знанию? Сказано: именно то, что он полон действий по самоисправлению. Это и позволило ему увидеть, что не следует впадать в иллюзию, полагая, что он может достичь категории «Исраэль». Напротив, теперь он видит, что относится к преступникам Исраэля.

Таким образом, достичь истинного знания о своей духовной ступени можно только после того, как человек наполнится действиями на отдачу. Тогда он видит, что до сих пор пребывал в обмане и находится сейчас на ступени «преступников Исраэля». И напротив, без действий на отдачу – значит «без света», и тогда человек не может видеть истину – видеть, что он нуждается в помощи Творца, чтобы стать категорией Исраэль.

Однако следует знать: существует условие для того, чтобы человек, полный действий на отдачу, увидел, что он подобен гранату. Это происходит именно в том случае, если он ищет истину. Тогда о нем говорят: кто ищет истину, тот еще не может видеть ее – пока не наполнится действиями на отдачу, и не ранее. Поэтому здесь нужны две вещи:

---

595   Писания, Эйха, 1:19.

1. С одной стороны, человек должен **реализовывать принципы отдачи в меру своих сил, без всякого критического разбора**: идет ли он истинным путем или нет. Лишь по выполнении действия наступает время для анализа, но не во время реализации принципов отдачи. Ведь в это время человек должен ощущать себя в совершенстве. Сказали об этом мудрецы: «Пускай всегда будет выполнять человек принципы Торы в эгоистическом намерении ло-лишма, и от него придет к намерению на отдачу лишма»[596]. А значит, в данный момент не имеет значения, каким образом он действует, поскольку в любом случае он исполняет предписанное мудрецами.

2. Однако после этого человек **должен отдать себе самоотчет**: действовал ли он ради отдачи или сюда было примешано также что-то другое.

Исходя из двух этих аспектов, человек может прийти к категории «подобно гранату» – согласно тому, что мы объяснили выше.

Отсюда понятны слова мудрецов[597]: «Сказали мудрецы: когда были схвачены рабби Эльазар Бен Парта и рабби Ханина Бен Терадион, сказал рабби Ханина: «Горе мне, что был схвачен за одно и не спасся. Ибо ты занимался Торой и благодеяниями, а я занимался одной лишь Торой». Сказал об этом рав Хуна: «Всякий, кто занимается одной лишь Торой, – как будто нет у него Творца», как сказано[598]: «Много было дней у Исраэля без истинного Творца, без наставника-священнослужителя, и без Торы». Что значит «без истинного Творца»? Как сказал рав Хуна: **всякий, кто занимается одной лишь Торой, – как будто нет у него Творца**».

Следует понять: почему если человек не занимается благодеяниями, то у него уже как будто нет Творца? И еще непонятно: почему выделены именно благодеяния? Ведь есть и другие принципы

---

596 Трактат «Псахим», 50:2.
597 Трактат «Авода зара», 17:2. «Когда были схвачены рабби Эльазар Бен Парта и рабби Ханина Бен Терадион, сказал рабби Эльазар рабби Ханине: "Счастлив ты, что был схвачен за одно; горе мне, что был схвачен за пять вещей". Сказал ему рабби Ханина: "Счастлив ты, что был схвачен за пять вещей и спасся; горе мне, что был схвачен за одно и не спасся. Ибо ты занимался Торой и добрыми делами, а я занимался одной лишь Торой"».
598 Писания, Диврей а-ямим II, 15:3.

Торы, которые надо выполнять. Почему же именно без благодеяний у человека как будто нет истинного Творца? Как будто благодеяния предоставляют возможность осознать, обучается ли человек отдаче «без истинного Творца».

Согласно науке каббале, вся наша работа нужна для того, чтобы достичь подобия по свойствам, о чем сказано: «Как Он милосерден, так и ты милосерден»[599]. Поэтому во время изучения Торы человеку не следует вести критический анализ: чью Тору он изучает. В таком случае он может учиться даже с намерением ло-лишма – и это тоже будет действием по самоисправлению, как сказали мудрецы: «Пускай всегда будет выполнять человек принципы Торы в намерении ло-лишма, и от него придет к намерению лишма».

Придет в то время, когда будет проверять себя, свое состояние относительно подобия свойств: насколько он уже отдалился от себялюбия и насколько уже приблизился к любви к ближним – ведь это и значит «слиться с Ним по свойствам». Потому и уточняется, что при осмыслении этого главное – поверять себя свойством милосердия: сколько человек уделяет этому, прикладывая усилия в поисках всевозможных средств и способов, чтобы достичь подобия по свойствам. Иначе ему не встать на путь истины.

Поэтому и выходит тогда, что у него нет «истинного Творца». Ведь «истина», как разъяснено[600], – это седьмое из тринадцати исправлений Дикны, называющееся в Торе: «и истинный»[601]. Бааль Сулам объясняет там же в разделе «Внутренний свет»[602], что тогда раскрывается свойство Творца, создавшего мир с намерением доставить благо Своим созданиям, поскольку раскрывается тогда свет хохма́, свет цели творения, и все ощущают благо и наслаждение. Тогда все говорят на основе ясного знания, что это «истина», – имея в виду цель.

---

599   Трактат «Шаббат», 133:2.
600   Бааль Сулам, «Учение десяти сфирот», часть 13, таблица ответов, п. 155.
601   Тора, Шмот, 34:6. «Творец жалостливый и милосердный, долготерпеливый, благодетельный и истинный».
602   Бааль Сулам, «Учение десяти сфирот», часть 13, «Внутренний свет», п. 209, стр. 419.

Отсюда следует, что человеку необходимо заниматься благодеяниями, которые представляют особое средство, позволяющее достичь любви к ближним. Благодаря этому он обретет сосуды отдачи – единственные, в которые можно привлечь высшее изобилие. Если же у него нет сосудов отдачи, то он не может обрести благо и наслаждение, которые Творец создал, чтобы облаготворить Свои создания. Такое состояние называется для человека: «без истинного Творца». Смысл в том, что истинность Его управления в качестве «Доброго и Творящего добро» не является истиной. Это и определяется словами «без истинного Творца».

Достичь этого можно именно занимаясь благодеяниями. Однако без Торы человек не может знать свое состояние – где он находится. Ведь без света ничего не видно. А потому, чтобы увидеть, что он преступник Исраэля, человек должен быть полон действий на отдачу: как предписания изучать Тору, так и остальных. И проверка такова: когда он уже посвятил определенное время действиям на отдачу, после этого ему надо отдать себе самоотчет – но не во время работы.

Молил я Творца
Статья 34, 1985

Сказал Моше: «молил я Творца»[603]. РАШИ объясняет: «Во всех местах слово *милостивый* означает безвозмездный дар. И хотя праведники могут обусловить *мольбы* своими добрыми делами, но просят у Творца лишь безвозмездного дара».

Сказано в Мидраш Раба[604]: «"Молил я Творца". Из всех *языков*, Моше молился на языке низших. Сказал рабби Йоханан: "Отсюда следует, что у творения нет ничего общего с Творцом, – ведь Моше, величайший из пророков, обращался лишь на языке низших". Сказал рабби Леви: "Почему Моше обращался лишь на языке низших? Притча гласит: остерегайся, чтобы не быть пойманным на месте своего речения. Каким образом? Так сказал Творец Моше: 'Помилую, кого помиловать'[605]. То есть сказал ему: 'У кого есть задел в руке Моей, того пожалею – согласно жалости Я поступаю с ним. А у кого нет задела в руке Моей, того помилую – согласно безвозмездному дару Я поступаю с ним'"».

Следует понять вышесказанное:

1. Что значит «пожалею тех, у кого есть задел в руке Моей»? Эти слова проистекают из выражения мудрецов: «счет для меня в Твоей руке»[606]. Это значит, что человеку полагается долг. В таком случае, почему если человеку полагается от Творца долг, то Он говорит: «пожалею» его? Следовало бы сказать: «заплачу». Сказано об этом: «Кто предварил Меня, чтобы Я уплатил ему»[607]. Как же оплата долга связана с жалостью?

---

603 Тора, Дварим, 3:23.
604 Мидраш «Раба», Дварим, 2:1.
605 Тора, Шмот, 33:19. «Помилую, кого помиловать Мне, и пожалею, кого пожалеть Мне».
606 Трактат «Шавуот», 38:2.
607 Писания, Иов, 41:3.

2. Следует понять, как могут сочетаться два столь далеких друг от друга взгляда: с одной стороны, человеку полагается долг от Творца, как сказано: «у кого есть задел в руке Моей…», а с другой стороны, у него нет в руке Моей ничего. В чем так далеки друг от друга их утверждения? Говоря иначе, исходя из какой точки они приходят к столь разноречивым мнениям?

Чтобы понять это, надо знать, что люди, реализующие принципы Торы, делятся на два типа. **Хотя по действиям они не различаются**, так как в самом действии ничего не распознать, **однако в намерении имеется колоссальная разница** между двумя этими типами.

Люди **первого типа** ставят себе целью посредством реализации принципов Торы получить награду за усилия. Таков закон нашей природы: невозможно работать без оплаты. Как следствие, к выполнению принципов Торы их обязывает страх – они боятся, что не получат удовлетворения своих потребностей. Чувствуя, что им недостает того и другого, они испытывают сильное желание и большое стремление к тому, чтобы удовлетворить свои нужды. В результате они делают всё возможное, чтобы достичь желаемого.

Этот страх и является причиной, которая обязывает их реализовывать принципы Торы. Такой человек боится не за веления Творца, а за собственную выгоду. Сказано об этом в комментарии «Сулам»[608]: «В таком случае собственная выгода является корнем (причиной), а страх – ветвью (следствием), проистекающей из собственной выгоды».

Иными словами, люди этого типа реализуют принципы Торы для того, чтобы Творец заплатил им. Выходит, им полагается долг от Творца – ведь они вложили в дело большие старания, чтобы пожать плоды. И потому они обращаются к Творцу с требованием: «Заплати нам за старания».

Отсюда понятны слова рабби Леви о том, что Творец сказал: «У кого есть задел в руке Моей». Это значит: кому полагается

---

608   Предисловие Книги Зоар с комментарием «Сулам», п. 191.

долг – иными словами, чье намерение изначально строилось на том, что Творец заплатит ему за старания по реализации принципов Торы. Тем самым человек предъявляет претензию – словами мудрецов: «счет для меня в руке Твоей». Отсюда понятны приведенные выше слова Мидраша.

Однако всё еще нужно разъяснить, почему в ответ на эту претензию Творец сказал: «пожалею». Какая тут может быть жалость, если человеку полагается долг? Разве можно казать об этом: «согласно жалости Я поступаю с ним»?

У людей **второго типа** совершенно иное намерение, поскольку они хотят служить Творцу, чтобы доставить удовольствие своему Создателю, без всякой оплаты. Но если, в целом, человек создан с желанием получать для себя – каким образом можно работать без всякой оплаты?

Как я сказал в предыдущих статьях, одни работают, чтобы получить оплату потом, а для других сама работа – оплата и вознаграждение, и нет для них большей награды, чем возможность работать.

Это похоже на оказание услуг важной персоне. Наша природа такова, что нет большей награды, чем оказывать услуги важной особе. В таком случае человек способен отдать всё, что имеет, – лишь бы удостоиться служения царю. Тем самым сама работа становится вознаграждением, и человек не ждет никакой другой оплаты – но ждет лишь привилегии постоянно, без устали служить царю. В этом вся его жизнь и вся цель его жизни. И это заложено в нашей природе.

Однако следует понять, для чего Творец создал такую природу, чтобы низший, если он осознаёт важность высшего, желал служить ему без всякой оплаты. Об этом сказал Бааль Сулам: поскольку Творец создал миры, чтобы доставить благо Своим созданиям, постольку Он создал в них желание и стремление получать удовольствие и наслаждение. Иначе, без желания наслаждаться, творение не могло бы получать удовольствие и наслаждение – ведь нет наполнения без потребности.

Однако, вместе с тем, отсюда проистекает то, что зовется «хлебом стыда». Ведь здесь нет слияния – из-за врожденного отличия по свойствам. Как следствие, было произведено исправление и сокращение – чтобы получать лишь в силу того, что творение желает доставить удовольствие Творцу. Лишь поэтому оно получает от Него, а в противном случае отказывается от наслаждения.

Но тогда возникает вопрос: если человек родился в получающем желании и это его природа, то откуда он может получить желание отдачи? Ведь это против природы. Поэтому Творец и создал вторую природу – так чтобы малый отменял себя перед большим и испытывал наслаждение от того, что служит кому-то великому. Теперь, желая принести великому пользу, малый думает о том, что́ он может дать Творцу, чтобы Творец испытал от этого удовольствие. И когда желает насладить Его – видит: всё, что он может дать Высшему и чего Высшему, так сказать, недостает, сводится к одному – чтобы низший получал от Творца наслаждение. Это доставляет Творцу удовольствие, потому что таковой была цель творения – доставить благо Его созданиям.

Таким образом, чего недостает человеку, чтобы обрести желание отдачи? Только осознания величия Творца. Как только он обретет величие Творца, тотчас пожелает совершать Ему отдачу – ведь такова природа: низший, будучи малым, отменяет себя перед Великим.

Поэтому нам предоставлена возможность скорбеть об изгнании Шхины – о том, что всё духовное для нас низведено до состояния Шхины во прахе, когда степень ее важности подобна праху: ее попирают и не чувствуют в ней никакой важности. Поэтому сказано, что при реализации каждого принципа отдачи человек должен выстраивать намерение на то, чтобы поднять Шхину из праха. Иными словами, пускай направляет любое действие на то, чтобы тем самым возвысилась слава Шхины. Об этом мы говорим в молитве[609]: «Отец наш, Царь наш, раскрой славу царства Своего над нами». Смысл в том, чтобы Царство небес было для нас не во прахе, а во славе.

---

609 Молитва восемнадцати благословений, дополнение на Рош а-шана.

Таким образом, люди этого типа требуют от Творца, чтобы Он раскрыл им славу Своего царства. У них нет к Нему никаких претензий, поскольку они не требуют от Творца ничего взамен, но хотят лишь служить Царю и доставлять Ему удовольствие. И они просят, чтобы он раскрыл им славу Царства небес.

А раз так, у них нет никакого задела в руках Творца, и нельзя сказать, что они дали Ему что-то и взамен требуют, чтобы Творец удовлетворил их нужды. Ведь если они могут сделать что-то ради отдачи, то лишь благодаря тому, что Творец раскрывает им чуть-чуть важности и они немного ощущают Его высоту. Следовательно, людям, у которых нет в руках Творца ничего, Он совершает отдачу только в силу «милости»: «согласно безвозмездному дару Я поступаю с ним».

С другой стороны, люди, работающие ради оплаты, считают, что у них есть задел в руке Творца. Иными словами, они дают Ему свою работу и просят у Него вознаграждения. И поскольку Творец не лишает оплаты ни одно создание, постольку Он платит им за труды. Однако следует понимать, что значит «…того пожалею – согласно жалости Я поступаю с ним». Тем самым Творец говорит, что у Него есть жалость к людям, которые следуют этим путем. Но Он не лишает оплаты ни одно создание и потому платит им согласно их требованию.

Отсюда понятен ответ на наш вопрос: как может быть столь большое различие в двух взглядах? Дело в том, что, со стороны Творца, как мы знаем, цель творения – доставить благо созданиям, однако творения сами разделяют это на два аспекта.

Люди, которые не могут понять важность величия Творца, не имеют никакой иной возможности приступить к работе, иначе как ради вознаграждения. Сказано о них: «Пускай всегда будет выполнять человек принципы Торы хотя бы в эгоистическом намерении ло-лишма»[610]. Такие люди чувствуют, что дают что-то Творцу.

---

[610] Трактат «Псахим, 50:2. «Пускай всегда будет выполнять человек принципы Торы хотя бы в эгоистическом намерении ло-лишма, и от него придет к намерению на отдачу лишма».

С другой стороны, люди, желающие работать ради отдачи, видят, что они не могут дать Творцу ничего. Иными словами, в руках у них ничего нет. Поэтому они требуют, чтобы Творец раскрыл им немного Свое величие. Они просят этого ради милости, и тогда Творец говорит им: «…того помилую – согласно безвозмездному дару Я поступаю с ним».

Когда человек знает, что такое трепет перед Творцом
Статья 35, 1985

Сказано в Книге Зоар[611]: «А затем, в частности, когда человек знает, что такое трепет перед Творцом, т.е. когда обретает свойство самой Малхут – трепет из любви, являющийся сутью и основой любви к Творцу, – этот трепет подвигает его реализовывать все принципы отдачи, так чтобы человек был верным рабом Творца, как подобает».

Следует понять, что это значит: «когда обретает свойство самой Малхут – трепет из любви». Выходит, когда человек удостаивается самой Малхут, она представляет свойство любви, и эта любовь вызывает в нем трепет. Почему же любовь вызывает в нем трепет? А также следует понять, что такое трепет, после того как человек обрел любовь.

Объясняется это согласно толкованию, которое я слышал от Бааль Сулама на слова: «И был спор между пастухами стада Аврама и пастухами стада Лота»[612]. Авраам зовется «отцом веры», поскольку вся его работа базировалась на вере выше знания, без всякой опоры, на которой можно было бы установить здание, бывшее делом всей его жизни. Двигаясь простодушно, именно посредством веры выше знания он мог сближаться с Творцом и только это видел целью своей жизни.

Что же касается слияния с Творцом в знании, Авраам видел, что разум обязывает к другому. Ведь к чему бы он ни обращался, всюду видел противоречия в Управлении – в том, как Творец

---

611 Книга Зоар с комментарием «Сулам», гл. «Ваэтханан», п. 68.
612 Тора, Берешит, 13:7.

поступает со своими созданиями. И тогда он понял, что Творец желает, чтобы он служил Ему именно выше знания. И понял, что если бы путь, лежащий в знании, вернее вёл человека к слиянию с Ним, то, конечно же, Творец поступал бы иначе, «ибо кто скажет Тебе, как действовать»[613].

Авраам же верил: единственный его путь, идущий выше знания, предначертан изначально. Творец сделал так намеренно, поскольку именно этот путь на пользу человеку. И потому Авраам решил, что он хочет служить Творцу именно выше знания. Говоря иначе, при возможности постичь управление Творца в знании он был против этого – поскольку ценил свою работу выше знания, придававшую больше уверенности в том, что его намерение будет направлено лишь на удовольствие Творцу.

Но что он мог сделать, если видел, что управление Творца облачается в его разум и тогда у него уже нет выбора, чтобы идти выше знания, поскольку всё открыто перед ним?

Бааль Сулам объяснил: видя, как ему раскрывается свет и изобилие, Авраам не удовлетворялся тем, что ему уже не придётся идти выше знания, поскольку на эту работу тело не согласно. Ведь телу приятнее, когда у него есть на что опереться. Такова основа, на которой строятся все его усилия. Все здания, возводимые человеком, базируются на разуме: к чему он обязывает, так и следует действовать. И потому, когда разум не может сказать, что все дела человека правильны, – разумеется, ему трудно идти этим путём.

Поэтому, когда у человека появляется какая-либо возможность постичь что-то разумом, он тотчас бросает свою основу, лежащую выше знан Трактат «Псахим, 50:2. «Пускай ия, и начинает работать на новой основе, которая строится на разуме. И сразу у него появляется опора, на которой можно базировать свои усилия, и он уже не нуждается в помощи Творца. Ведь выше знания идти трудно, и потому человеку всегда нужна помощь Творца, чтобы у него были силы идти над разумом. Однако теперь разум говорит ему: «Логика и знание сейчас поддерживают тебя, и ты

---

613   Из молитвы на Судный день.

уже можешь идти вперед сам, без помощи Творца, достигая того, что требуется».

Авраам же последовал другому совету и решил: «Теперь я вижу, что истинный путь пролегает выше знания. Ведь именно благодаря тому, что я пошел выше разума – путем, который угоден Творцу, – я удостоился сейчас сблизиться с Ним». В качестве доказательства тому, он чувствует вкус в работе – как в Торе, так и в молитве.

Таким образом, заслужив сближение с Творцом и испытывая сейчас любовь к Нему, человек не использует это как основу и опору для работы – служения Творцу. Ведь разум обязывает его к тому, что стоит реализовывать принципы отдачи, – и тогда ему уже не надо идти путем веры выше знания. Однако человек остерегается, чтобы не нарушить этот принцип – не принять сейчас путь, лежащий в знании, отбросив веру.

Вера называется «Малхут». *Идя в знании*, человек презирает и подрывает веру. Ведь теперь видно: изначально, когда у не было другого выбора, он прибег к вере, – а иначе не воспользовался бы ею. Когда же он видит, что может избавиться от веры, – сразу же презирает и отбрасывает ее, принимая вместо этого категорию знания. Сказано об этом: «Чтущих Меня Я почитаю, а бесславящие Меня будут посрамлены»[614]. А также сказано: «Прямы пути Творца, праведники пройдут по ним, а преступники оступятся на них»[615].

Отсюда понятен ответ на заданный нами вопрос. Обретаемое человеком свойство Малхут – это трепет из любви. Но если у него уже есть любовь – причем тут трепет? Какой может быть трепет, после того как человек уже обрел любовь?

Согласно тому, как Бааль Сулам объяснил спор между пастухами стад Авраама и Лота, нам будет просто это понять. Выражение «пастухи стада Авраама» означает, что Авраам «пас» свойство веры. Слово *стадо* (מקנה) означает *приобретение* (קנין). Иными словами, все заслуженные им приобретения были «пастырями»

---

614 Пророки, Шмуэль, I, 2:30.
615 Пророки, Ошэйа, 14:10.

его веры. Он решил для себя: «Сейчас я вижу, что путь веры – истинный путь, потому что я заслужил сближения с Творцом. Поэтому отныне и впредь я принимаю на себя обязательство идти только путем веры выше знания».

Другое дело – пастухи стада Лота. У Авраама были приобретения, которые он относил к категории Лота. Зоар называет Лота «проклятой землей»[616]. Это значит: здесь нет места благословению под названием «поле, благословенное Творцом»[617], а есть место проклятию, означающему продвижение в знании: к чему разум обязывает человека, то он и делает. Когда же Авраам встал на путь Творца, он принял также веру выше знания. Однако постоянно дожидался: «Когда я смогу избавиться от этой работы выше знания?»

Ведь тело всегда требует от человека какой-то основы, чтобы базировать на ней все усилия по реализации принципов отдачи. Когда работа строится на разуме и разум дает понять, что она того стоит, тогда тело работает с большими рвением и усердием, поскольку разум обязывает его к этому.

Например, человек идет спать в двенадцать ночи. Он очень устал, у него высокая температура, и ему нельзя вставать с кровати из-за внезапного озноба. В это время в соседних комнатах вспыхивает пожар. К нему приходят и говорят, чтобы он скорее поднимался с постели, потому что очень скоро он не сумеет выйти из дома и может сгореть. В таком случае разум стопроцентно, без всяких сомнений обязывает его к действию. Ведь если учитывать его состояние и те причины, по которым ему неприятно вылезать из постели, то он может сгореть. В результате, само собой, он вскакивает с кровати без всяких споров, так как основа его усилий – разум – однозначно подтверждает необходимость в этом и, разумеется, человек сделает всё без каких бы то ни было сомнений.

Таким образом, когда разум обязывает приложить усилия, человек оценивает уже не сами эти усилия, а их целесообразность: чего он может достичь их посредством. Однако, работая выше

---

616 Книга Зоар с комментарием «Сулам», гл. «Толдот», п. 54, гл. «Лех леха», п. 42.
617 Тора, Берешит, 27:27.

знания, человек все время находится под прессингом тела, которое спрашивает его: «Что дает тебе уверенность в том, что ты на верном пути? Действительно ли стоит прилагать те усилия, которые ты вкладываешь для достижения цели? Действительно ли это выполнимо и позволит тебе достичь желаемой цели?»

Как следствие, человек постоянно испытывает подъемы и падения: иногда в нем преобладает разум, иногда – подход выше знания. И он все время думает: «Когда же придет время, и я смогу утвердить свою работу в знании? Тогда у меня будет прочная основа, потому что я смогу всё выстраивать на разуме. И, конечно же, тогда у меня не будет никаких падений в служении Творцу – как и во всем, что базируется на здравом смысле». Однако он не знает: то, на что он надеется, принесет ему не благословение, а проклятие. Ведь в знании заложено место для зацепки другой стороны (эгоистических сил). Так избрал Творец: для тех, кто хочет достичь слияния с Ним, именно путь, лежащий выше знания, действительно приближает к Нему.

Такова ступень Лота, проклятая земля – земля, где царит проклятие, а не благословение. И это называется: «пастухи стада Лота». Он всегда искал приобретений в знании, и свойство Лота – это проклятие. Вот о чем сказано: «был спор между пастухами стада Аврама и пастухами стада Лота». И в этом споре каждый утверждал, что правда на его стороне.

Те, кто относился к категории пастухов стада Лота, говорили: «Если мы сможем выстроить свою основу на разуме – что называется, в знании – у нас не будет подъемов и падений, поскольку мы все время будем на подъеме. Ведь когда разум обязывает к действиям, ничто им не помешает. Поэтому в отсутствие выбора мы вынуждены идти выше знания, но когда у нас есть возможность выбрать путь в знании, тогда, наоборот, следует признать, что это доставляет удовольствие наверху, поскольку отныне и впредь у нас не будет падений в работе. А значит, наш путь, несомненно, более верный».

Однако пастухи стада Аврама – люди, чья основа лежала как раз в вере выше знания, – говорили: «Если бы Творец хотел, чтобы мы работали на основе разума, Он изначально не скрывался бы от нас. Однако, конечно же, это наилучший путь, и потому не надо искать возможности избавиться от веры выше знания. Напротив, получив какое-то понимание и сближение с Творцом, мы не примем это за основу, позволяющую отбросить веру. Вместо этого надо сказать: «Сейчас я вижу, что это истинный путь, потому что благодаря ему я заслужил сближение». Следовательно, человек должен преодолеть себя и принять обязательство в том, чтобы отныне и впредь не искать никакой возможности избавиться от веры, а наоборот, укрепляться в вере выше знания».

Отсюда понятны слова Зоара о том, что свойство самой Малхут, т.е. любовь – это трепет из любви. Мы спросили: причем тут трепет, если уже есть любовь? И еще: что такое трепет?

Из вышесказанного следует: после того как человек обрел любовь, нет чего-то большего, что обязывало бы к работе. Ведь эта основа заложена в знании, и теперь разум обязывает его к работе. Так заведено в мире: кого мы любим, тому хотим служить. А значит, уже нет места для веры – разве может быть в таком случае что-то «выше знания»?

И потому человек трепещет: что если теперь он подорвет свойство веры. Ведь тело сейчас больше наслаждается работой, поскольку обрело основу в знании. А если он подорвет веру, то разоблачит себя «задним числом»: вера выше знания, которая у него была, окажется вынужденной, поскольку он не заслужил ее по праву, но все время ждал: «Когда же я смогу избавиться от нее и работать в знании, а не в вере?»

Тогда, подрывая веру, человек сразу падает со своей ступени и отдаляется от Творца, поскольку знание – это категория получения.

Известно, что получение, представляющее эгоизм, понимается нами двояко:

1. в разуме;
2. в сердце.

Таким образом, когда человек уже обрел любовь, сама эта любовь вызывает в нем трепет: он боится, как бы не вовлечься в знание. И потому он должен тогда проявлять большую осторожность, чтобы не упасть в получающее желание. Отсюда понятно, что любовь сама вызывает трепет. И теперь мы уже знаем, что это за трепет, вызванный любовью, когда **человек боится, как бы не упасть вследствие этой любви в себялюбие**.

Вместе с тем, можно понять великое правило, описанное Бааль Суламом: хотя принято, что за грех следует наказание, но внутренний смысл этого совершенно иной, и его не так легко понять. Как сказал Бааль Сулам, мы должны знать, что **грех – это наказание, а наказание – это уже исправление**.

Тогда возникает вопрос: если грех – это наказание, что же было грехом? Исходя из вышесказанного, можно объяснить, что грех был совершен как раз во время подъема. Именно в то время, когда человек обрел любовь, он захотел принять эту любовь за основу и отбросил веру, согласившись с пастухами стада Лота. И тогда получил падение и снова опустился в себялюбие, откуда происходят все грехи.

Таким образом, человек оступился именно во время подъема, когда думал, что, если к тому же примет любовь за основу и опору для усилий, благодаря этому у него уже не будет падений. Ведь когда разум обязывает к чему-то, это здравый путь, и он больше никогда не упадет. В этом-то и состоял грех. Сказано о нем: «каждый добавляющий убавляет»[618]. Следовательно, падение человека в себялюбие – это наказание за то, что он подорвал веру. А наказание, которое он получает, – это исправление, с тем чтобы снова подняться и встать на прямой путь.

---

618 Трактат «Санэдрин», 29:1.

И был вечер, и было утро
Статья 36, 1985

Сказано: «И был вечер, и было утро»[619]. Говорит об этом Зоар[620]: «И был вечер» – это исходит со стороны тьмы, т.е. Малхут. «И было утро» – это исходит со стороны света, т.е. Зеир Анпина. Поэтому сказано о них: «день один» – дабы показать, что вечер и утро – одно целое и оба они образуют день.

«В чем причина?» – спрашивает Рабби Йехуда. Слова «и был вечер, и было утро» указывают на единство ЗОН[621]: из них обоих происходит свет дня. В таком случае, если это уже сказано о первом дне, почему и далее о каждом дне говорится: «и был вечер, и было утро»? И отвечает: дабы знали, что нет дня без ночи, нет ночи без дня и они неотделимы друг от друга. Вот почему Тора сообщает нам это касательно каждого дня – дабы показать: невозможно, чтобы когда-либо дневной свет не был предварен ночной тьмой, а вслед за ночной тьмой не последовал свет дня. Ибо они не расстанутся друг с другом вовеки.

Следует понять это в контексте духовной работы: что такое свет, что такое тьма и почему день может состоять только из обоих вместе – иными словами, из света и тьмы происходит один день. Если он создается из них обоих, значит день начинается с наступлением тьмы, и уже тогда берет начало порядок зарождения дня. И надо понять: каким образом день распространяется также на ночь? Ведь с наступлением тьмы мы уже можем исчислять время дня.

Известно, что после сокращений и исхождения света в высших мирах, после Второго сокращения и разбиения появилась система клипо́т, в результате чего место миров БЕА разделилось

---

619 Тора, Берешит, 1.
620 Книга Зоар с комментарием «Сулам», гл. «Берешит», пп. 5-6.
621 ЗОН – Зеир Анпин и Нуква (Малхут).

на две категории: от середины и выше располагались чистые миры БЕА, а от середины и ниже образовалось место постоянного отдела клипот[622].

Как следствие, внизу, в нашем мире «диким осленком рождается человек»[623], и у него нет никакой нужды в духовном. В таком случае, откуда же приходит к нему ощущение потребности в духовном – до такой степени, что свою отдаленность от Творца он ощущает как тьму, называя ее «ночью»?

Мы должны знать: как только человек начинает ощущать свое удаление от Творца, он уже начинает верить, хоть саму малость, в существование Творца. В противном случае, разве он может быть далек от того, чего нет в мире? Напротив, он вынужден признать, что к нему приходит некая подсветка издалека, которая светит ему в той мере, насколько он ощущает свою отдаленность от Творца.

Таким образом, как только наступает тьма, т.е. как только человек начинает ощущать тьму, сразу же приходит и свет, хоть самую малость. Эта дневная подсветка распознаётся только исходя из негатива. Иными словами, человек испытывает недостаток, поскольку у него нет света Творца, приходящего в позитивном виде. Наоборот, свет приходит в виде недостатка, и тогда человек начинает чувствовать, что ему недостает света Творца под названием день.

С другой стороны, к кому не приходит дневной свет, тот вообще не знает о таком состоянии, когда человек должен испытывать недостаток в свете Творца под названием день.

Но, допустим, человек ощущает тьму – свое удаление от Творца – и стремится сблизиться с Ним, испытывая страдания из-за этой отдаленности. Вопрос здесь в том, что побуждает человека беспокоиться о духовном.

Порой человек ощущает тьму и страдания, видя, что кто-то другой преуспевает в имущественных делах, в материальных и

---

622 Бааль Сулам, «Учение десяти сфирот», часть 16, п. 88.
623 Писания, Иов, 11:12.

душевных запросах – тогда как сам он обделен и заработком, и уважением. При этом человек видит, что в действительности он более достоин и по таланту, и по происхождению, и что ему полагается больше уважения. Однако фактически он находится на много ступеней ниже, и от этого ему очень больно.

В таком случае у него нет никакой связи с духовным, и он даже не помнит, что когда-то сам смотрел на всех товарищей по учебе и, при виде их мучительных попыток добиться совершенства в жизни, они казались ему маленькими детьми, неспособными на рациональный расчет и устремляющимися за тем, что попадается им на глаза. Они считали главным в жизни то деньги, то статус, достойный уважения окружающих, и т.п. А сейчас он сам погрузился в то, над чем смеялся, и чувствует теперь, что в его жизни нет никакого смысла, если он не утвердит все свои надежды и душевный покой на том же уровне, где они установили себе цель жизни.

В чем же истина? В том, что сейчас Творец пожалел человека, подсветив ему категорией дня. И день этот начинается с отрицания. Иными словами, когда в его сердце начинает высвечиваться тьма, это называется началом восхода дня. А затем в нем начинают формироваться сосуды-желания, которые будут пригодны для того, чтобы день в них светил позитивно – как свет Творца. Тогда человек начинает ощущать любовь Творца, вкус Торы и вкус принципов отдачи.

Отсюда понятны слова Зоара о том, что именно из них обоих происходит один день. Поэтому сказано о них: «день один» – дабы показать, что вечер и утро – одно целое и оба они образуют день. И потому сказал рабби Йехуда, что Тора повторно сообщает нам это касательно каждого дня – дабы показать: невозможно, чтобы когда-либо дневной свет не был предварен ночной тьмой, а вслед за ночной тьмой не последовал свет дня, ибо они не расстанутся друг с другом вовеки.

Таким образом:

1. Существует правило, согласно которому нет света без сосуда.

2. Чтобы создать сосуд, нужен также свет под названием день.

Однако же следует понять: если человек уже заслужил немного дня в виде негатива, когда он чувствует, что вся его жизнь *осмысленна*, только если он достигнет слияния с Творцом, и потому он начинает испытывать страдания из-за того, что далек от Творца, – в таком случае, кто же приводит его к падению из состояния подъема? Ведь вся его жизнь должна протекать только в духовном, и на это он возлагает все свои надежды – но вдруг падает в низкое состояние. И хотя он всегда смеялся над теми, кто возлагает все надежды на удовлетворение животных вожделений, но сейчас он сам находится среди них, питаясь тем же, чем и они.

И еще более удивительно, как сердце его могло забыть, что раньше он находился в состоянии подъема. Человек оказывается в забытьи – до такой степени, что и не вспоминает, как смотрел на этих людей, среди которых сейчас находится. Теперь у него есть лишь их устремления – столь низкого уровня – и он не стыдится себя. Как же они заполнили его сердце, чтобы он вступил в такую атмосферу, от которой всегда бежал? Этот воздух, который они вдыхают всей грудью, он всегда считал душителем, духовного. Но сейчас он находится в их среде и не замечает в них никакого недостатка.

Сказано в ответ[624]: «Счастлив человек, который не ходил по совету нечестивых». Надо понять, что такое «совет нечестивых». Известно, что вопрос нечестивого сына в Пасхальном сказании звучит так: «Что это за работа у вас?» Бааль Сулам объяснил смысл: когда человек начинает работать ради отдачи, тогда возникает вопрос нечестивого сына: «Что тебе будет с того, что ты работаешь не для собственной пользы?» Задавшись таким вопросом, человек начинает раздумывать: может быть, истина и вправду на стороне нечестивца? И тогда он падает в его сети.

Отсюда объясним слова: «счастлив человек, который не ходил по совету нечестивых». Это значит: когда к нему приходят нечестивцы и дают советы о том, что не стоит работать, если он не видит в этом собственной выгоды, – он не слушает их, а укрепляется в

---

624   Писания, Псалмы, 1:1. «Счастлив человек, который не ходил по совету нечестивых, и на пути грешников не стоял, и в собрании насмешников не сидел».

работе и говорит: «Теперь я вижу, что иду верным путем, а они хотят запутать меня». И тогда, преодолевая их, человек счастлив.

Далее сказано: «…и на пути грешников не стоял»[625]. Следует объяснить, что такое «путь грешников», на котором человек не стоял. Как разъяснено в предыдущей статье[626], грех происходит, если человек нарушает принцип «не добавляй». Ведь верный путь требует идти выше знания, в вере. А в противоположность этому – знание, когда тело понимает, что пока у него нет другого выхода, остается лишь верить выше знания.

Поэтому, когда человек ощущает некоторый вкус в работе и делает это своей опорой, решив, что больше не нуждается в вере, поскольку у него уже есть некая основа, – он сразу же падает со своей ступени. Если же человек остерегается этого и не останавливается даже на мгновение, чтобы посмотреть, стоит ли и можно ли поменять свою основу, – это значит, что он счастлив, поскольку не стоял на пути грешников, чтобы взглянуть на этот путь.

А затем сказано: «…и в собрании насмешников не сидел»[627]. Следует знать, что такое «собрание насмешников». Это те люди, которые проводят дни впустую и не принимают свою жизнь всерьез, так чтобы каждое мгновение было ценно в их глазах, – но сидят и думают о других: всё ли у них правильно и насколько они должны исправить свои дела. О себе же они не жалеют, чтобы позаботиться о собственной жизни, – и это вызывает все их падения. Радак объясняет: насмешники по злому проницательны, они находят в людях пороки и изъяны, раскрывая секреты друг другу. Это подход – для лентяев и бездельников. Вот почему сказано: «в собрании насмешников не сидел». И в этом причина падений.

---

625 Там же.
626 Статья 35 за 1985 год.
627 Писания, Псалмы, 1:1.

Кто свидетельствует о человеке
Статья 37, 1985

Сказано в Книге Зоар[628]: «Таков закон – свидетельствовать в суде, чтобы другой не потерял деньги из-за того, что человек не свидетельствовал. И потому сказали мудрецы: «Кто свидетельствует о человеке? – Стены дома его»[629]. Что такое «стены дома его»? Это стены его сердца, как сказано: «Обратил Хизкияу лицо свое к стене»[630]. И объяснили мудрецы: это значит, что Хизкияу молился из стен своего сердца.

Мало того, еще и домочадцы свидетельствуют о нем. «Домочадцы» – это 248 его органов. Ибо тело называется домом. Так сказали мудрецы: у нечестивца провинности его отпечатаны на костях, и у праведника тоже заслуги отпечатаны на костях. Поэтому сказал Давид: «Все кости мои скажут»[631].

Почему же провинности отпечатываются на костях более, чем на плоти, жилах и коже? Потому что кости белого цвета, а черные письмена видны лишь на белом фоне. Так же Тора является белой изнутри, что означает пергамент, и черной снаружи, что означает чернила. Черное и белое – это тьма и свет.

Более того, телу предстоит восстановиться на костях, и потому заслуги и прегрешения отпечатываются на костях. Если удостоится человек, то «восстановится тело на костях», а если не удостоится, то не восстановится, и не будет у него возрождения из мертвых».

---

628 Книга Зоар с комментарием «Сулам», гл. «Шофтим», пп. 11-13.
629 Трактат «Таанит», 11:1.
630 Пророки, Йешаяу, 38:2. «И обратил Хизкияу лицо свое к стене и молился Творцу».
631 Писания, Псалмы, 35:10.

Следует понять, объяснение Зоара о законе, обязующем человека свидетельствовать перед судом, чтобы другой не потерял деньги. Объясняется это согласно порядку духовной работы. Здесь надо разобраться: чего требует истец и от кого он это требует? Причем, чтобы он заслуживал доверия, человек должен дать свидетельство.

В духовной работе человек требует от Творца, чтобы Он дал ему желаемое. Следовательно, надо показать, что его требование справедливо. Но разве Творец не знает, говорит ли человек правду или лжет? Неужели только если человек засвидетельствует – Творец знает, что его утверждение верно? И еще: как может человек заслуживать доверия в свидетельстве о себе самом?

А также следует понять: почему свидетельство в данном случае должно исходить из стен сердца? В подтверждение этой трактовки выражения «стены дома его» Зоар приводит Хизкияу, который «обратил лицо свое к стене» – что означает молитву «из стен сердца». Следовательно, в данном случае свидетельство человека тоже должно исходить из стен его сердца.

Но ведь известно, что свидетельство должно исходить из уст. Сказали об этом мудрецы: «из их уст, а не из их писаний»[632]. Здесь же говорится, что оно должно исходить из стен сердца, а не из уст.

А также следует понять слова: «Так сказали мудрецы: у нечестивца провинности его отпечатаны на костях, и у праведника тоже заслуги отпечатаны на костях». Неужели на земных костях отпечатаны провинности и заслуги? Каким образом духовные понятия – нарушения и реализация законов – могут быть отпечатаны на костях? И еще труднее понять объяснение: «кости белого цвета, а черные письмена видны лишь на белом фоне».

А также следует понять слова: «Более того, телу предстоит возродиться из мертвых на костях». Почему именно «на костях»? То есть от его костей зависит, возродится оно или нет?

Чтобы понять всё это в контексте духовной работы, надо вспомнить известное правило: «нет света без сосуда». Иными словами,

---

[632] Трактат «Йевамот», 31:2, трактат «Гитин», 71:1.

невозможно получить какое-либо наполнение, если нет ощущения недостатка и «полости», куда это наполнение сможет войти.

Например, человек не может насладиться трапезой, если он не голоден. Более того, степень возможного наслаждения от трапезы измеряется степенью его потребности в ней.

Следовательно, если человек не ощущает никакой потребности, ему нечего надеяться на то, что он сможет получить какое бы то ни было наслаждение, поскольку у него нет для этого места.

Таким образом, если говорить о порядке духовной работы, когда человек начинает вдаваться внутрь, желая работать с намерением доставить удовольствие Творцу, то, разумеется, согласно вышеуказанному правилу, у него должна быть потребность в этом. Иными словами, ощущение, что он должен совершать отдачу Творцу. В мере этой потребности можно сказать, что у него есть сосуд. И наполнение этого сосуда приходит именно в то время, когда человек действует ради Творца, желая доставить Ему удовольствие. В таком случае тело уже согласно на это.

Но поскольку человек, по природе своей, создан получающим, а не дающим, постольку, если он хочет действовать на отдачу, тело, само собой, противится этому. И если уж человек хочет отдавать, т.е. хочет обрести такой сосуд, представляющий собой желание и потребность, тогда тело сразу же спрашивает: «Для чего ты хочешь изменить врожденную природу? И что это за потребность, из-за которой тебе недостает этого? Понимаешь ли ты на все сто процентов, что должен действовать ради отдачи? Посмотри, как обычные люди выполняют эту работу, не углубляясь в детали того, что делают. Реализуя принципы отдачи, они ценят, главным образом, скрупулезное, буквальное исполнение, а не намерение, – и говорят: «Безусловно, что мы способны сделать, то делаем». А на намерение они не обращают внимания, считая, что работа с альтруистическим намерением лишма возложена на избранных, а не на всех».

Очевидно, задавая свои вопросы, тело высказывается по делу. И поскольку ему не дают удовлетворительного ответа, оно не позволяет человеку приобщаться мыслями к желанию отдачи, – так как правда на его стороне. Ведь «нет света без сосуда». «Если ты не испытываешь потребности в отдаче, то зачем поднимать шум?» Поэтому тело говорит человеку: «Сперва объясни мне эту потребность в желании отдачи – а потом продолжим разговор».

И, как уже сказано, потребность в этом желании должна такой, чтобы человек испытывал страдания от неспособности к отдаче. А раз так, поскольку у него нет сосуда, разумеется, он не может получить свет, т.е. наполнение.

Следовательно, человек должен прилагать старания, чтобы ощутить большую потребность из-за своей неспособности к отдаче Творцу. **А потребность, как известно, определяется страданиями, которые она доставляет человеку.** В противном случае, хотя у него нет желаемого, все равно это еще не потребность. **Ведь истинная потребность измеряется той болью, которую он испытывает, оттого что лишен желаемого.** А иначе это лишь пустые слова.

Отсюда мы поймем слова мудрецов[633]: «"Любить Творца вашего и служить Ему всем сердцем"[634]. Что такое служение (работа) в сердце? Это молитва». Следует понять, почему молитву вывели за пределы простой трактовки. Ведь так заведено: когда человек хочет, чтобы другой дал ему что-то, он высказывает ему свою просьбу. Сказано об этом: «Ты слышишь молитву всех уст»[635]. Тогда почему мудрецы сказали, что молитва – это «работа в сердце»?

Однако же «молитва» – это потребность. И человек хочет, чтобы этот недостаток в нем заполнили. Но ни одна потребность не проявляется в словах человека – напротив, его чувства проявляются в сердце. Поэтому если человек не чувствует недостатка в сердце, тогда то, что издается устами, не принимается в расчет – как если бы ему действительно недоставало того, о чем он просит устно. Ведь наполнение, которого он просит, должно войти в то место, где есть потребность, – в сердце. Поэтому сказали мудрецы, что

---

633   Трактат «Таанит», 2:1.
634   Тора, Дварим, 11:13.
635   Молитва Шахарит.

молитва должна исходить из глубины сердца, так чтобы всё сердце ощущало потребность в том, чего человек просит.

Известно, что «свет и сосуд» – это наполнение и потребность. Свет – наполнение – относится к Творцу, а сосуд – потребность – относится к творениям. Соответственно, человек должен подготовить сосуд, чтобы Творец наполнил его изобилием. Иначе для изобилия нет места. Как следствие, когда человек просит у Творца помощи, чтобы устремлять свои дела на отдачу, тело спрашивает его: «Для чего ты общаешься с такой просьбой? Чего тебе недостает без этого?»

А потому надо внимательно изучать книги, которые говорят о необходимости работы на отдачу, – пока человек не поймет и не почувствует, что если у него не будет этого сосуда, он не сможет войти в духовное. Не следует руководствоваться мнением большинства, считающего, что главное – это действия и только в них нужно вкладывать всю свою энергию, поскольку для нас вполне достаточно буквальной реализации принципов отдачи.

Напротив, все принципы отдачи следует выполнять для того, чтобы они привели человека к альтруистическому намерению. А затем, с полным пониманием того, как необходимо действовать на отдачу, когда человек испытывает боль и страдания от того, что лишен этой силы, ему уже есть о чем просить – о работе в сердце. Ведь сердце чувствует то, чего ему недостает.

И на такую молитву приходит ответ: свыше человеку дают эту силу, с которой он уже может выстраивать намерение на отдачу. Ведь теперь у него есть свет и сосуд.

Но что человек может сделать, если после всех приложенных усилий он все-таки еще не испытывает потребности – вплоть до боли и страданий – оттого что не может отдавать? В таком случае надо просить Творца, чтобы Он дал ему сосуд – ощущение недостатка, вызванное бесчувствием и «беспамятством», в результате чего ему ничуть не больно от того, что он неспособен к отдаче.

А значит, вопрос в том, способен ли человек **сожалеть и испытывать страдания, ощущая недостаток из-за того, что у него нет потребности**, – из-за того, что он не чувствует, насколько далек от духовного и погружен в материальное. Человек не понимает, что при той жизни, которую он ведет, стремясь удовлетворять материальные нужды, он ничем не важнее прочих живых существ, предстающих перед его взором. Если бы он присмотрелся повнимательнее, то увидел бы, что похож на них во всех их устремлениях, а отличие состоит лишь в человеческой хитрости, позволяющей использовать других, – тогда как животные не настолько сообразительны, чтобы делать это.

Порой, даже обучаясь принципам отдачи и реализуя их, человек по ходу дела не может вспомнить, что их посредством должен обрести связь с Творцом. Это кажется ему чем-то отдельным, как будто принципы отдачи – одно, а Творец – другое.

И если человек сожалеет о том, что не испытывает никакого недостатка, будучи подобен животным, – это тоже считается «работой в сердце» и «молитвой». Иными словами, благодаря этой потребности него уже есть место, чтобы получить наполнение от Творца, который даст ему ощутить недостаток. Это является сосудом, и Творец может наполнить его.

Отсюда понятен ответ на наш вопрос: почему молитва должна исходить из сердца, а не из уст? Потому что молитвой называется потребность, и проявляется она не на словах. **Потребность – это ощущение в сердце.**

Теперь нам надо выяснить смысл слов о том, что заслуги и прегрешения отпечатываются на костях и что на костях человек может возродиться к жизни – либо не возродиться. Зоар сравнивает белые кости с Торой, написанной черным по белому. Черное – это тьма, а белое – свет.

Следует разъяснить вопрос о костях, которые белы и потому на них записаны заслуги и прегрешения. В контексте духовной работы это объясняется так: когда человек реализует принципы отдачи, это называется «кость». По сути своей, принципы отдачи белы – поскольку то, в чем нет недостатка, зовется «белым». К этим делам человека нечего добавить, как сказано: «не прибавляй и не убавляй»⁶³⁶, – и потому реализация принципов отдачи названа «костями». Они белы, и на них отпечатаны заслуги и прегрешения человека.

Но если потом человек анализирует свои дела – на каком факторе он базирует свою основу, т.е. какая причина обязывает его к реализации принципов отдачи, с каким намерением он производит действия, старается ли проверять, что и вправду действует на отдачу, чтобы доставить удовольствие Творцу, – тогда он может увидеть истину: он остается в своей врожденной природе, «получает ради получения» и не желает выполнять принципы отдачи без всякой оплаты.

В действительности человек не может выйти из своей природы по той причине, что не видит в этом необходимости, так чтобы ему понадобилось изменить отпечатанное в нем эгоистическое естество и принять на себя любовь к ближним для достижения любви к Творцу. Человек чувствует, что ему недостает любви окружения, в котором он находится, – чтобы его любила семья, земляки и т.п. Что же он выиграет, полюбив Творца? И что он выиграет, если полюбит своих товарищей? Ведь он обо всем судит по выгоде для себялюбия. А раз так, каким образом он может выйти из этой любви к себе?

Религиозный человек, спросив себя, почему он буквально реализует принципы Торы, тщательно соблюдая все детали, объясняет это тем, что веру в нем воспитали. По системе воспитания, человека наставляют выполнять принципы Торы с эгоистическим намерением ло-лишма, как сказал об этом РАМБАМ⁶³⁷. Выходит, человек принял обязательство верить в Творца и выполнять предписания – за что он получит вознаграждение в этом мире и в мире грядущем.

---

636 Тора, Дварим, 13:1. «Всё, что я предписываю вам, исполняйте на деле. Не прибавляй к тому и не убавляй от того».

637 РАМБАМ, «Мишне Тора», «Законы возвращения», 10:5. «Сказали мудрецы: пускай человек всегда выполняет Тору, даже в эгоистическом намерении ло-лишма – и от него придёт к альтруистическому намерению лишма».

Поэтому человеку говорят, что настоящая работа – это верить в Творца, наказавшего нам выполнять принципы Торы, благодаря чему мы достигнем подобия свойств – слияния с Ним.

Следовательно, человек должен выйти из себялюбия и принять на себя любовь к ближним. В мере этого выхода из себялюбия он может обрести полную веру. А иначе он пребывает в разобщении, о чем сказано[638]: «Закон таков, что творение не может получать от Творца зло в явном виде. Ведь это нанесет ущерб величию Творца, поскольку творение воспримет Его как действующего во зло. А такое не подобает совершенному Действующему. Поэтому, когда человек ощущает зло, в той же мере довлеет над ним отрицание управления Творца, и скрывается от него Действующий – и это самое большое наказание в мире».

Если человек, поверяя себя, сознаёт, что в действительности выполнять принципы Торы надо ради отдачи, и чувствует, как он далек от истины, – этот анализ приводит его к боли и страданиям из-за того, что он все время идет не тем путем, на котором он был бы «служителем Творца». Наоборот, вся его работа предназначалась для собственной выгоды. Иными словами, он работал для себя – что свойственно всем живым существам, но не соответствует человеческой ступени.

Таким образом, через эти страдания человек обретает **сосуд – т.е. потребность**. И когда он видит, что неспособен сам выйти из себялюбия, поскольку у него нет сил, чтобы пойти против природы, тогда ему надо просить Творца о помощи. Сказали об этом мудрецы[639]: «Кто пришел очиститься, тому помогают». Выходит, в таком случае у человека есть место для наполнения потребности, по принципу «нет света без сосуда».

Здесь встает вопрос заданный нами выше: что человек может сделать, если он и понимает, что сто́ит работать на отдачу, но все равно не испытывает боли и страданий от того, что неспособен выстроить альтруистическое намерение? В таком случае он должен знать: проблема не в том, что, обладая полной верой в

---

638   Предисловие Книги Зоар с комментарием «Сулам», п. 138.
639   Трактат «Йома», 38:2.

Творца, он всего лишь не может нацелиться на отдачу. Напротив, человек должен знать, что ему недостает полной веры. Ведь при наличии полной веры в Творца вступает в действие закон природы: «малый отменяет себя перед большим». Поэтому если бы у человека действительно была полная вера в величие Творца, само собой, он отменял бы себя перед Ним и хотел бы служить Ему без всякой оплаты.

Таким образом, здесь нет потребности, поскольку человек не в силах преодолеть свое естество, а есть недостаток полной веры. Хотя вера у него имеется, в доказательство чего он выполняет принципы Торы, но это не полная вера, какой она должна быть. Ведь полнота ее в том, чтобы верить в величие Творца. Если человек хочет знать, обладает ли он полной верой, то может проверить себя: насколько он готов работать ради отдачи, насколько тело готово отменить себя перед Творцом.

Итак, неспособность работать ради отдачи представляет собой недостаток. Однако здесь имеется еще больший, главный недостаток – человеку недостает полной веры.

Но что человек может сделать, если, хотя он и видит, что ему недостает полной веры, все равно этот недостаток не вызывает в нем боли и страданий? **Подлинная причина кроется в том, что он смотрит на окружающих** – и видит важных людей, солидных, влиятельных. Незаметно, чтобы им недоставало полной веры. А если поговорить с ними, они высказывают широко известное мнение – что это только для избранных. Таково тотальное разграничение, которое становится для человека барьером, чтобы он не мог идти верным путем.

И потому нам требуется окружение – группа людей, единодушных в том, что надо достичь полной веры. Лишь это может спасти человека от общепринятых суждений. Ведь тогда все укрепляют друг друга в желании достичь полной веры, чтобы доставить удовольствие Творцу и чтобы стремиться только к этому.

Однако для потребности в полной вере этого недостаточно. К тому же человек должен действовать интенсивнее, чем он привык, – как в количественном, так и в качественном смысле. И, разумеется, тело противится этому, спрашивая, чем сегодняшний день отличается от других. На что человек отвечает: «Я представляю себе, как служил бы Творцу, если бы у меня была полная вера. Поэтому я хочу работать в таком темпе, как будто уже обрел ее». Тогда, само собой, в нем возникает потребность и боль, оттого что он лишен полной веры. Так сопротивление тела вызывает нужду в ней. Но происходит это, конечно же, лишь тогда, когда человек в принудительном порядке идет против тела, работая с ним вопреки его воле.

Таким образом, эти два фактора – более интенсивная, чем обычно, работа и сопротивление тела – вызывают у человека нужду в полной вере. И тогда, благодаря этому, в нем формируется сосуд, в который потом сможет облачиться свет. Ведь теперь у человека есть в сердце место для молитвы – место недостатка. А Творец, который слышит молитву, дает ему свет веры, благодаря чему он сможет служить Царю не ради награды.

Отсюда понятен ответ на наш вопрос: что означают слова о том, что на материальных костях отпечатаны заслуги и провинности? «Кости» (עצמות) означают суть (עצם) вещей[640] – в том, что касается реализуемых человеком принципов Торы. Они даны нам для практической реализации, и к этому нечего добавить, как сказано: «не прибавляй и не убавляй».

На этих действиях отпечатываются провинности и заслуги. Иными словами, если человек хочет идти путем истины и анализирует свои дела – производятся ли они с намерением на отдачу или нет, – если он не кривит душой и если его не интересует, что делают другие, но он хочет знать, выполняет ли он принципы Торы с намерением лишма или всё призвано ему на пользу, – тогда он видит, что погружен в себялюбие и неспособен выйти оттуда своими силами.

В таком случае человек взывает к Творцу, чтобы Он помог ему выйти из себялюбия и обрести любовь к ближним и любовь к Нему. А «Творец близок ко всем, кто взывает к Нему истинно»[641] –

---

640 Ивритское слово עצם означает и *кость*, и *суть*.
641 Писания, Псалмы, 145:18.

поэтому человек заслуживает слияния с Ним. Таким образом, заслуги, отпечатанные на костях – это выполнявшиеся человеком принципы Торы, которые «белы», поскольку в действиях всё «выбелено», т.е. позитивно, и добавить к ним нечего.

И лишь после самоотчета человек видит, что его намерение неправильно и что над ними царит тьма, потому что он отделен и лишен слияния, т.е. подобия свойств, чтобы всё делать с намерением на отдачу. Наоборот, он находится во власти себялюбия.

Как следствие, в человеке проявляется тьма, царящая над белизной – над белыми костями, в терминах Зоара. То есть человек видит, что над принципами Торы, которые он выполнял, царит тьма – отрыв от света. Ведь свет – это отдача, а он всё делает ради получения и не способен ни на что, кроме того, что в угоду эгоизму.

Таким образом, его кости – буквальное выполнение принципов Торы – белы, поскольку в самом действии нет никакого недостатка, позволяющего что-то добавить. И только проанализировав эту белизну, человек видит, что там царит тьма. Если он заостряет внимание на том, чтобы исправить это, испытывая боль и страдания от того, что пребывает во тьме, и молит Творца помочь ему, вывести его из себялюбия – то заслуживает затем слияния с Творцом.

Вот что означают слова: «у праведника заслуги отпечатаны на костях». Проанализировав свои белые кости, человек пришел к возрождению из мертвых. Ведь «нечестивцы при жизни зовутся мертвыми»[642], так как отделены от Источника жизни. Поэтому, когда они заслуживают слияния с Творцом, это называется возрождением из мертвых.

Другое дело, когда «у нечестивца провинности отпечатаны на костях». «Нечестивцем» зовется тот, кто еще погружен в себялюбие.

---

642   Трактат «Брахот», 15:2.

Праведник же – это «добро», то есть отдача, как сказано: «Чувствует сердце мое слово доброе. Говорю я: деяния мои – Царю»[643]. Иными словами, что такое добро? Это когда человек может сказать: «Деяния мои – Царю». То есть все его дела – для Творца, а не для собственной выгоды.

Поэтому «щедрый будет благословлен»[644]. И поэтому для тех, кто буквально выполняет принципы Торы, эти принципы называются «костями», так как даны Творцом для осуществления. Они «белы», поскольку в действиях нет никакого недостатка, – как сказано: «не прибавляй и не убавляй». Потому они и названы белыми костями.

Провинности же отпечатаны на белых костях, потому что человек не анализировал свои дела – ради отдачи они или нет – и полагался на то, как выполняют принципы Торы окружающие. А они говорят, что работа на отдачу предназначена для избранных и вовсе не обязан каждый человек идти этим путем, заботясь о том, чтобы придавать своим делам намерение ради отдачи. Это называется «мнением обывателей».

С другой стороны, «мнение Торы» иное. И известно, что мнение обывателей противоположно мнению Торы. На взгляд обывателей (букв. домовладельцев), когда человек выполняет принципы Торы, его достояние растет и ширится, т.е. его дом увеличивается. Иными словами, всё, что он делает, идет на пользу себялюбию.

В отличие от этого, мнение Торы мудрецы описали, комментируя слова: «если человек умрет в шатре»[645]: «Тора воплощается лишь в том, кто умерщвляет себя ради нее»[646]. Это значит: **умерщвляет свое Я** – свое себялюбие. В таком случае у человека нет никакого достояния – поскольку нет домовладельца, который мог бы им владеть. Ведь все его устремления обращены лишь на отдачу, а не на получение. Так человек отменяет свое Я.

---

643 Писания, Псалмы, 45:2.
644 Писания, Мишлэй, 22:9.
645 Тора, Бемидбар, 19:14.
646 Книга Зоар с комментарием «Сулам», гл. «Трума», п. 587.

Таким образом, «у нечестивца провинности отпечатаны на костях» потому, что он не идет путем Торы. Ибо Тора, словами Зоара, написана «черным по белому», и потому заслуги человека отпечатаны на костях. Ведь «кости белого цвета, а черные письмена видны лишь на белом фоне». Так и Тора: если есть белизна, т.е. если человек выполняет принципы Торы, то можно сказать одно из двух:

- либо он подобен Торе, т.е. у него есть черное на белом фоне, и тогда он старается достичь слияния;
- либо он остается с белыми костями и не пишет на них ничего – и потому называется нечестивцем, чьи «провинности отпечатаны на его костях».

С другой стороны, у кого нет белизны, т.е. кто не выполняет буквально принципы Торы, те относятся не к категории нечестивцев, а к категории живых существ – т.е. они просто «животные».

Праведник – и хорошо ему, праведник – и плохо ему
Статья 38, 1985

Книга Зоар разъясняет слова: «праведник – и хорошо ему, праведник – и плохо ему»[647]. «Кто "праведник – и плохо ему", тот относится к стороне Древа познания добра и зла, поскольку зло пребывает с ним. Нет праведника, который не совершил бы прегрешения из-за этого зла, поскольку оно с ним. "Грешник – и хорошо ему" – это тот, в ком злое начало возобладало над добрым. "Хорошо ему", потому что добро находится под властью этого грешника. И поскольку зло властвует над добром, он грешник, ибо кто преобладает, тот берет имя. Если добро преобладает над злом, это «праведник – и плохо ему», так как зло находится под его властью. А если зло преобладает над добром, это "грешник – и хорошо ему"»[648].

Чтобы в общих чертах разобраться в понятиях «хорошо» и «плохо» (добро и зло), следует знать: корень творений исходит из сферы Малхут, а Малхут в основе своей получает ради получения. Здесь кроется корень всего зла в творениях, так как желание это отделяет нас от Корня. Наука каббала объясняет, что замысел творения – доставить благо созданиям Творца. Он создал, как «сущее из ничего», потребность – желание **получать** удовольствие и наслаждение.

Поскольку в духовном слияние и разделение определяются мерой подобия свойств и поскольку Творец является Дающим, а творения – получающими, постольку они различаются по свойствам и это различие отделяет нас от Творца. Как следствие, мы неспособны получать благо и наслаждение, которое Он пожелал

---

647 Трактат «Брахот», 7:1.
648 Книга Зоар с комментарием «Сулам», гл. «Ки теце», п. 13.

дать нам, что и стало причиной творения. Таким образом, чтобы получить благо, нам недостает подготовки сосудов-желаний, чтобы они действовали ради отдачи, – и тогда мы получим благо.

Следовательно, что такое наше зло, из-за которого у нас нет блага и наслаждений? Это не более и не менее, как наш эгоизм, мешающий нам получать благо и наслаждение. Он несет нам состояние смерти, поскольку отделяет нас от Источника жизни. И потому мы «мертвы», как сказали мудрецы: «Грешники при жизни зовутся мертвыми»[649].

Если рассмотреть наше зло, – как оно говорит с нами и желает властвовать над нами, какую силу оно использует, чтобы мы прислушивались к его доводам, – то следует выделить здесь четыре категории:

1. Уровень, который можно уподобить и отнести к возвращению из любви (хотя возвращение из любви – великая вещь, но здесь речь идет только о признаке).

2. Уровень, который можно ориентировочно уподобить возвращению из трепета.

3. Человек не может преодолеть зло и совершить возвращение, но, во всяком случае, остается разбитым и сокрушенным из-за своей неспособности к возвращению.

4. Человека не волнует собственная неспособность преодолеть зло и совершить возвращение.

Разберем эти варианты по очереди. Известно, что когда человек хочет идти духовным путем, всё делая ради отдачи, он думает о том, какую пользу Творцу доставит каждое его действие, и не думает о собственной пользе. Тогда тело предъявляет ему претензии и начинает злословить на этот путь – путь отдачи не ради личной выгоды. Оно выдвигает **«аргумент Фараона»** и **«аргумент грешника»** – доводы **разума и чувства**, обозначенные вопросами **«кто?»** и **«что?»**[650].

---

649 Трактат «Брахот», 15:2.

650 См. статью 23 (1985), «На ложе ночном»: «**Что** для вас эта работа?» – таков "вопрос грешника". Если же человек хочет преодолеть его довод, тогда к нему приходит "вопрос

Выслушивая эти доводы, человек приходит в удивление, потому что никогда не слышал от своего тела столь сильных аргументов, как сейчас. Приступая к духовной работе, он думал, что будет с каждым разом всё дальше продвигаться к цели, понимая, что стоит действовать на отдачу. Но внезапно он видит, что на месте страстного желания служить Творцу возникает сопротивление тела, которое говорит ему сейчас: «Почему ты не желаешь идти проторенной дорогой, на которой главное – точно и скрупулезно соблюдать детали в их буквальном смысле? Что же касается намерения, надо сказать так: «Да будет Его воля, как будто я вознамерился». «Однако теперь, – говорит тело, – вижу, ты делаешь упор именно на намерении, желая, чтобы всё было ради отдачи, а не ради собственной пользы. Возможно ли, чтобы ты был исключением? Ты отказываешься поступать как все, хотя они говорят, что это самый надежный путь. В доказательство тому, взгляни, как поступает большинство».

Тогда начинается работа по преодолению: человек должен возобладать над их доводами, не капитулируя перед тем, чего они от него требуют. И, разумеется, он должен дать им ясные ответы, когда они дают ему понять, что желание устремить все свои дела лишь на отдачу, а не на собственную пользу, противоречит логике. Ведь логика обязывает к другому: человек создан с желанием получать удовольствие и наслаждение, а значит, сама природа требует удовлетворять его. Иначе зачем вся эта жизнь, если не наслаждаться ею, выполняя требования тела? Оно дает человеку понять, что это на сто процентов логично, и нет никакой возможности возразить на его доводы.

А ясный ответ должен быть таким: мы верим словам мудрецов, которые учат нас тому, что надо идти поверх логики и знания. Иными словами, подлинная вера лежит именно выше знания, и не всё, что логично, верно. Ведь сказано о Творце: «Мои мысли – не ваши мысли, и Мои пути – не ваши пути»[651].

Фараона": "**Кто** такой Творец, чтобы я послушался Его?"».

651   Пророки, Йешаяу, 55:8.

Здесь берут начало детали восприятия на этапах духовной работы.

Первая ступень. Человек говорит желаниям своего тела: «Все доводы, которые вы мне приводите, по логике своей, верны. Я тоже согласен с вашим мнением. Только знайте: истинный путь, обретенный мною через веру в слова мудрецов, лежит выше знания. Однако же у меня не было возможности проявить этот путь и увидеть, что я действительно иду выше знания.

Но сейчас, когда ты, тело, предъявляешь мне свои доводы о том, что надо идти в знании, и злословишь на путь отдачи и веры, – я доволен твоим злословием. Ведь теперь я могу проявить свои мысли: вся та основа, на которой я выстроил служение Творцу, лежит на истинном пути. То есть теперь я могу сказать, что иду выше знания. С другой стороны, пока ты не обратилось ко мне, у меня не было возможности проявить свой путь.

И потому, мне нравятся твои претензии – ты оказало мне большую услугу своим злословием. Благодаря этому злословию, услышанному от тебя, я совершаю теперь возвращение. Ведь теперь я обязан преодолевать тебя, поднимаясь над знанием. Что же привело меня к тому, что теперь я должен принять власть Творца в отдаче выше знания? Только твое злословие. Если бы ты не предъявило мне претензий, у меня не было бы необходимости принять на себя принцип веры. Зато теперь я обязан совершить возвращение». Таким образом, человек не досадует на услышанное им злословие.

Можно сравнить это с тем, как мы относимся к возвращению из любви (в действительности возвращение из любви и возвращение из трепета – это две высокие ступени). Сказали мудрецы: «при возвращении из любви злоумышления становятся для человека заслугами»[652]. Так же и здесь можно расценить, что злоумышления стали для человека заслугами. И надо понять, как это произошло.

---

652   Трактат «Йома», 86:2.

Человек досадует, что пришел к злоумышлениям. А достигнув заслуг, он, наоборот, радуется. Как же могут злоумышления стать заслугами? Ведь злоумышление здесь в том, что тело предъявляет претензии из-за веры, которую человек принял на себя выше знания. И разве может быть большее злоумышление, чем порочить чистую веру?

Однако человек совершает сейчас возвращение из любви и принимает на себя веру выше знания, в ясном разумении. Он выбирает именно путь веры. Ведь перед ним лежат два пути, и он выбирает из них. Следовательно, у него есть возможность для выбора.

В отличие от этого, пока тело не обратилось к нему со своим злословием, пускай человек и принял на себя веру выше знания, но в таком случае эти два пути перед ним не были отчетливо проявлены. Теперь же он делает настоящий выбор, решив, что надо идти именно верой выше знания.

Как следствие, человек доволен услышанным злословием и рад дурным речам о вере, хотя это и злоумышления. Ведь они предоставили ему возможность выбора, выявив, что он действительно хочет идти путем веры выше знания. Получается, злоумышления важны для него, как и заслуги, поскольку без них у него не было бы возможности сделать выбор.

Таким образом, если, совершая сейчас возвращение, человек рад работе, которая ему выпала, – это соотносится с возвращением из любви. Иными словами, ему нравится действие по возвращению, которое он сейчас совершил. И тогда, само собой, побудившие его к этому факторы – злоумышления – считаются для него заслугами. То есть он рад им, как заслугам. Ведь одно невозможно без другого. И они соотносятся в человеке, как свет и сосуд: потребность, вызванная в нем злоумышлениями, представляет «сосуд», а возвращение – сделанный человеком выбор – подобно свету.

Такова первая ступень на этапах духовной работы.

Вторая ступень. С одной стороны, человек преодолевает злословие тела об истинном пути, т.е. об отдаче и вере, и совершает возвращение, отвечая телу: «Всё, что я от тебя слышу, – это лишь речи о том, к чему обязывает разум. Но я иду согласно тому, что слышал: главная основа в служении Творцу – вера выше знания. Я иду не по указке разума, а над ним». В таком случае, это настоящее возвращение.

Но, с другой стороны, человек признаёт, что еще лучше было бы не слышать их злословия. Ведь он подвергался опасности: что если бы он не смог сделать выбор. Выходит, речь идет о возвращении из трепета: человек трепещет перед работой по преодолению, поскольку это тяжелая работа. Ведь когда стоишь перед испытанием, очень трудно выбрать то, что во благо.

Следовательно, это соотносится с возвращением из трепета, когда злоумышления становятся для человека оплошностями, но не заслугами. Ведь заслуги требуют подобия, когда стремящийся к ним человек рад своей работе, поскольку ему дан шанс сделать выбор. С другой стороны, если он трепещет перед злословием, то сам подтверждает, что это не заслуги, а подобие оплошностей.

Таким образом, пускай человек и поднял зло в духовное, исправив его раскаянием, однако эта ступень ниже, чем возвращение из любви, – поскольку сам человек не делает злоумышления заслугами. И потому это считается второй ступенью в работе.

Третья ступень в работе – когда тело предъявляет человеку известные претензии, злословя в разуме и чувстве, и он капитулирует перед ними, не в силах их преодолеть. А затем он вынужден сойти со своей ступени: раньше он думал, что уже числится среди служителей Творца, а теперь видит, что далек от этого.

Прежде чем тело предъявило человеку известные претензии, он полагал, что всё уже в порядке, т.е. что у него нет никаких позывов к себялюбию и он, безусловно, полностью устремлен на отдачу. Теперь же он видит, что не в состоянии преодолеть доводы тела. И хотя он и не стоит сейчас перед практическим испытанием, поскольку все споры ведутся лишь теоретически, – все равно человек видит, что капитулирует перед доводами тела и не может сейчас принять на себя веру выше знания, решив идти только путем отдачи.

И вот, человек сидит, удивляясь самому себе: как его состояние обратилось в противоположность? Ему кажется, что это какой-то замкнутый круг: он всегда смотрел на низость мира, а теперь сам упал туда и не может сойти из этого места, хотя помнит, как отвратительно ему было глядеть на этих людей, маленьких, ведущих себя как дети. Он всегда сторонился их, а теперь он там, и не может выбраться оттуда собственными силами.

Человек видит сейчас нечто вроде истории, которую рассказывают о рабби Йонатане, вступившем в спор с одним священником. Священник утверждал, что он может изменить природу, а рабби Йонатан сказал, что природу, созданную Творцом, изменить невозможно. Только сам Творец может изменить ее, а человек своими силами неспособен на это.

Тогда священник взял нескольких котов, обучил их на официантов и одел в ливреи. Он пошел к королю и рассказал ему о споре с рабби Йонатаном, а затем объявил трапезу, позвав на нее короля и министров.

Перед трапезой священник снова завел разговор о том, можно ли изменить природу на другую. И рабби Йонатан опять сказал, что изменить человека может только Творец.

Тогда священник отдал распоряжения и сказал: «Сначала насладимся трапезой, а потом завершим наш спор». Сразу вошли официанты – коты, одетые как настоящая прислуга. Они накрыли стол и принесли все блюда для каждого из присутствующих. Священник, король и министры с изумлением смотрели на невероятную работу официантов. Теперь все увидели, что нет никакой надобности возвращаться к спору после трапезы. И все удивлялись рабби Йонатану, который безмятежно сидел, не впечатленный представлением, хотя оно черным по белому доказало, что человек в силах изменить природу.

Что же сделал потом рабби Йонатан? По завершении трапезы, когда официанты стояли в ожидании, чтобы обслужить гостей, он достал табакерку. Все подумали, что он хочет понюхать табака. Но когда он открыл коробочку, оттуда выбрались несколько мышей. Увидев, как мыши выходят из табакерки и убегают, официанты тотчас бросили гостей и побежали за ними, по зову своей природы. Так все увидели, что рабби Йонатан был прав.

То же происходит и с нами: когда тело начинает злословить, наглядно демонстрируя человеку вкус себялюбия, он тотчас оставляет духовную работу и Творца и устремляется за эгоистическими запросами, в которых тело показывает ему наслаждения. И тогда видит: у него нет совершенно никаких сил, чтобы выйти из эгоизма.

Такое состояние, когда человек видит, что, по природе своей, погружен в себялюбие, – это уже определенная ступень в работе. Иными словами, он достиг того уровня истины, который называется «осознанием зла», и знает теперь, что должен заново начать свою работу. Ведь до сих пор он шел путем самообмана, считая себя особенным, – а теперь видит свое подлинное состояние.

И потому сейчас есть место для потребности, чтобы взмолиться Творцу из глубины сердца. Ведь сейчас человек видит без прикрас, как он далек от работы на отдачу, и не в силах выйти отсюда – но только Творец способен ему помочь. Такова третья ступень, лежащая ниже двух предыдущих.

Четвертая ступень лежит ниже трех первых. Иногда бывает так, что когда тело предъявляет человеку свои претензии, он слушает и ничего не отвечает. Однако же принимает эти доводы со всей серьезностью. К тому же он видит, что неспособность действовать на отдачу – это вполне естественно. Человек привычно остается в себялюбии, без всякого эмоционального отклика, хладнокровно принимая это. Он забывает о том месте и состоянии, в котором находился совсем недавно, когда тело еще не предъявило ему своих вопросов и он считал себя непохожим на остальных людей, все дела которых базируются на себялюбии. Напротив, теперь он чувствует, что так и надо действовать – как все.

Все предъявленные ему вопросы, конечно же, были призывом свыше, с тем чтобы предоставить ему возможность подняться на более высокую ступень – первую, подобную возвращению из любви, либо вторую, подобную возвращению от трепета, либо третью, создающую возможность для ощущения недостатка и молитвы к Творцу, поскольку он видит сейчас, что своими силами человеку никогда не справиться.

В таком состоянии он верит и видит то, что сказали мудрецы[653]: «Злое начало берет верх над человеком каждый день, желая его смерти. Сказано: «Грешник наблюдает за праведником, желая его смерти»[654], и если бы не помощь Творца, сам бы не справился». И сказано: «Творец не оставит его в руках *злого начала* и не обвинит его на суде его»[655]».

Человек видит, что тело действительно желает его погубить, – своими доводами оно хочет отделить его от Источника жизни. И, видя сейчас, что собственными силами ему справиться, он ждет помощи от Творца. Выходит, вопросы пришли к нему не напрасно, но создали в нем место для молитвы из глубины сердца.

С другой стороны, на четвертой ступени, когда человек всё принимает с хладнокровием, вопросы как будто приходят к нему напрасно, без всякой пользы.

Однако следует знать, что **для человека, вставшего на путь отдачи и веры, ничто не проходит впустую**. Позже, по прошествии нескольких дней или часов, оправившись от состояния, в котором он оказался, когда услышал злословие, человек видит нечто новое: как можно пасть с высокой ступени на самую низкую по сравнению с той, на которой он находился. И тем не менее, он ничего не ощутил и чувствует себя так, словно ничего не случилось, всё воспринимая спокойно и умиротворенно. Он согласен оставаться в текущем состоянии, он спокоен, и настроение у него не мрачное. А ведь раньше он думал и чувствовал, что без духовного продвижения лучше расстаться с жизнью. Он постоянно трясся и волновался за продвижение, глядя, как умиротворенные люди выполняют принципы Торы в сухом, буквальном смысле, совершенно не задумываясь и просто следуя полученному с детства воспитанию.

---

653 Трактат «Сукка», 52:2.
654 Писания, Псалмы, 37:32.
655 Писания, Псалмы, 37:33. «Творец не оставит его (праведника) в руке его (нечестивого) и не обвинит его на суде его».

Теперь же человек не испытывает нужды в чьей-то поддержке, чтобы раскрыть в себе отсутствие потребности. Напротив, для него вполне естественно желание жить спокойно – не выискивая себе недостатки, а оправдывая себя. Иными словами, на всё, в чем он видит недостаток, сразу же находится множество отговорок. А главное, он хочет жить без всяких страданий, так как помнит: раньше, когда он думал о духовном, это постоянно доставляло ему множество мучений и тревог. Зато сейчас, слава Богу, он не беспокоится о духовном и живет как все люди.

Но потом, когда к нему приходит какое-то пробуждение свыше, он снова начинает переживать о духовном. И тогда видит нечто новое: человек не властен над собой. Напротив, он словно на чаше катапульты: свыше его бросают как хотят, и он находится в руках Высшего управления. Порой ему посылают мысли о том, чтобы отринуть все материальные соображения, относящиеся к личной выгоде. А порой его бросают вниз, в материальный мир, и он забывает обо всем духовном.

Таким образом, даже на четвертой ступени человеку предоставляют возможность учиться видеть истину, чтобы благодаря этому он смог прийти к слиянию с Творцом. Видя, что он зависит от воли Творца, человек пробудится и попросит Творца о помощи, чтобы выйти из себялюбия и достичь любви к Нему.

Однако это долгий путь. Порядок же, как сказал Бааль Сулам, в том, чтобы человек решил: «Если не я себе, то кто мне?»[656] То есть человек должен сказать, что всё зависит от него, так как ему предоставлена полная возможность выбирать, не дожидаясь, пока его пробудят свыше.

А потом, сделав дело, он должен верить, что всё подлежит Частному управлению, и человек не может добавить что-либо к этой работе, но обязан делать то, чего желают свыше, и у него нет никакого выбора.

Это кратчайший и наилучший путь, поскольку на нем мы экономим время и страдания, вместо того чтобы страдать от промедлений.

---

656   Трактат «Авот», 1:14. «Если не я себе, то кто мне? Если я только себе, то кто я? И если не сейчас, то когда?»

Итак, порядок работы в отдаче и вере, когда человек встает на этот путь, состоит из четырех этапов:

1. Когда тело предъявляет ему свои доводы злословия, он принимает их с любовью и говорит: «Сейчас у меня есть возможность реализовать принцип веры выше знания. А иначе я работал бы только в знании». Это соотносится с возвращением из любви – то есть он любит такое возвращение.

2. Когда тело предъявляет человеку свои доводы злословия – хотя он и преодолевает их, но не любит такую работу. Ведь это тяжелая работа по преодолению, когда человек выслушивает злословие. И это похоже на возвращение из трепета, когда злоумышления становятся для него оплошностями, – поскольку он предпочел бы не иметь с ними дела.

3. Когда тело предъявляет человеку свои доводы злословия, он капитулирует перед этими утверждениями и не в силах преодолеть их. В таком случае он ощущает себя во зле, поскольку раньше думал, что он уже числится среди служителей Творца, а теперь видит, что у него нет ничего, – и сожалеет об этом, однако не может помочь себе. Как следствие, ему плохо в этом состоянии.

4. Когда тело предъявляет человеку свои доводы злословия, он ложится под этим бременем, выполняя всё, что тело говорит ему, и всё принимая хладнокровно. Он сразу же забывает, что раньше служил Творцу, и ему хорошо, как будто ничего не случилось. Он наслаждается своим состоянием, поскольку теперь не испытывает никаких страданий от того, что не думает о духовной работе. Напротив, он хочет всю жизнь продлевать это состояние – а иногда не думает и об этом, поскольку, вообще, не задумывается о цели жизни. Ему и так хорошо.

Эти четыре состояния аналогичны четырем ступеням, о которых сказали мудрецы:

1. Праведник – и хорошо ему.

2. Праведник – и плохо ему.

3. Грешник – и плохо ему.

4. Грешник – и хорошо ему.

И хотя мудрецы говорят о высоких ступенях, все-таки можно провести аналогию по отношению к делу.

Первое состояние похоже на возвращение из любви. Назовем его «праведник – и хорошо ему». Смысл в том, что у него нет зла, так как злоумышления стали для него заслугами.

Второе состояние похоже на возвращение из трепета. Назовем его «праведник – и плохо ему», согласно трактовке Книги Зоар выше: «"праведник – и плохо ему", так как зло находится под его властью». Иными словами, он властвует над злом, возвратив ответ на злословие, которое услышал от тела. А поскольку злоумышления не стали заслугами, постольку у него есть злоумышления, но они подобны оплошностям, так как зло находится под властью добра. Иными словами, в человеке еще есть зло, но добро властвует над ним.

Третье состояние: услышав от тела злословие, человек капитулирует перед злом, и у него нет сил, чтобы возвратить ответ на это злословие. Однако человек сожалеет о том, что не может преодолеть его. Такое состояние можно назвать: «грешник – и плохо ему». Хотя он грешник, поскольку не возвратил ответ, но испытывает дискомфорт от этого состояния – что и называется: «плохо ему», – так как у него не было сил для преодоления.

Четвертое состояние: человек принимает злословие хладнокровно и даже не чувствует, что услышал сейчас злословие. Такое состояние можно назвать: «грешник – и хорошо ему». Иными словами, хотя он грешник, но ему хорошо, и он не ощущает в себе никакого недостатка.

Услышь наш голос
Статья 39, 1985

Мы говорим в молитве о прощении[657]: «Услышь наш голос, Творец, пощади и сжалься над нами и прими милосердно и с благоволением нашу молитву». А в покаянной молитве[658] мы говорим: «Пощади нас, Творец, в Своем милосердии и не отдай нас в руки жестоких. Зачем народам говорить: "Где же их Творец?" Голос наш услышь, и помилуй, и не оставь нас в руках наших врагов, чтобы стереть наше имя. Всё же имени Твоего мы не забыли – не забывай же нас».

Следует понять заключительные слова: «Всё же имени Твоего мы не забыли – не забывай же нас». Выходит, мы просим Творца о помощи на том основании, что все-таки не забыли Его имени? Что это за аргумент и что за причина: «имени Твоего мы не забыли»? И за это мы просим, чтобы и Он не забывал нас?

Чтобы понять вышесказанное, надо знать, что за «народы» задают этот отступнический вопрос: «Где же их Творец?». А также надо понять слова: «не отдай нас в руки жестоких». Кто они, эти «жестокие»? И еще: если бы мы не были отданы в руки жестоких в изгнании, то всё было бы не так ужасно и нам не пришлось бы молиться, чтобы нас вывели из изгнания среди народов?

Объясним это согласно духовной работе. Поскольку мы родились после сокращения и скрытия, так что открыто в нас лишь желание получать личную выгоду, это дает нам понять, что работать стоит только для собственной пользы. Будучи порабощенными собственной выгодой, мы удалены от Творца. Ведь известно, что близость и удаленность – это подобие и различие по свойствам.

Поэтому в то время, когда человек погружен в себялюбие, он отделен от Источника жизни и, само собой, не может ощутить вкус

---

657 Из молитв о прощении (Слихо́т) на Новый год (Рош а-шана).
658 Покаянная молитва (Таханун) по понедельникам и четвергам.

принципов отдачи. Только когда он верит, что реализует предначертания Творца, причем не для собственной пользы, тогда этот человек может слиться с Дарующим Тору. И поскольку Творец является Источником Жизни, человек ощущает вкус жизни и Тора становится для него **«учением жизни»**. Тогда сбываются слова: «Это жизнь ваша и продление дней ваших»[659].

Однако во время разобщения человека окутывает мрак. Правда, мудрецы сказали: «Пускай всегда будет выполнять человек принципы Торы в эгоистическом намерении ло-лишма, и от него придет к намерению на отдачу лишма»[660]. Но и здесь есть множество условий. Прежде всего, человеку нужна потребность в том, чтобы достичь намерения лишма. Он думает так: «Что я теряю, действуя в намерении ло-лишма? Почему мне всегда нужно помнить, что причина, по которой я обучаюсь в намерении ло-лишма, не в том, чтобы получить материальное или духовное вознаграждение, а в том, чтобы тем самым достигнуть ступени лишма?»

Тогда у человека появляется вопрос: «С какой стати мне прикладывать усилия ради того, в чем я не испытываю недостатка?» Тело говорит ему: «Что я выиграю от того, что ты хочешь работать ради отдачи, с намерением лишма? То есть если я приложу усилия в намерении ло-лишма, то получу нечто важное под названием лишма?»

На самом деле происходит обратное: если человек говорит своему телу: «Реализовывай принципы отдачи в намерении ло-лишма и благодаря этому придешь к намерению лишма», – тогда тело, конечно же, мешает ему, раз уж его цель – достичь лишма. Оно приводит человеку множество отговорок, доказывая, что он не сможет действовать в намерении ло-лишма.

Возможно, по этой причине, когда люди учатся в намерении ло-лишма, чтобы таким образом достичь намерения лишма, тело мешает им, не позволяя работать даже в ло-лишма. Ведь тело боится: «Что если человек достигнет лишма?»

---

659 Тора, Дварим, 30:20.
660 Трактат «Псахим, 50:2.

Другое дело люди того типа, которые учатся без намерения достичь лишма. Они выполняют принципы Торы потому, что так предписал им Творец, и за это они получат награду в грядущем мире. Во время учебы они не выстраивают намерение: «Я учусь, чтобы выйти из себялюбия и реализовывать принципы Торы ради отдачи». В таком случае, поскольку человек не идет против тела, т.е. против эгоизма, постольку тело не особенно сопротивляется выполнению принципов Торы. Ведь, на его взгляд, всё останется в его владении – в себялюбии.

В отличие от этого, когда люди, реализующие принципы Торы, намереваются достичь лишма, тогда им трудно выполнять и требования ло-лишма. Ведь тело боится: что если человек полностью утратит себялюбие и всё будет делать ради отдачи, не оставив ему ничего?

Таким образом, есть различия и в ло-лишма – в самом намерении ло-лишма: если человек намеревается оставаться в нем и не продвигаться далее, к лишма, то он вполне может усидчиво учиться, поскольку не испытывает настоящего сопротивления со стороны тела.

Если же, обучаясь в ло-лишма, человек намеревается посредством этого достичь лишма, вопреки мнению тела – то, хотя его намерение всё еще эгоистично, но поскольку целью является альтруизм, тело сопротивляется каждому движению и создает помехи любой мелочи.

Поэтому люди, не ставящие себе целью достичь лишма, глядя на помехи, о которых рассказывают стремящиеся к чистой отдаче, смеются над ними, говоря в ответ, что не понимают их. Всякая мелочь кажется им высокой горой, всякий пустяк становится для них большим препятствием, и каждый шаг требует тяжелого преодоления. Непонимающие говорят им: «Посмотрите сами на ваш путь – насколько он безуспешен. А мы, слава Богу, учимся и молимся, и у тела нет никакой власти, чтобы оно могло помешать нам в выполнении принципов Торы. Вы же, с вашим путем, сами признаёте, что каждая мелочь для вас – как покорение высокой вершины».

Здесь можно провести аналогию со словами мудрецов[661]: «В будущем принесет Творец злое начало и «зарежет» его перед праведниками и перед грешниками. Праведникам оно покажется высокой горой, а грешникам – тонким волоском». И хотя там говорится о будущем, мы можем почерпнуть оттуда пример и разъяснить в нашем случае:

- Намеревающиеся прийти к лишма относятся к «праведникам», потому что их цель – стать праведными. Иными словами, их намерение целиком устремлено на отдачу, и злое начало представляется им высокой горой.

- Те, кто не ставит себе целью достичь лишма, т.е. выйти из себялюбия, относятся к «грешникам», поскольку зло – «получение ради получения» – остается с ними. По сути, они говорят, что не желают выйти из эгоизма. И злое начало представляется им тонким волоском.

Отчасти это иллюстрирует история, которую рассказывают о рабби Буниме. В немецком городе Данциг его спросили: «Почему польские евреи – лжецы и ходят в грязной одежде, тогда как немецкие евреи – люди правдивые и ходят в чистой одежде?» Рабби Буним ответил, что как раз об этом сказал рабби Пинхас Бен Яир[662]: «Тора приводит к осторожности… чистота приводит к воздержанию… боязнь греха приводит к отдаче».

Соответственно, когда немецкие евреи начали соблюдать чистоту, злое начало сказало им: «Я не дам вам соблюдать чистоту, поскольку она ведет к остальным вещам, пока вы не придете к отдаче. То есть вы хотите, чтобы я позволило вам достичь отдачи? Не будет такого». Что они могли поделать, раз стремились к

---

661 Трактат «Сукка», 52:1. «В будущем принесет Творец злое начало и зарежет его перед праведниками и перед грешниками. Праведникам оно покажется высокой горой, а грешникам – тонким волоском. Те плачут, и эти плачут. Праведники плачут и говорят: «Как мы смогли покорить такую высокую гору?», а грешники плачут и говорят: «Как мы не смогли покорить этот тонкий волосок?"»

662 См. трактат «Авода зара», 20:2. «Сказал рабби Пинхас Бен Яир: «Тора приводит к осторожности, осторожность приводит к расторопности, расторопность приводит к чистоте, чистота приводит к воздержанию, воздержание приводит к просветленности, просветленность приводит к благочестию, благочестие приводит к смирению, смирение приводит к боязни греха, боязнь греха приводит к отдаче».

чистоте? Они пообещали ему, что если оно перестанет чинить им помехи в соблюдении чистоты, то они не пойдут дальше. И ему нечего бояться, что они придут к отдаче, так как они люди правдивые. Вот почему немецкие евреи ходят в чистом – им не мешает злое начало.

Когда же польские евреи тоже занялись чистотой и злое начало захотело помешать им, поскольку они могли прийти к отдаче, а оно против этого, тогда они сказали ему: «Мы не пойдем дальше». Однако, когда оно ушло от них, они продолжили путь дальше, пока не пришли к отдаче. Увидев, что они лжецы, злое начало сразу начало бороться с ними за чистоту. В результате, поскольку польские евреи лжецы, им трудно ходить в чистом.

В этом же ключе следует понимать тех, кто действует с намерением ло-лишма и говорит: «Мудрецы пообещали нам, что «от ло-лишма мы придем к лишма». А значит, нам не надо прилагать больших стараний – в конечном итоге это сбудется. Если же кто-то считает необходимым всегда помнить о том, что вся наша работа по реализации принципов Торы устремлена к намерению ради отдачи, что в этом наша награда и этого мы ждем, – к нам это не имеет отношения. Напротив, мы будем действовать в намерении ло-лишма, а в конце всё сбудется, как обещали нам мудрецы».

Как следствие, злое начало не мешает им действовать в намерении ло-лишма – так как видит, что у них нет никакого устремления к лишма. Поэтому оно и не мешает им, как объяснил выше рабби Буним.

Другое дело люди, жаждущие прийти к лишма. Злое начало видит, они действуют в ло-лишма потому, что нет другого способа. Начинать необходимо именно с ло-лишма, как сказали мудрецы: пускай человек действует в намерении ло-лишма лишь потому, что от него мы приходим к лишма. Они сидят и ждут: «Когда же я, наконец, достигну лишма?»

И когда злое начало видит, что они прилагают усилия, чтобы достичь намерения лишма посредством ло-лишма, оно сразу приходит к ним и производит всевозможные действия, желая помешать им, чтобы они не пришли к лишма. Оно не позволяет совершить с намерением лишма даже самую малость, потому что боится – ведь они стараются достичь этого намерения, как в ответе рабби Бунима.

Итак, намерение ло-лишма бывает двух видов. В одном из этих случаев цель человека – достичь намерения лишма, и он постоянно проверяет себя: продвинулся ли он хоть на шаг в своей работе и приблизился ли уже немного к категории лишма? Когда же человек видит, что еще не сдвинулся ни на йоту, он сожалеет об этом и воспринимает это так, словно еще не начал служение Творцу. Ведь его критерий реализации принципов Торы – в том, насколько ему удалось выстроить намерение ради отдачи. Поэтому, когда человек видит, что не может устремить в намерении лишма даже самую малость, он чувствует себя так, словно еще ничего не сделал в служении Творцу. И он считает себя бесполезным, ни на что не годным инструментом.

Тогда человек задумывается о своей цели. Ведь проходят дни, а он не может выбраться из состояния, в котором пребывает. Одно лишь себялюбие владеет всеми его побуждениями. Хуже того, каждый день, вместо того чтобы не придавать значения вещам, мешающим его работе, он смотрит на них, и они кажутся ему «высокой горой». И всегда человек видит перед собой большое препятствие, которое он не в силах преодолеть.

Сказал об этом Бааль Сулам, что **именно в таких состояниях, называющихся «обратной стороной», человек продвигается вперед.** Но видеть это человеку не дано – иначе это стало бы для него «лицевой стороной». Когда человек видит, что продвигается, сила его молитвы ослабевает. Он не видит впереди серьезных ухудшений – ведь в конечном счете, он движется вперед, пускай и малыми шагами. Что ж, потребуется еще немного времени, но он идет.

Когда же человек видит, что отступает вспять, и молится – тогда его молитва исходит из глубины сердца, в мере страданий, которые он испытывает от своего дурного состояния.

Отсюда понятны слова молитвы: «Пощади нас, Творец, в Своем милосердии и не отдай нас в руки жестоких». Кто же они, эти жестокие? Здесь следует знать: когда речь идет о личной работе, человек представляет собой весь комплекс свойств, т.е. включает также и категории «народов мира». Это значит, что в нем есть желания и мнения «народов», и он находится в изгнании – в руках «народов мира» в себе самом. Вот что такое «руки жестоких». И мы просим Творца: «не отдай нас в руки жестоких».

В материальном мире жестоким считается тот, кто безжалостно подвергает человека бедам, и ему нет дела до того, что он причиняет другому страдания. Так же и в работе на отдачу: когда человек хочет принять на себя власть Высшего управления, в нем поднимаются воззрения «народов мира» и терзают его злословием, которое он от них слышит. Человеку приходится сражаться с ними, но они сильнее его, и он капитулирует перед ними, готовый слушаться их.

Это вызывает в нем боль и страдания, как сказано[663]: «И застенали сыновья Исраэля от работы, и возопили, и поднялся вопль их от работы к Творцу. И услышал Творец их стенание». Отсюда мы видим, что страдания, которые человек испытывает от злого начала, – это причина, по которой в нем возникает место для молитвы. Таким образом, когда человек ведет войну со злым началом и думает, что не может двигаться вперед, именно тогда у него есть возможность для продвижения.

Бааль Сулам сказал, что человек не в силах оценить важность того момента, когда у него есть серьезный контакт с Творцом. Как следствие, человек чувствует, что находится в руках жестоких и у «народов мира» в нем нет никакой жалости к нему. А суть их жестокости проявляется в том самом вопросе: «Зачем народам говорить: "Где же их Творец?"» Этим отступническим вопросом они хотят изгладить из него свойство Исраэль. Сказано об этом: «Не оставь нас в руках наших врагов, чтобы стереть наше имя»[664].

Таким образом, главное, чего они хотят, – это искоренить веру Исраэля в Творца. Подобными доводами они отделяют человека от Творца, чтобы он не смог установить с Ним связь, слиться с

---

663   Тора, Шмот, 2:23-24.
664   Молитва Таханун.

Источником жизни и ощутить вкус духовной жизни. И потому человек говорит, что хотя он каждый день слышит их отступнический дух – «зачем народам говорить: "Где же их Творец?"», – но «имени Твоего мы не забыли». То есть «я еще помню адрес, по которому надо обращаться».

Иными словами, хотя Творец остался в нас один, без содержания, поскольку они выхолостили Его имя, сделав его сухим и безвкусным, и все же, в любом случае, «имени Твоего мы не забыли». То есть Он даст нам силы для сближения с Ним, чтобы мы смогли достичь того, что кроется в Его чистом имени.

Международная академия каббалы

http://www.kabacademy.com/
Учебно-образовательный интернет-ресурс – неограниченный источник получения достоверной информации о науке каббала.
Миллионы учеников во всем мире изучают науку каббала.
Выберите удобный для вас способ обучения на сайте.

УГЛУБЛЕННОЕ ИЗУЧЕНИЕ КАББАЛЫ

http://www.zoar.tv/
Каждое утро на сайте ведется прямая трансляция уроков каббалиста д-ра Михаэля Лайтмана для всех, кто занимается углубленным, ежедневным изучением науки каббала и исследованием каббалистических первоисточников.
Видеопортал Зоар.ТВ располагает уникальным контентом: фильмы, музыка, телевизионные программы, клипы, радиопередачи, статьи.

ИНТЕРНЕТ-МАГАЗИН КАББАЛИСТИЧЕСКОЙ КНИГИ

Все учебные материалы Международной академии каббалы основаны на оригинальных текстах каббалистов.

РОССИЯ, СТРАНЫ СНГ И БАЛТИИ
http://kbooks.ru

ИЗРАИЛЬ:
https://books.kab.co.il/ru/

АМЕРИКА, АВСТРАЛИЯ, АЗИЯ
https://www.kabbalahbooks.info

ЕВРОПА, АФРИКА, БЛИЖНИЙ ВОСТОК
/https://books.kab.co.il/ru

РАБАШ
СБОРНИК ТРУДОВ
ТОМ 1
Смысловой перевод

Ступени лестницы
1984–1985

**Под редакцией М. Лайтмана,
основателя и главы
Международной академии каббалы**

ISBN 978-5-91072-104-7

Перевод: О. Ицексон.
Дизайн: А. Мохин.
Верстка: С. Добродуб.
Корректор: А. Шерман.
Выпускающий редактор: С. Добродуб.

Подписано в печать 20.01.2020. Формат 60x90/16
Бумага офсетная 80 г/м2. Печать офсетная. Печ. л. 24.
Тираж 500 экз. Заказ № 2.

Отпечатано с электронного оригинал-макета,
предоставленного издательством,
в ООО «Рыбинский Дом печати»
152901, г. Рыбинск, ул. Чкалова, д. 8.
e-mail: printing@r-d-p.ru www.r-d-p.ru

www.ingramcontent.com/pod-product-compliance
Lightning Source LLC
Chambersburg PA
CBHW071330080526
44587CB00017B/2789